The Letters of

SAMUEL
BECKETT

Volume II: 1941–1956

〔爱尔兰〕萨缪尔·贝克特 著 张和龙 沈雁 张秀丽 李洪斌 译

贝克特书信集 第二卷 1941—1956 下

〔英〕乔治·克雷格〔美〕玛莎·道·费森菲尔德

〔英〕丹·冈恩〔美〕洛伊丝·摩尔·奥维贝克 主编

Edited by

GEORGE CRAIG
MARTHA DOW FEHSENFELD
DAN GUNN
LOIS MORE OVERBECK

湖南文艺出版社

1954 年年表

1954 年 1 月 12 日　　贝克特与让·马丁一起去梅德拉诺马戏团观看
　　　　　　　　　　　　巴斯特·基顿演出。

　　1 月 20 日　　　　　修订格罗夫出版社《等待戈多》的校样。审校
　　　　　　　　　　　　特里诺·马丁内斯·特里韦斯的《等待戈多》
　　　　　　　　　　　　西班牙语译本。拒绝午夜出版社出版《梅西埃
　　　　　　　　　　　　与卡米耶》。

　　1 月 23 日至　　　　通过系列书信审校埃里克·弗兰岑的《莫洛伊》
　　　　2 月 17 日　　　德译本。

　　2 月　　　　　　　　巴黎美术馆举办杰克·B. 叶芝画展。

　　2 月 25 日　　　　　布兰制作的《等待戈多》在苏黎世剧院开幕。

　　3 月　　　　　　　　《〈莫洛伊〉选段》在《巴黎评论》上发表。
　　　　　　　　　　　　贝克特请雅克·皮特曼、乔治·迪蒂和皮埃尔·施
　　　　　　　　　　　　奈德为《新文学》就杰克·B. 叶芝的绘画撰写
　　　　　　　　　　　　短评。

　　3 月 13 日至　　　　奠边府战役，法国与越盟战争处于白热化阶段。
　　　　5 月 7 日

　　4 月　　　　　　　　《莫洛伊》选段以《莫洛伊》为标题发表在《新
　　　　　　　　　　　　世界写作》上。
　　　　　　　　　　　　贝克特的《致敬杰克·B. 叶芝》在《新文学》
　　　　　　　　　　　　上发表。

4 月 14 日	贝克特回应宫务大臣办公室对《等待戈多》文本提出的异议。
5 月	帕梅拉·米切尔在巴黎。
	贝克特翻译了米格尔·德·格瓦拉的两首十四行诗，收入《墨西哥诗选》，发表于《赫尔曼提纳》杂志。
5 月 27 日	贝克特前往都柏林，看望病重的弗兰克·贝克特。
6 月 23 日	宫务大臣办公室对《等待戈多》文本提出的异议得以解决。
7 月 12 日	贝克特开始将《马龙之死》译成英文。
7 月 20 日	法国和越南同意停火，标志着法国印度支那战争的结束。
8 月底	贝克特翻译的《等待戈多》由格罗夫出版社出版。
夏秋之际	《灰背隼》刊出理查德·西维尔与贝克特合译的《结局》。
9 月 7 日	贝克特修订了巴勃罗·帕朗的《等待戈多》西班牙语译稿的校样。
9 月 13 日	弗兰克·贝克特去世。
9 月 24 日	从都柏林返回巴黎的途中，贝克特在伦敦见到了唐纳德·奥伯里、彼得·格伦维尔和拉尔夫·理查森爵士。
9 月 26 日	贝克特在于西。
10 月 15 日	《瓦特》在爱尔兰被禁。
11 月 1 日	阿尔及利亚战争开始。
11 月 19 日	在于西待了近两个月后，贝克特返回巴黎。

法兰克福，苏尔坎普出版社

彼得·苏尔坎普

1954 年 1 月 9 日 [1]　　　　　　　　　　　巴黎 15 区

　　　　　　　　　　　　　　　　　　　　　　快马街 6 号

亲爱的苏尔坎普先生：

　　感谢您 1 月 5 日的来信，也感谢您美好的祝福。同样温暖的祝福送给您。1

　　您以一卷的形式出版三部作品的计划泡汤了，我自然很失望。但我非常理解您提出的理由，而且对此我也表示尊重。2 起初，我确实想过建议您给这三部作品起一个统领性的书名（至今还没找到合适的），其中每部作品在整个序列中都有自己的排序。但仔细一想，这一整部作品只有在其中任何一部都理应有可能继续下一部的时候才是完整的。啊，这也只是我的感觉，别人永远搞不清楚。就像是人们也许能够找到《莫菲》中要结束的那个地方。

　　很开心您如此喜欢弗兰岑先生的翻译。我迫不及待地想要一睹为快。我能想象出来，他不想继续翻译下去了。接下来的翻译，托普霍芬先生

---

[1]　原信用法语写成。

看起来确实是最恰当的人选。[3]

我昨天见到了兰东先生。他已收到了您的来信，很快就会把您需要的评论寄给您。关于《莫洛伊》的评论，莫里斯·纳多和乔治·巴塔耶的似乎是最好的。我还很喜欢纳多的总体评价（我忘记具体的了）。但是对我来说，重要的评论来自莫里斯·布朗肖最近发表在《新新法兰西杂志》上的一篇谈《无法称呼的人》的文章。但是您会比我更清楚哪个才是正确的选择。[4]

您打算将下一期的《晨报》做成我的专刊，对此我感到很荣幸。我刚读完您的《我理解的普鲁斯特》，[5]非常愉悦。

致以最诚挚的祝福

s/ 萨缪尔·贝克特

TLS；1 张，1 面；费森菲尔德收藏。

1. 在 1 月 5 日的信中，彼得·苏尔坎普 *（1891—1959）送出了新年的祝愿，并希望他们的合作能取得丰硕的成果。

2. 彼得·苏尔坎普曾希望以一卷的形式出版《莫洛伊》《马龙之死》和《无法称呼的人》的德文译本。《莫洛伊》的译者埃里克·弗朗岑不能翻译其他两部作品。在 1 月 5 日的信中，苏尔坎普提出尽快出版《莫洛伊》，利用《等待戈多》演出的时机来趁热打铁。

3. 在 1 月 5 日的信中，苏尔坎普写道："我在假期通读了一遍，在我看来，他处理得非常好。看起来并不像是翻译，尤其是他捕捉到了语言的韵律。"

4. 在 1 月 5 日的信中，苏尔坎普写道，自己希望能为《文学之友晨报》准备一期特刊，该杂志是苏尔坎普出版社的内部刊物。他想要出版"在巴黎出版的关于您的篇幅最长，最重要的评论文章"，尤其是与《莫洛伊》有关，却不局限于《莫洛伊》的评论。他计划请艾尔玛·托普霍芬来翻译这些文章。

莫里斯·纳多，《萨缪尔·贝克特，或前进，无处可去》；莫里斯·纳多，《萨缪尔·贝克特的幽默和虚无》，《法兰西信使》第 312 期［1951 年 8 月 1 日］，第 693—697 页。乔治·巴塔耶，《莫洛伊的沉默》，《评论》，第 387—396 页。莫里斯·布朗肖，《现在在哪里？现在是什么？》，《新新法兰西杂志》第 2 卷第 10 期［1953 年 10 月］，第 678—686 页。

5. 1954 年第 5 期的《文学之友晨报》是贝克特专刊。1953 年第 4 期的《文学之友晨报》是普鲁斯特专刊,这一期刊出了彼得·苏尔坎普的文章《我理解的普鲁斯特》,第 1—2 页。

纽约
帕梅拉·米切尔

1954 年 1 月 12 日   巴黎

亲爱的帕梅拉:

很开心收到你的两封信,知道了你的娱乐消遣。我被困在这儿了,一直到这周末,至少我希望是到这周末。之后我会在于西待几天。之后也许会带着旧《戈多》去苏黎世,再然后去日内瓦看望朋友。[1] 但很有可能是在最后一刻放弃。

H. L. O. 寄来的圣诞卡片真不错。他真是太好了。[2]

是的,我心情沮丧,但我总是这样。这也是你不该与我有关系的众多原因之一。我就是一个悲观忧郁的疯子。

一个字都写不出来,感觉很糟糕。下个月杰克·叶芝会在这儿举办一场很大的展览,这是他第一次在巴黎办展览,我必须写点儿东西。我热切地盼望着这次展览的举办,自从 1950 年后就还没看过。但又很害怕必须为此写东西。

你说"怀疑戴了露指手套"是什么意思。请详细说说吧。别忘了你是在跟一个(约)10 英石 [1] 的专业傻瓜写信。[3]

---

[1] 相当于 140 磅或 63.5 千克。——译者注

369

读了阿尔贝蒂和尤内斯库创作的两部剧作手稿。都不是很成功。[4] 见了我的作品的西班牙译者。Esperando G! 目前正要拿给马德里主教看！[5] 它还在这里，要等到 2 月中旬才开始进行。上次我来的时候，只能在座位上抱怨。裤子到最后也没有掉下来。技术问题，真要命。

到处走走，希望你喜欢睡谷，希望冰不会太薄。[6]

德译本《莫洛伊》到了。英文版也到了。跟鲍尔斯搞好关系。法译《瓦特》待修改。《戈多》的西班牙译本待译解。英译本的校对也是。《马龙》的德译工作有待启动。还有关于叶芝的文章。J'y laisserai la peau et les os. Ce sera toujour ça. [7]

在马克萨斯群岛餐厅的鲑鱼玻璃缸下吃了香橙鸭。你为何不在蒙塔朗贝尔住宿？[8]

爱你 succedanea[9]

萨姆

今晚与幸运儿一起去梅德拉诺马戏团，去看巴斯特·基顿。[10]

ALS；3 张，3 面；UoR，BIF，MS 5060。

1. 贝克特可能指的是帕梅拉·米切尔 1953 年 11 月 24 日的信，以及她那封写在 1954 年 1 月 12 日之前且未标注日期的信。（UoR，BIF，MS 5060）罗歇·布兰从 1952 年 1 月 25 日开始在苏黎世剧院指导法文版《等待戈多》的制作演出，然后在那里指导了德文版《等待戈多》的演出，后者的演员阵容包括阿尔文·帕克、沃尔特·里希特、弗雷德·坦纳和沃尔夫冈·瓦尔。德文版的制作于 1954 年 2 月 25 日在剧院演出。（贝克特致帕梅拉·米切尔的信，1954 年 2 月 28 日，UoR，BIF，MS 5060；《法国剧院：〈等待戈多〉》，《新苏黎世报》，1954 年 2 月 27 日：第 8 版；《苏黎世日历》，《新苏黎世报》，1954 年 2 月 24 日：版面不详。

2. 哈罗德·L. 奥拉姆。

3. 在那封写在 1954 年 1 月 12 日之前且未标注日期的信中，帕梅拉·米切尔写道："至于斯威夫特先生冰冷的双手，不知斯泰拉怎么想？怀疑戴了露指手套。"（UoR，BIF，MS 5060）

4. 不清楚贝克特读的是欧仁·尤内斯库和拉菲尔·阿尔贝蒂（1902—1999）的哪两部剧。尤内斯库的《阿麦迪或脱身术》于1954年出版。阿尔贝蒂创作了《丑八怪》（1944）；他接下来的一部剧叫《普拉多博物馆的战争之夜》（1956）。

5.《等待戈多》在巴黎演出时，特里诺·马丁内斯·特里韦斯（卒于2009年）去看了，准备将其译成西班牙语。（特里诺·马丁内斯·特里韦斯，《我的〈等待戈多〉译本及其在西班牙的首演》，《第一幕：西班牙戏剧杂志》［1957年4月］第1期，第15—16页；萨缪尔·贝克特，《等待戈多》，特里诺·马丁内斯·特里韦斯译，《第一幕：西班牙戏剧杂志》（1957年4月）第1期，第21—45页）

6. 在那封写在1954年1月12日之前且未标注日期的信中，帕梅拉·米切尔描述了自己的假日活动，提到自己打算去塔利顿附近哈德孙河畔"睡谷"地区一个偏僻的湖泊去滑冰的计划。

7.《莫洛伊》由埃里克·弗兰岑译成德文；《莫洛伊》由帕特里克·鲍尔斯译成英文；《瓦特》由达尼埃尔·莫罗克译成法语，但未出版。（见1953年12月12日的信，注1，还可参见达尼埃尔·莫罗克致贝克特，1968年9月7日，IMEC，贝克特，第4箱，S.贝克特，书信1967—1968）《马龙之死》由艾尔玛·托普霍芬译成德语。

"J'y laisserai la peau et les os. Ce sera toujour ça."（法语，"那将是我的死亡。好吧，总是如此。"）。

8. 米切尔最后一次在巴黎代表哈罗德·L.奥拉姆，住在位于巴黎7区的蒙塔朗贝尔酒店。（诺尔森，《盛名之累》，第361页）

9. succedanea（拉丁语，"诸如此类"）。

10. 贝克特同让·马丁（幸运儿）一起去了位于罗什舒阿尔大道63号的梅德拉诺马戏团，去观看各种各样的小丑和音乐表演，其中包括由巴斯特·基顿和他的妻子埃莉诺·基顿（原姓诺里斯，1918—1998）的独家表演。节目于1954年1月8日开始。（梅德拉诺马戏团1954年节目单，www.takkinen.se/BusterKeaton/，2010年1月20日查阅）

巴黎，午夜出版社
热罗姆·兰东

1954年1月20日 [1]   于西

_____
[1] 原信用法语写成。

亲爱的热罗姆：

感谢您的来信，以及寄来的那些剪报。老彼得会很高兴的，也肯定会全部归还。[1]

您把《梅西埃与卡米耶》当回事儿，我感到很遗憾。倘若这部作品在我模仿的一生中被出版，我会受不了的。如果您一定要出版它，可以把它收录到一卷名为《遗作》的书中，比方说与那些开错头的作品（不要和那些什么也没写出来的作品混淆），以及与那些还没写出来的作品放在一起（我已经有一部在路上了）。《瓦特》已经让我气得浑身发紫。留给《遗作》如何？[2]

我正在修订英文版《戈多》的校样。翻译得很不错。西班牙译本很差劲，到处都是误译和漏译。在他这月底离开前，我应该去见见这家伙。[3]

第二株黄荆昨天起就到位了。设计师想要给我另一株李树，我去看了，10英尺高就看不见了，因此我准备在您挖的那个树坑中种上一株红马栗子树。我发现雪松倾斜了30度。风刮的。快死了。

周日我应该还在。如果您想来的话……

祝您二位一切都好[4]

s/ 萨姆

TLS；1张，1面；IMEC，贝克特，第1箱，S.贝克特，书信及其他1950—1956。

1. 彼得·苏尔坎普提出，在第5期的《文学之友晨报》贝克特专刊上刊出关于《莫洛伊》的法语评论。在1月19日写给贝克特的信中，兰东称已经将所有评论文章寄给了苏尔坎普。
2. 兰东写给贝克特："我读了《梅西埃与卡米耶》，觉得挺不错的。您有什么原因使我们不能立即签订合约，以便该书可以在《瓦特》之后出版呢？"（IMEC，贝克特，第1箱，S.贝克特，书信及其他1950—1956）
3. 特里诺·马丁内斯·特里韦斯：见1954年1月12日的信，注5。
4. 最后一行是手写的。

纽约，格罗夫出版社

巴尼·罗塞特

1954 年 1 月 22 日

马恩河畔于西[1]

巴黎 15 区

快马街 6 号

亲爱的巴尼：

感谢你的来信，今日收到了。长条校样已通过空运寄出。觉得校样
非常不错，修改处十之八九是按作者的意图进行。关于结构，在我写给
特纳先生的信中，我提出了一两个建议。但是是否采用完全取决于你。[2]

那张让我印象深刻的照片来自第一幕的末尾——那棵树，那个月亮，
弗拉第米尔跟在爱斯特拉贡后面，一切如幽灵般。你肯定不会弄错。[3]

我不晓得兰东怎么操作，这是我第一次听到。下周我回巴黎会查明。
其中一定有误会。兰东非常清楚《无法称呼的人》不能在《莫洛伊》和
《马龙》之前出版，也不能独立于二者出版。就我所知，至今为止你尚
未与我们就《无法称呼的人》进行沟通，而且我想这就是他的用意所在。
我一弄明白就告知你。[4]

我与灰背隼的合约仅限于《莫洛伊》，而且目前我也不打算将其延
伸到其他作品。

刚读完了《戈多》的所谓西班牙翻译。很糟糕。《莫洛伊》的德语
翻译马上要修改了（从我看到的片段来说非常不可靠）。幸运的是，我
正在巴黎与《戈多》的译者一起修改《马龙》的德译本。然后是鲍尔斯
的译本。所有这些使人作呕的东西令我厌倦，也越来越绝望，觉得自己
再也不会呕吐了。[5]

顺便一提，《无法称呼的人》（*L'Innommable*）法文标题中有两个

"m"，万一你要在什么地方用到。就连法国人有时候也会搞错。

希望有一天能享受你的东汉普顿式款待。谁知道呢。⁶

祝你俩一切都好

s/ 萨姆·贝克特

TLS；1 张，2 面；NSyU。先前刊印：贝克特，《贝克特致巴尼·罗塞特》，《当代小说评论》，第 68 期。

1. 贝克特手写"马恩河畔于西"。

2. 贝克特回复了巴尼·罗塞特 1953 [1954] 年 1 月 16 日的信。（NSyU）罗塞特知道校样已寄给了贝克特，但他自己并没有看到这些校样。

霍华德·特纳（生于 1918 年），1953 年至 1955 年秋期间是格罗夫出版社的办公室经理。

3. 罗塞特写信称希望格罗夫出版社为《等待戈多》的封面选择合适的照片。他们照做了。

4. 罗塞特写道，兰东"看起来在催促我立即着手《无法称呼的人》，不再等《莫洛伊》和《马龙之死》完成"。

5. 1954 年 1 月 21 日，贝克特写信给利文撒尔，称特里诺·马丁内斯·特里韦斯的西班牙文译本"到处都是错译、漏译，以及说不通的自由翻译"。（TxU，利文撒尔文献集）贝克特希望弗兰岑将《莫洛伊》译成德文；他计划与托普霍芬一起修改《马龙之死》的德译本；同时，他继续与帕特里克·鲍尔斯修改《莫洛伊》的英译本。

6. 巴尼·罗塞特和洛莉·罗塞特刚搬到长岛东汉普顿的新家。

法兰克福，苏尔坎普出版社
彼得·苏尔坎普

1954 年 1 月 23 日 [1]

巴黎 15 区

快马街 6 号

---

[1] 原信用法语写成。

374

亲爱的苏尔坎普博士：

感谢您 1 月 19 日的来信。现在您应该已经收到剪报了。希望您能从中找到一些有用的东西，来做您的公报。

我看了弗兰岑博士译本中悬而未决的几个段落。他对一些问题存在误解。别让他看到哪怕是一丁点的责备，这些段落本就十分晦涩难懂。我应该等拿到他的全部译本后（目前还没拿到），再寄给您需要澄清说明的地方，以便能帮到他[1]。

我肯定会对金特·安德斯的文章感兴趣，感谢您将它寄给我。[2]

谨上

萨缪尔·贝克特

TLcc；1 张，1 面；苏尔坎普和费森菲尔德收藏。

1. 在 1 月 19 日写给贝克特的信中，彼得·苏尔坎普表示自己尚未收到午夜出版社的评论，他正要将埃里克·弗兰岑的德译本《莫洛伊》复印件，以及弗兰岑的翻译问题列表寄出（这个列表与贝克特 1954 年 1 月 28 日的回信一起出现在下面一封信中）。

2. 金特·安德斯，《没有时间的存在：关于贝克特的〈等待戈多〉》，《新瑞士评论报》第 9 期［1954 年 1 月］，第 526—540 页。

慕尼黑

埃里克·弗兰岑

1954 年 1 月 28 日

巴黎 15 区

快马街 6 号

亲爱的弗兰岑博士：

随函附上我对您所提出问题的建议。希望能对您有所帮助。给出的德语译文当然不是结论性的，只是为您的翻译提供一个出发点。

　　完整译文已收到，我正在拜读。哪怕是与原文做快速的校对，花去的时间也比我预想的要多，我想至少要两个星期。我想到的译法，就用红笔在手稿上标记出来。我想您也会同意这是最简单的方法。

　　到目前为止，我觉得翻译得相当不错。

　　　　谨上

　　　　　　　　　　　　　　　　s/

　　　　　　　　　　　　（萨缪尔·贝克特）

1) non-sens cul et sans issue.
此处"cul"用作形容词。

eine [ein] unflätiger (widerwärtiger) auswegloser Unsinn[1]

2) a vant [avant] le fracas des colles

bevor der unauflösbare Lärm ausbricht/bevor der Lärm ausbricht, der keine Antwort duldet.[2]

3) poliment perplexe

in meinem offenbar erstaunten Inneren[3]

4) mimétique

Chamäleon[4]

5) coup de gueule

Schrei[5]

6) comme d'ordures de saints le [la] flamme = comme la flamme est peuplée d'ordures et de saints.

manchmal ausgefüllt, wie das Sc[h]mutz brennende Heilige umhüllende (an Heiligen auflodernde) Feuer.[6]

7) Trahissons, trahissons la traître pensée

Betrügen wir, betrgen wir, das trgerische Denken[7]

8) et le monde meurt aussi, lourdement, lâchement nommé

die mit Namen feige belastete Welt abstirbt/die Welt abstirbt, feige mit Namen belastet[8]

9) la longue sonate des Cadavres — die lange Sonate der Leichen[9]

10) si vous vous en connaissez — wenn Ihr [ihr] von solchen Leuten Kenntnis habt[10]

11) proprement ineffable etc. — ja, ganz unaussprechlich war sie, die Bedürfnislosigkeit an der ich zu Grunde ging[11]

12) Je m'entends dicter etc. — und höre von einer erstarrten Welt reden, die etc./und die Stimme einer erstarrten, aus dem Gleichgewicht geratenen Welt, dringt auf mich ein[12]

13) pour vous livrer etc. — um euch den tiefsten Grundmeines Entsetzens zu enthüllen[13]

14) questions de basse pointure — hoch über allem primitiven Suchen nach der richtigen Schuhnummer[14]

15) oscillant en rase-mottes — dicht über dem Erdboden einherschwankte[15]

16) autant de tarauds etc — lauter Löcher in dem Fass der Geheimnisse[16]

17) m'étendre sur lui — mich näher mit ihm zu befassen[17]

18) les souris etc — Das Lächeln etc...aber man braucht ein wenig Abstand dazu[18]

19) innombrable — vielfältiges[19]

20) à ce point de vue etc. — Und in dieser Hinsicht war mir meine Unterlegenheit, in [im] Vergleich zu meinen anderen Bekannten (meine[n] anderen Bekannten gegenüber), sehr deutlich bewusst[20]

TLS；1 张，1 面；附件，2 页，2 面：弗兰岑曾写信给贝克特提出一些翻译上的问题，作为回复，贝克特提供了一份打字版的建议列表，同时还附上了 1954 年 1 月 19 日彼得·苏尔坎普的来信。曼海默收藏。先前刊印：《萨缪尔·贝克特与埃里克·弗兰岑：〈莫洛伊〉翻译相关书信》，《巴别塔》第 3 期［1984 年春］，第 23—35 页。贝克特做了标注的打字版手稿复印件未找到。

1. 由于这封信主要处理的是法语译成德语的语言问题，而非法语译成英语，或德语译成英语，注释中未提供任何翻译。在任何情况下，关于法语和德语的建议都指向翻译。注释给出了法语原版（午夜出版社）、帕特里克·鲍尔斯与作者合译的英译本（格罗夫出版社）以及埃里克·弗兰岑的最终德译本（苏尔坎普出版社）所在段落的页码。在弗兰岑的《萨缪尔·贝克特与埃里克·弗兰岑》一文中有详细说明，见《巴别塔》，第 23—35 页。

午夜出版社，第 17 页；格罗夫出版社，第 16 页；苏尔坎普出版社，第 21—22 页。

2. 午夜出版社，第 20 页；格罗夫出版社，第 19 页；苏尔坎普出版社，第 26 页。

3. 午夜出版社，第 20 页；格罗夫出版社，第 18 页；苏尔坎普出版社，第 26 页。

4. 午夜出版社，第 43 页；格罗夫出版社，第 39 页；苏尔坎普出版社，第 59 页。

5. 午夜出版社，第 39 页；格罗夫出版社，第 35 页；苏尔坎普出版社，第 53 页。

6. 午夜出版社，第 40 页；格罗夫出版社，第 36 页；苏尔坎普出版社，第 55 页。

7. 午夜出版社，第 40 页；格罗夫出版社，第 36 页；苏尔坎普出版社，第 55 页。

8. 午夜出版社，第 46 页；格罗夫出版社，第 41 页；苏尔坎普出版社，第 63 页。

9. 午夜出版社，第 46 页；格罗夫出版社，第 41 页；苏尔坎普出版社，第 63 页。

10. 午夜出版社，第 50 页；格罗夫出版社，第 45 页；苏尔坎普出版社，第 69 页。

11. 午夜出版社，第 50 页；格罗夫出版社，第 45 页；苏尔坎普出版社，第 69—70 页。

12. 午夜出版社，第 59 页；格罗夫出版社，第 53 页；苏尔坎普出版社，第 82 页。

13. 午夜出版社，第 89 页；格罗夫出版社，第 79 页；苏尔坎普出版社，第 124 页。

14. 午夜出版社，第 87 页；格罗夫出版社，第 78 页；苏尔坎普出版社，第 122 页。

15. 午夜出版社，第 101 页；格罗夫出版社，第 89 页；苏尔坎普出版社，第 141 页。

16. 午夜出版社，第 192 页；格罗夫出版社，第 170 页；苏尔坎普出版社，第 267 页。

17. 午夜出版社，第 246 页；格罗夫出版社，第 217 页；苏尔坎普出版社，第 342 页。

18. 午夜出版社，第 255 页；格罗夫出版社，第 226 页；苏尔坎普出版社，第 355 页。

19. 午夜出版社，第 262 页；格罗夫出版社，第 232 页；苏尔坎普出版社，第 365 页。

20. 午夜出版社，第 263 页；格罗夫出版社，第 233 页；苏尔坎普出版社，第 366 页。

苏黎世

罗歇·布兰

1954 年 2 月 7 日 [1]　　　　　　　　　　　　　　　　　　巴黎

亲爱的罗歇：

很开心收到你的消息。这对你来说并不容易。最后你会懂德语的。我只是希望你会感兴趣，那么这种安排会对你有所裨益。我没什么机会来苏黎世。但是也许苏珊娜可以，她盼望着离开呢。1

有一天顺道去了趟剧院，赶上了吕西安·兰堡表演的高潮部分，他的身体平躺在舞台上，双腿被僵硬地堵住了。现在没什么人了。

《阿麦迪》还有很长一段路才能被搬上舞台。让·马丁周一会过来坐坐。2

很遗憾你没能来，这真是一场了不起的，而且是免费的展览。在这次展览上，我遇到了里沃阿朗，他比以前更像大胡子解放者。3

受邀去观看了《谚语之夜》。我一直待到结束。4

你见过乔治·乔伊斯吗？还有你认识的那位雕塑家利普西。这是他的地址，备用：

苏黎世

哥德巴赫

苏黎世大街 36 号 5

我每日都与托普霍芬一起工作，修改《莫洛伊》的德语翻译。简直令人头脑麻木啊。

告诉我们更多消息吧，pedimus。6

---

[1]　原信用法语写成。

来自我俩的祝福

萨姆

ALS；2 张，2 面；IMEC，布兰。

1. 布兰在苏黎世剧院导演了《等待戈多》：见 1954 年 1 月 12 日的信，注 1。

2. 吕西安·兰堡于 1954 年 1 月重新饰演他原来的角色弗拉第米尔。(《新闻》,《世界报》，1954 年 1 月 8 日：第 8 版) 让·马丁饰演幸运儿。

欧仁·尤内斯库的剧《阿麦迪或脱身术》，1954 年。

3. 贝克特指的是最近开放的杰克·B. 叶芝画展，位于拉博埃西街 57 号威利酒店中的巴黎美术馆，在巴黎 8 区圣奥诺雷市郊街 140 号室内庭院的上方。(约瑟夫·贝里奥，《威尔顿斯坦、巴黎、纽约与法国老艺术大师》，载于《从弗朗索瓦一世到拿破仑一世的法国艺术》[纽约：威尔顿斯坦出版社，2005]，第 23 页)

安纳托尔·里沃阿朗 (1886—1976)，爱尔兰文学专家、翻译家。

4.《谚语之夜》(1954)，作者是乔治·谢哈德 (1905—1989)，音乐由莫里斯·瓦纳 (1914—1992) 制作，被让-路易·巴罗选中，作为马里尼小剧场 1954 年 1 月 30 日演出的开场。谢哈德的剧本发表在《新文学》第 1 卷第 9 期 (1953 年 11 月)，第 1126—1161 页。

5. 乔治·乔伊斯住在苏黎世。莫里斯·利普西 (1898—1986)，出生在波兰的法国雕塑家。

6. "pedimus" (拉丁语，"拜托")。

慕尼黑

埃里克·弗兰岑

1954 年 2 月 8 日

巴黎 15 区
快马街 6 号

亲爱的弗兰岑博士：

我今日将译文的改正和建议第一部分由苏尔坎普出版社转寄给您。提建议者的德语非常不如人意，因而满怀谦卑之心。[1]

我确实很喜欢您的翻译。

第二部分几天后寄过去。

谨上

s/ 萨缪尔·贝克特

? TLS；1 张，1 面；未参考原始信件。先前刊印：《萨缪尔·贝克特与埃里克·弗兰岑》，《巴别塔》，第 26 页。

1. 贝克特对这部分做了批注，但手稿复印件未找到。

纽约，格罗夫出版社
巴尼·罗塞特

1954 年 2 月 11 日　　　　　　　　　　　　　　　巴黎 15 区

快马街 6 号

亲爱的巴尼：

感谢你 2 月 5 日的来信，你的话很友好，也很体贴。你会看到我写给特纳先生的信，感谢他的夹克。那张邓尼茨照片作为书的封皮很好。若这种小改动无法实现，也没关系。[1]

除了《戈多》的翻译外，我没有从这些翻译中额外获得一分钱的收入。我不得不去做，是受到一种对作品进行保护的愚蠢情感所驱使。刚完成了《莫洛伊》德译本的修改工作，我觉得做得不错，但是也存在很多错误，而且总是要将不寻常之处寻常化了，以至于读起来都不像是翻译，这一做法令人不悦。也开始了《马龙》的校译工作，与《戈多》的德语译者一起，他是个不错的人，就住在这儿。看到了《戈多》的西班牙译本，那真是太糟糕了。[2]

我想要自己尝试着去译成英文，但就像我所尝试的所有事情一样，只是回避这个问题罢了。倘若有一颗脑袋和一块石头，我宁愿拿来敲打它，也不愿意另一个代理重新开始旧作品。一旦被程式化，在程式化的过程中，以及程式化之前，所有极其令人厌倦的，被拒绝的都很难继续下去了。我很快就会给兰东组一本奇怪的小书，三篇略长的短篇小说，用法语写的首批作品，其中至少有一篇对我来说还可以，还有十三或十四篇非常短的文本（《无所谓的文本》），这些失败的文本表明我难以完成《无法称呼的人》的最后几句话："il faut continuer, je vais continuer."他还想出版《梅西埃与卡米耶》，我用法语创作的第一部"小说"。对这部小说来说，讨论得越少越好，我必须拒绝出版。[3]眼下，有个"人"在黑暗的岩石中沿着走廊爬行，但他随时会消失。[4]当然，没有什么理由要现在启动或启动这件事。我非常累，也很麻木，但还不够累，不够麻木。写作是不可能的，但目前为止还没有那么不可能。这就是这些天我糊弄自己的方式。

祝你们俩一切顺利

s/ 萨姆·贝克特

TLS；1 张，1 面；NSyU。先前刊印：贝克特，《致巴尼·罗塞特的信》，《当代小说评论》，第 68—69 页。

1. 2 月 5 号，巴尼·罗塞特充满同情地写到了贝克特创作新作品所遇到的困难："也许尝试本身就是尝试停止。"（NSyU）

贝克特写给霍华德·特纳的信没有找到。

2. 罗塞特在 2 月 5 日的信中写道："所有这些翻译——对我们来说是很好的，对你来说意味着一些额外的收入——但是必定要抑制新的感觉溢出表面。"

埃里克·弗兰岑翻译了《莫洛伊》；艾尔玛·托普霍芬将《马龙之死》译成德文；特里诺·马丁内斯·特里韦斯将《等待戈多》译为西班牙语。

3. 贝克特指的是《故事和无所谓的文本》。《无所谓的文本》共有 13 个文本。《无法呼称呼的人》的最后几句话："il faut continuer, je ne peux pas continuer, je vais continuer"，贝克特将其翻译为"你必须继续，我无法继续，我会继续"。（贝克特：《无法称呼的人》，午夜出版社，第 213 页；贝克特：《无法称呼的人》，格罗夫出版社，第 179 页）

4. 贝克特的文本尚未完全确认。在此期间，即"1954 年 1 月 16 日，1954 年 1 月 17 日"，一个用法语写成的散文作品经过多次修改。（TCD，MS 4662，6r–12r；《都柏林圣三一学院目录增补》，载于《多种笔记总集：贝克特在都柏林圣三一学院的阅读笔记、其他手稿以及相关论文目录》，马泰斯·昂热尔贝、埃弗里特·弗罗斯特和简·马克斯韦尔编，*SAT/A* 特刊［2006 年］第 16 期，第 184 页）；被科恩在其《贝克特经典》一书中草率地描述为难读，第 209—210 页。

慕尼黑
埃里克·弗兰岑

1954 年 2 月 17 日　　　　　　　　　　　　　　巴黎 15 区

　　　　　　　　　　　　　　　　　　　　　　　快马街 6 号

亲爱的弗兰岑博士：

　　（1）这段话的一些关联：（a）出自赫林克斯的《伦理学》，在这部著作中，他比较了人类的自由与一个人的自由——在一艘向西航行的船上，一个人可以自由地向东行走，但却只能在船身范围之内，最远到船尾；（b）出自但丁笔下（《地狱篇》第二十六歌），尤利西斯讲述其第二次远航（一个中世纪的传统）到赫拉克勒斯石柱甚至更远的地方，遭遇船难和死亡的故事。我不大理解你难以使这段与"这对某人来说是很大的自由"一致。我想，其中一个船员即便没有尤利西斯的冒险精神，至少可以自由地沿着甲板（向东）爬回家去。[1]

（2）coenesthésie 或者 cénesthésie 与 kinesthésique 没有任何关系。《牛津英语词典》的定义："由身体感觉的总和所引起的一般存在感"。亨勒的定义是："c'est le chaos non débrouillé des sensations qui de tous les points du corps sont sans cesse transmises au sensorium"。冯特定义为："wir rechnen zur Klasse der Gemeinempfindungen alle Empfindungen[,]die einen ausschliesslich subjektiven Charakter bewahren und dadurch wesentlich Bestandteile des Gemeingefühls bilden"。我看不出来您为何不用 Coenesthesis，或者 Gemeinempfindung，抑或您更倾向于用的 Gemeingefühl。这些都是相对应的德语哲学术语。[2]

（3）很显然，一个 Neigung 是不可能具有 Bewusstsein 的。但是哪个词都不能用来处理 se savoir velléitaire。也许德语中的荒诞比法语中的更不易接受，如果您倾向于以您提出的方式绕开它，您当然可以这样做。我只是希望您理解，我对您译文的干预，至少四分之三都是建议，最不确定的那种，因而您有绝对的自由接受或拒绝。[3]

（4）我倾向于用 Gegend 而非 Gebiet，准确地说，是因为后者意义含混不清（意义外延并不局限于《莫洛伊》），而且有些缺少统领性。Gebiet 是莫兰会用的词，而不是莫洛伊会用的。但是同样的，选择权在您。[4]

我希望目前您已收到了第二部分，我直接寄到了您慕尼黑的地址。

如果我能提供任何帮助给您，尽管来找我。

同时感谢您 2 月 10 日的来信。您对我作品的评论使我很感兴趣，我很期待阅读您在《水银》上的导言。[5]

此致！

s/ 萨缪尔·贝克特

TLS；1张，1面；曼海默收藏。先前刊印：《萨缪尔·贝克特与埃里克·弗兰岑》，《巴别塔》，第28页。

1. 贝克特回复了弗兰岑2月12日的信（《萨缪尔·贝克特与埃里克·弗兰岑》，《巴别塔》，第27—28页）。

在赫林克斯对《伦理学》一书所做的注解中，贝克特标记了一个段落："正如一艘船载着乘客全速驶向西方，无法阻止乘客向西方走去，承载一切，驱使一切的上帝的意志，也无法阻止我们以完全的自由来抵抗其意志（上帝的意志与我们能掌控的一样）。"（阿诺尔德·赫林克斯，《伦理学：附萨缪尔·贝克特的笔记》，汉·凡·鲁勒、安东尼·乌尔曼和马丁·威尔逊编，马丁·威尔逊译［莱顿和波士顿：布里尔出版社，2006］，第182、317页）

在2月12日的信中，弗兰岑称自己不理解贝克特对翻译的纠正，即"沿着甲板（向东）爬回家去"。"我不理解这句话的意思，尤其是不跟接下来的一句连在一起时：'对于一个没有冒险精神的人而言，这是很大自由'"（《萨缪尔·贝克特与埃里克·弗兰岑》，《巴别塔》，第27页）。

2. 贝克特引用了德国解剖学家和病理学家弗里德里希·亨勒（1809—1885）的定义，他将coenaesthesis，也就是"存在感觉"定义为"这是一种目前还说不清的，从身体的各个部分不断传递到感觉器的混乱感觉"（弗里德里希·亨勒，《一般解剖学》，1841，第728页，引自泰奥迪勒－阿尔芒·里博，《个性的疾病》［巴黎：菲利克斯·阿尔坎出版社，1885］，第23页；泰奥迪勒－阿尔芒·里博，《个性的疾病》，丹尼尔·N. 罗宾逊编，《对心理学史的重大贡献1750—1920》［华盛顿：美国大学出版社，1977］，第19—20页）。

贝克特还引用了早期实验心理学的重要人物威廉·马克西米利安·冯特（1845—1920）的定义："在共同感觉的类别中，我们包括所有保留完全主观性质的感觉，并且通过这种感觉，基本上形成了共同感觉的组成部分。"（威廉·冯特，《生理心理学基础》，第二卷［莱比锡：威廉·恩格尔曼出版社，1902］，第42页）贝克特对德文的引用与原文有所出入。

在引用亨勒和冯特时，贝克特很可能是从一本哲学词典中找到的引文。（比如安德烈·拉朗德，《哲学的技术和批判词汇》，第一卷，法国哲学学会［巴黎：菲利克斯·阿尔坎出版社，1928］，第110页）

"Gemeinempfindung"（德语，"共同感知"）。

"Gemeingefühl"（德语，"人类共感"，"共情"）。

在2月12日的信中，弗兰岑写道："您建议改为Coenesthesis或者Gemeinempfindung。哪个术语都不能用在德语中，我也不知道它们的意思。"从贝克特那里收到当前的这封信后，弗兰岑于 2 月 18 日予以回复，进一步解释道：

> 关于 Coenesthésie，我有以下几个原因不能使用 Gemeingefühl（或 Gemeinempfindung）这个术语：首先，希特勒的宣传垄断了这个术语的使用；其次，没人记得冯特的心理学；最后，如果您打算使这些术语承载特殊的含义，而对德国人来说却只表示一般的含义（希特勒的"Gemeingefühl"），责任就在译者。（在那些我宁愿简单地听你的话的许多情况下，我必须坚持这最后一点……）（《萨缪尔·贝克特与埃里克·弗兰岑》，《巴别塔》，第 29 页）

3. "Neigung"（德语，"意愿"）不可能具有"Bewusstsein"（德语，"意识"）。"se savoir velléitaire"（法语，"知道自己是优柔寡断的"）。

4. "Gegend"（德语，"区域，没有特定的边界，如地理或地形空间"）；"Gebiet"（德语，"区域，有边界和限制，经常被抽象化，如政治管辖或专业知识"）。

贝克特删除了"Malone"（马龙），用"Molloy"（莫洛伊）代替。

5. 在 1954 年 2 月 10 日写给贝克特的信中，弗兰岑写道：

> 我相信您已经意识到我必须努力使有些含糊不清的句子在德语中比较通顺。也就是说，我将不得不避免在德语中会产生笨拙的分词和结构，而在法语中它们甚至可能是诗意的。（《萨缪尔·贝克特与埃里克·弗兰岑》，《巴别塔》，第 26 页）

弗兰岑还写到自己多么钦佩"您思想的大胆和力量，这使得在直面您的艺术手法的最终后果时，您并不会感到胆怯"。他很遗憾自己没有资格翻译《马龙之死》和《无法称呼的人》，他解释说他会在巴黎咨询贝克特；鉴于他的翻译费不高，他无法去做这件事。

弗兰岑对《莫洛伊》节选的导读：《萨缪尔·贝克特：〈莫洛伊〉》，《水银》第 8 期（1954 年 3 月），第 239—241 页。

美因茨

汉斯·瑙曼

1954 年 2 月 17 日 [1]　　　　　　　　　　巴黎 15 区

快马街 6 号

亲爱的先生：

　　谢谢您 2 月 15 日的来信以及随信寄来的文章。我怀着极大的兴趣，拜读了您写的有关爱尔兰人的作品。[1]

　　让我来讲讲我自己和我的作品，即使不说不可能，也是件极难之事，但我会很乐于帮您。

　　说说我和乔伊斯的交往吧。1928 年，我到巴黎高师当英语外教时与乔伊斯相识。我们的交往完全是朋友之间的那种，我从未当过他的秘书。我们很少谈论文学，他不喜欢谈论文学，我也不喜欢。我们时常一起外出活动，他待我十分宽厚。他常以书相赠，并请我读后挑些词句，供他写作《芬尼根的守灵夜》时参考。1930 年，我离开巴黎高师（除了一次短期的英语语言课程外，我从未在索邦大学得到过讲师的教职）。自此直到 1937 年我回到巴黎定居，我和乔伊斯仅有数次会面。我最后一次见他是在维希，1940 年。我始终认为他是有史以来最伟大的文学天才之一。但我相信我很早就意识到，吸引我的东西和我能够唤起的方式，恰恰与乔伊斯的相反。他在道德上对我产生了很大的影响。虽然他无意这样做，但他的确让我领会到了"成为艺术家"几个字的真谛。我对他怀有难以言表的钦佩、热爱与感激之情。[2]

　　1945 年之前，我一直用英语写作。以下是作品清单。

---

[1]　原信用法语写成。

《腥象》（诗），巴黎：时光出版社，1930 年。

《论普鲁斯特》（评论），伦敦：查托－温德斯出版社，1931 年。

《徒劳无益》（短篇集），伦敦：查托－温德斯出版社，1934 年。

《回声之骨及其他沉积物》（诗集），巴黎：时光出版社，1935 年。

《莫菲》（长篇小说），伦敦：劳特利奇出版社，1938 年。

《瓦特》（长篇小说），巴黎：灰背隼出版社，1953 年。

1945 年后，我只用法语写作。为何如此？并非有意为之，而是为了改变，为了看看，没什么复杂的缘由，至少表面上没有。反正与您提到的理由无关。我并不把英语当作外语，英语就是我的母语。对我来说，若真有外语的话，那也是盖尔语。您或许会将我视为沉闷之人，就是那些没有完全弄清自己在干什么之前绝不会行动的人。这并不是说我做出这样的改变不是情势所迫。我自己就能找出几个来，更何况走回头路已不可能。对此我还是保持点儿神秘，不过倒是可以透露一条线索给您：我需要让自己的装备糟糕些。[3]

普鲁斯特。一篇关于他的短篇评论（30 000 字）是我的第一部散文作品。是查托－温德斯出版社约的稿，收入该社"海豚丛书"。我着重追溯了他在不同时期的主要经历，从泡在茶里的玛德琳小蛋糕到铺满鹅卵石的盖尔芒特大宅院。从那时起，我几乎再也没有看过他的作品。他给我留下了深刻的印象，也让我十分不快。我发现自己很难忍受他对诸多事情的过分执着，包括将一切都归于法则。我想我对他评价不高。[4]

卡夫卡。除了一些短小的文本外，我只读了《城堡》的四分之三，而且那时读的是德文版，也就是说，好多内容并没有读懂。[5] 我感觉很自在，过于自在了——也许这就是我没有读完的原因。手头有急事需要完成。我现在都不记得纳多对此都说了什么。[6] 只记得他切入问题时的泰然自若令我不安。对于如账目表一样被记录下来的那种灾难，我很警惕。

我并非试图抵抗影响。我只是觉得自己是个差劲的读者，总是无法集中精神，不可救药地想要另觅他途。而且我可以毫不犹豫地说，那些对我影响最深的阅读经历就是那些将我引向别处的阅读。

皮卡尔或帕兰，我都不了解。在那些为了探究乔伊斯而读的著作中，弗里茨·毛特纳的《语言批判的贡献》给我留下了深刻印象。我总想着再读一遍，但似乎已找不到了。[7]

最后，说到爱尔兰，自我克制是完全不可能的。我讨厌那种浪漫主义。而且我并不需要去饮什么魔法泉水以忍受外面的生活。[8]

我担心这封信对您没什么用处。我应该需要您在任何情况下都将其作为机密保存好，也就是不要引用里面的任何话。如果您有其他问题，那些有确切答案的问题，我随时恭候。但至于要问我是谁，我来自哪里，我在做什么，这些哲学问题都超出了我能回答的范围。

谨上

萨缪尔·贝克特

TLcc；2 张，2 面；费森菲尔德收藏。

1. 汉斯·瑙曼（生卒年不详），法国和爱尔兰文学的译者和编辑，于 1954 年 2 月 15 日写了封长信给贝克特，称自己曾在 1951 年对《莫洛伊》做了及时的回应，并电告午夜出版社求购德国出版权（费森菲尔德收藏）。彼得·苏尔坎普请他将纳多、巴塔耶和布朗肖的文章翻译出来（见 1954 年 1 月 9 日的信，注 4）。在 1960 年 11 月 1 日的一封信中，艾尔玛·托普霍芬写信给界墙出版社创始人马克斯·尼德迈尔 *（1905—1968）："据我所知，瑙曼博士是贝克特的一个伯乐。无论如何，是他最早让彼得·苏尔坎普博士对贝克特有了特别的关注。"（马尔巴赫：德国文学档案馆界墙出版社文献集，托普霍芬）至于这位爱尔兰的瑙曼写给贝克特的信是什么，我们不得而知。

瑙曼曾这样写道："我必须澄清一点：要在您的作品中找出对爱尔兰传统的呈现，这样做是否恰当（尽管它是用法语表达的）？"瑙曼将一篇为法兰克福广播电台撰写的文章寄给贝克特，请他过目并批评指正。

2. 贝克特与乔伊斯的最后一次会面是在 1940 年 6 月 12 日。他和苏珊娜从巴黎一路向南，乔伊斯安排瓦莱里·拉尔博借款给他们。

《回声之骨及其他沉积物》由欧罗巴出版社出版。

3. 在给贝克特的信中，瑙曼写道：

> 想想语言变化的动力是什么吧？我发现一个完全来自外部的动力。鉴于难以在那个小国疆域之外的地方开展爱尔兰语言工作，您不得不选择一门外语：要么法语，要么英语，而您选择了法语。但肯定有更深层的原因。您认为法国文化能为您的作品提供更多的支撑吗？

4. 贝克特并不是受查托－温德斯出版社的委托而写《论普鲁斯特》的。但他的确提交了作为"海豚丛书"出版的审议（见周四［？1930年7月17日］致托马斯·麦格里维的信，注8）。

5. 弗朗茨·卡夫卡，《城堡》（1927）。瑙曼问："卡夫卡的作品对您的精神生活产生过影响吗？"

6. 将贝克特的创作与卡夫卡相联系的研究见于莫里斯·纳多早期的几篇评论文章。例如，他写道："贝克特作品中的冒险故事，满怀热情的讲述，富于卡夫卡式的幽默。"（《萨缪尔·贝克特，或前进，无处可去》，《战斗报》，1951年4月12日：第4版）。纳多这样写道："没有什么是肯定的，只有虚空和错误。每个人似乎注定要参与到这个愚蠢的种族中，没有收获，而且正如卡夫卡所描绘的，这似乎是某种神圣诅咒的后果。除此之外，什么都没有了。"（《萨缪尔·贝克特的幽默和虚无》，《法兰西信使》，第694页）。纳多进一步把贝克特和卡夫卡联系在一起，见《萨缪尔·贝克特或沉默权》，《现代》，第1273—1282页，和《萨缪尔·贝克特的"最后一次"尝试》，《新文学》，第860—864页。

7. 瑙曼询问贝克特对马克斯·皮卡尔（1888—1965）和布里斯－阿里斯蒂德·帕兰（1897—1971）作品的熟悉程度，两人都讨论了"沉默"。瑙曼提到皮卡尔的《我们当中的希特勒》（1942）和帕兰的《语言的本质和功能研究》（1942）两部著作以及帕兰的一些评论性文章《选择的尴尬》（1947）。

贝克特提到了弗里茨·毛特纳（1849—1923）的《语言批判的贡献》三卷本（1901—1902）。

8. 贝克特可能是指威廉·B. 叶芝《鹰井边》的主要意象。

都灵
吉安·伦佐·莫逖奥

［1954 年 2 月 20 日之后］[1]

先生[1]：

《等待戈多》是我唯一的戏剧作品。意大利的版权仍然有效。在此，我授权您为杂志《问题》翻译这部作品。[2]

作者简介：

1906 年	出生于都柏林，父母均为爱尔兰人。
1923 年至 1927 年	就读于都柏林圣三一学院。
1928 年至 1929 年	在巴黎高等师范学校任英语讲师。
1930 年至 1932 年	在都柏林圣三一学院任法语讲师。
1937 年	定居巴黎。
1945 年	开始用法语写作。

已出版作品：

英语著作

1935 年［原文如此］《论普鲁斯特》（评论） 伦敦：查托－温德斯出版社。其余不赘。

法语著作

1951 年《莫洛伊》（长篇小说）

1952 年《马龙之死》（长篇小说）

1952 年《等待戈多》（戏剧）

1953 年《无法称呼的人》（长篇小说）

谨上，不赘。

---

[1] 原信用法语写成。

AL 草稿；1 张，1 面，位于吉安·伦佐·莫逊奥博士 1954 年 2 月 20 日写给贝克特的信；IMEC，贝克特，第 2 箱，S. 贝克特，《等待戈多》1946—1957。

1. 吉安·伦佐·莫逊奥（1924—1989），法国戏剧研究者和翻译家；1954 年至 1958 年，在杂志《戏剧》工作；1955 年起，与埃诺迪出版社合作，策划出版"戏剧书系"，最终完成了数卷；除了将阿达莫夫、克洛岱尔、杜拉斯、莫里哀、谢哈德、塔迪厄、维特拉克和尤内斯库等作家的作品译成意大利文外，他还因著作《法国流行戏剧》（1960）而闻名。

2.《问题》，一本有关文学和艺术的双月刊；创刊于 1953 年，当时叫《艺术广场》，由马里奥·拉泰和奥斯卡·纳瓦罗担任执行总监；1954 年更名为《问题》。

莫逊奥为《问题》第 1 卷第 3—4 期（1954 年 7—8 月）"法国'新'戏剧"特刊撰写了导言。该特刊发表了由让·塔迪厄、欧仁·尤内斯库、阿瑟·阿达莫夫和乔治·谢哈德创作的法语剧本。莫逊奥的简介中只提及贝克特。没有证据表明他翻译了《等待戈多》。

巴黎
雅克·皮特曼

周六［？ 1954 年 3 月］[1]

亲爱的雅克：

我非常欣赏您那篇评论叶芝的文章。您能否从中提炼出一页或一页半，我便可以将其与几篇小文一起给《新文学》杂志，这些小文是由迪蒂、施奈德与我共同完成的。萨耶似乎没工夫处理这类事情。1

您能在下星期一快三点的时候在那个小酒吧同我见面吗？我记得是在拉博埃西街，那次展览结束后我们去过那里。之后我们可以一同去迪蒂家尽量把事情确定下来。无论如何我都会在那儿。

---

[1] 原信由法语写成。

祝一切顺利

萨姆·贝克特

ALS；1张，1面；波特收藏。日期判定：AN AH "3月"；早于萨缪尔·贝克特、皮埃尔·施奈德和雅克·皮特曼，《致敬杰克·B.叶芝》，《新文学》第14期（1954年4月），第619—621页；贝克特写的那篇在《碎片集》第148页重版。

1. 贝克特正在组织出版对杰克·B.叶芝展览的评论文章。该展览于1954年2月在巴黎美术馆举行。《新文学》杂志的编辑莫里斯·萨耶已经同意在4月份那一期上刊登这些短评。

都柏林
托马斯·麦克格里维

<u>1954年3月1日</u> 巴黎

亲爱的汤姆：

知道您平安回家，我很高兴。

上周四展览闭幕的那天，我去了维尔当斯坦，那是我第五次还是第六次去那里了。当时沃丁顿也在那里，他似乎对一切都很满意。[1] 您可能已经听说了现代艺术博物馆要购买《沼泽地的音乐》一事，这事已经确定了，只是还没有官方确认。虽然来看展览的人没有我们预想的那么多，批评家们的反应也没有我们希望的那么重要，但是消息还是传开了，人们在谈论这些作品，在我自己的小圈子里，所有那些认为有价值的人的观点都让我印象非常深刻。[2] 布拉姆·范费尔德，就是那位最难懂和最挑剔的画家，来了至少十次，被展览所 bouleversé。我从来没有见过

393

他对哪一个在世的艺术家是这个样子。迪蒂也很积极，还有如弗朗西斯和里奥佩尔这样年轻、充满活力、前途无量的画家也写了评论。还有年轻的评论家皮埃尔·施奈德的评论。[3]我看到的最好的文章是《热情的朝圣者》，刊登在《画家》杂志上。[4]我已经安排了一组纪念文章，发表在4月号的《新文学》杂志上，这是我们这里目前最具进取心的文学月刊。小组成员有迪蒂、施奈德，可能还有雅克·皮特曼（布拉姆的朋友，一个青年作家）和我自己。都是一些小短文。这种文章的写作形式对我来说非常难，简直就是一种折磨。面对空白的稿纸，我花了几天时间才下了笔，结果也只是写了一些最笨拙的表达敬意的文字。[5]但我希望重要的是鞠躬致敬。在这样的成就面前，证明、辩护、描述、定位对我来说似乎都显得多余。请转告杰克·叶芝，他点燃的火将会熊熊燃烧。我们现在的目标是现代艺术博物馆明年举办的另一个展览。维尔当斯坦并不适合举办这样的展览。

谢谢弗兰克和艾伦寄给我的联名贺卡。您在机场吃午餐了吗？那天您走后，我让人把报纸送给您，希望您顺利收到。[6]苏珊娜去苏黎世看《等待戈多》德语版的首演，罗歇·布兰是特邀制片人。她待了三天，似乎过得很愉快。乔治对她的到来给予了热烈的欢迎。[7]

尽管过于短暂，但与您的再次相聚十分愉快。也许我会5月过去。弗兰克的创作状态好了些，但与过去还是没法比。十分想念杰克·B.叶芝。

永远爱您

萨姆

ALS；2张，2面；信封地址：爱尔兰都柏林菲茨威廉广场24号，托马斯·麦克格里维先生收；邮戳：1954/3/1，巴黎；TCD，MS 10402/191。

1. 巴黎美术馆，杰克·B.叶芝展览举办的地方，由维尔当斯坦家族管理（夏爱黄－维尔当斯坦联合有限公司，2010年1月26日）。乔治·维尔当斯坦（1892—

1963），《美术报》主编，他的儿子丹尼尔·维尔当斯坦（1917—2001）担任这家报纸的管理人，并管理维尔当斯坦研究所的研究项目。

维克托·沃丁顿（1907—1981），杰克·B.叶芝的都柏林经销商。

2.《沼泽地的音乐》（派尔1133；法国国家现代艺术博物馆，AM 3300 P），（派尔，《杰克·B.叶芝：油画作品分类目录》，第二卷，第635页）。

贝克特4月6日写信给苏珊·曼宁："他的展览并没有引起应有的轰动。"（TxU，贝克特文献集）

3.布拉姆·范费尔德；"bouleversé"（法语，"折服"）。

美国艺术家萨姆·弗朗西斯（1923—1994）；让－保罗·里奥佩尔；皮埃尔·施奈德。

4.《热情的朝圣者》，《杰克·B.叶芝变形记》，《画家》（1954年2月15日），第8页；匿名，在署名为让·莫雷亚斯的作者1891年所写的一本书中提到了该文。这篇论文把叶芝的画风与野兽派和印象派做了对比："但颜色是他唯一的表达手段。"作者指出，虽然叶芝的出发点是寓言，但他的画没有插图和故事："叶芝，一位蜕变的画家，有能力使物体复苏。他的人物形象在周围的空气中溶解，他的风景散发出神奇的魔力。"

5.贝克特、施奈德和皮特曼：《致敬杰克·B.叶芝》，《新文学》，第619—621页。迪蒂的文章没有刊出。

6.麦克格里维的贺卡，可能由贝克特的兄长弗兰克·贝克特和艾伦·汤普森共同签写，尚未找到。

7.《等待戈多》，由罗歇·布兰执导，1954年1月12日在苏黎世剧院首演：见1954年1月12日的信，注1。

乔治·乔伊斯。

乔治·迪蒂

195□年3月2日 [1]   巴黎

亲爱的老友：

　　感谢你的来信。对我所有固执的想法和展望，以及疯子一般的幻想，

---

[1] 原信由法语写成。

你可千万不要太当真。我们之间并没有严重分歧。我们之间所有的问题也许在于，在试图谈论问题之前，我们彼此都没有搞清楚争论的焦点是什么。显然，对于这些问题，有太多的理由使我没有勇气去解决。我最终发现，我们所关注的问题处在两个完全不同的层面上，它们仿佛被一片晦暗地带分割开来，彼此相互排斥，因此我们寻找契合点的努力总是白费。过去我以为，我已经在叶芝身上找到了对我来说有意义的唯一价值——一种我不再想要仔细探究，也不能用国家和技术等很体面的因素来解释的价值——我开始对其他所有价值视而不见。[1]那时我们谈论布拉姆时，我已经是这种状态了。[2]所以我并不适合与人探讨艺术，而且在这个话题上，除了我自己所沉迷的问题外，我也说不出什么来。关于叶芝，磨了好几日，也只写出了一页，文字实在是不堪卒读，让人恼火且毫无趣味可言。这与我想要表达的完全相反。即使对这位伟大的、我所爱戴和尊敬的长辈，我都不能忘记自己那该死的价值观。[3]你在上次来信的最后是不是要放弃写一点关于叶芝的文字，我并不清楚。你担心会让我失望，但我其实已经很伤心了。[4]

　　周五见

s/ 萨姆

TLS；1 张，1 面；迪蒂收藏。

1. 在巴黎美术馆举办的杰克·叶芝个人画展。
2. 布拉姆·范费尔德。
3. 《致敬杰克·B. 叶芝》的开头，贝克特写道：

　　　　在这部伟大而孤独的作品中，叶芝追溯到灵魂最隐秘的深处，任何并非来自灵魂的光都无法进入，这份坚持是绝无仅有的。
　　　　这种由此产生的空前陌生感，持续抵抗着来自国家或其他继承之物所激发的一般景象。（第 691 页）

贝克特试图寻找与叶芝作品的共同之处，最后放弃，之后他这样谈道："对于拿一生来冒险的艺术家来说，他并不属于任何地方，他也没有兄弟姐妹。"（第 619 页）结尾处，贝克特表达了对叶芝的敬意："就那样站着，头低着，惊异不已。"（第 620 页）

4. 迪蒂写给贝克特的信尚未找到。4 月 15 日，贝克特对托马斯·麦克格里维说：

> 我寄给您一份《新文学》的复印件，也许您可能看到了我们对他的敬意。迪蒂的文章虽写得很好，但遗憾的是并未刊出，因为他曾与萨耶发生争执，结果撤掉了文章，并拒绝所有未来的合作。不用说，我敢肯定他遭到了恶劣的对待，要不然，他不会这么做。至于我自己的文章，我能说的都已经跟您说了，它只不过是一种敬意的表达，很拙劣的那种。我没有能力写他那个领域的事，只希望杰克·B. 叶芝不要太失望，也别指望它是一篇更有分量的文章。（TCD, MS 10402/192）

莫里斯·萨耶：见 1953 年 1 月 8 日的信，注 7。

巴黎
爱德华·克斯特尔

1954 年 3 月 11 日 [1]   巴黎 15 区

                                                     快马街 6 号

亲爱的先生[1]：

直到前天我才在我乡下的信箱里发现了您 2 月 4 日写给我的信。这一个多月来我都不在家。您的来信一直放在那里。您一定觉得我很没礼貌。[2]

对于您的计划，我真不知该说些什么。我曾公开反对任何形式的舞台音乐（维尔纳·埃克曾打算为我的剧作创作一些舞台音乐）。[3]对我

---

[1] 原信用法语写成。

来说，那将是一个可怕的错误。由戏剧所激发的音乐会完全不同，而且在这方面的任何尝试，我都会倍感荣幸。但是，当我这样说时，脑海里想到的是由乐器演奏的音乐，而不是声音。坦白说，我并不认为《等待戈多》的文本能够承载起任何音乐场景所不可避免会产生的扩展与延伸。[4] 作为一部戏剧作品，它确实是一个整体，不是语言表达的细节。这是因为，言说是问题的关键所在，它的功能与其说是产生意义，我想不如说是构建一种微弱的抵抗沉默的张力，并将其带回到沉默。我发现很难将其看作声音世界的组成部分。

但是对这部剧，您似乎感触颇深。若您觉得适合将其翻译为纯音乐作品，不管多么自由的翻译，我都会很感兴趣，也会给我带来极大的乐趣。那么，沉默该起到什么作用？它是不是也在等着某位音乐家的到来？

无论如何，我很乐意了解目前的境况，而且我希望，对我无心的粗鲁，您别放在心上，别对我有什么成见。

祝您一切顺利

萨缪尔·贝克特

Tlcc；1张，1面；费森菲尔德收藏。先前刊印：萨缪尔·贝克特，《致一个音乐家的信件》（米歇尔·阿尔尚博私下印制 [？ 2007年]）。

1. 爱德华·克斯特尔 *（1905—2001）主修文学和法律，是一位成功的职业律师。他以埃德蒙·克斯特尔为笔名，同时是一个作曲家和音乐学家。

2. 在2月4日写给贝克特的信中，克斯特尔写道：

> 对《等待戈多》的聆听和阅读深深地感染了我。它引起共鸣，直达内心深处。
> 作为音乐家和作曲家，这种情感以音乐的形式表达，在灵感的驱使下，我创作了一些作品 [……]，努力表现人物，他们的行为，或他们的语言。
> 在此基础上，我着手把剧本的开头部分为声乐和小型管弦乐队谱成了音乐，但后来我停了下来，因为我想征得您的同意。（费森菲尔德收藏）

3. 维尔纳·埃克（1901—1983），德国作曲家，1936年到1940年间任柏林歌剧院指挥。有关维尔纳·埃克的请求和贝克特答复的信件没有找到。

4. 克斯特尔的解释：

> 毫无疑问，在我的脑海中不只是背景音乐，而是一部从头到尾歌唱出来的作品［无疑还有幸运儿的长篇独白］，这是因为剧中人物的只言片语激发了我许多的感受和想法。（TCD，MS 10402/192）

巴黎
爱德华·克斯特尔

1954年3月23日 [1]

巴黎15区
快马街6号

亲爱的先生：

谢谢您的来信。您是音乐家，我是作家，恐怕我们的立场是难以调和的。[1] 我对音乐很敏感，也太清楚它对剧本所起的作用，因而我不允许自己的剧本受到音乐的影响。我并不坚持认为自己是对的，对我来说形成这样的观点是毫无意义的。作品一旦完成，创作者就会想方设法地保护它。如果我对它的保护用错了方法，对我和作品来说都会更糟糕。

我很抱歉不得不以这样的方式回复您。我别无他法。

谨上

萨缪尔·贝克特

---

[1] 原信用法语写成。

Tlcc；1 张，1 面；费森菲尔德收藏。

1.克斯特尔曾恳求贝克特重新考虑。他在 3 月 18 日的信中说：

我提出的问题在一个完全不同的层面上：音乐的层面。您很清楚自己会允许，甚至是希望，某种具有画面感的交响乐也许能够以一种纯乐器的方式实现这部剧作的整体戏剧性。

但是，若失去了文字的支撑，我在这场交响乐中所勾勒的元素会失去全部的意义。如此，这种画面感的交响乐就成了纯粹的音乐，在这样的音乐中，观众的想象力会自由地挥洒，然而人物所传递的信息将荡然无存。

谈到您作品中的人物信息，难道您不认为音乐家也有权利去传达吗？在他们自己的领域里？（费森菲尔德收藏）

克斯特尔为此挑选了几部音乐作品，请求与贝克特面谈。

都柏林
艾伦·辛普森

1954 年 4 月 9 日　　　　　　　　　　　　　　　　　　巴黎

亲爱的辛普森先生：

谢谢您 3 月 27 日的来信。[1]

就我所知（我这里没有合同），奥伯里制作公司已经获得大英帝国的演出许可，美国的演出许可也有望获得。我不知道这对您有什么影响。您得找柯蒂斯·布朗弄清楚。[2]

尚未对任何文本做出修改要求。[3]

我觉得对您来说最简单的就［是］推迟您的制作，直至伦敦制作之后。希望这不会给您的计划带来太大的麻烦。[4]

至于首次在都柏林以英语演出是否恰当，我想我根本不在意。[5]

    谨上

                            贝克特

ALS；1 张，1 面；TCD，MS 10731/9。

1. 在 3 月 27 日的信中，艾伦·辛普森向贝克特提出了要求（TCD，MS 10731/8）。凯蒂·布莱克 3 月 23 日曾写信告诉他，持有《等待戈多》合同的唐纳德·奥伯里和彼得·格伦维尔，要等他们在伦敦的演出后，才愿意授权都柏林的演出，这让艾伦很是烦心。

关于这封信的其余注解，请参考辛普森 3 月 27 日的来信。

2. 辛普森认为，英国和美国的制作权不应该影响爱尔兰的制作权，除非贝克特授予了他们用英语在全世界演出的语言权利许可。

3. 辛普森指出，除了在俱乐部中，由于审查制度的存在，未经删减的制作是不可能在英国演出的。

4. 辛普森原本提出从 4 月 26 日开始演出《等待戈多》，但因权限问题延误，最后没能演成。

在现今保存下来的这封信中，句中"是"（is）所在的地方被打了一个孔。

5. 辛普森提到他曾与演员西里尔·丘萨克（1910—1993）说过此事："他认为，首次英语演出在都柏林的话是合适的。"

纽约，格罗夫出版社
巴尼·罗塞特

1954 年 4 月 21 日   巴黎

                                            快马街 6 号

亲爱的巴尼：

感谢你的来信。很抱歉，《等待戈多》的出版被推迟到了秋天。我对这部作品肯定会非常满意。午夜出版社也正在重印带照片的版本。[1]

伦敦西区的演出都已准备就绪，但是宫务大臣开始从中作梗了。他的诸多指控非常荒谬，恐怕整个事情都要泡汤了。他列出了12个需要删除的段落！这里面有我预料之中但却不太想修改的部分（不情愿修改），还有一些对整部剧来说至关重要的段落（幸运儿长篇独白的前15行，以及第一幕结尾段落，从"但你不能赤脚走"到"他们很快就把他钉上了十字架"），还有一些地方既不可能删改也不可能压缩。[2]但是，奥伯里（剧院总导演）正在伦敦斡旋此事。这周末我会去拜访他，一切尚未有定论。这将是一个遗憾，因为关于亚历克·吉尼斯饰演爱斯特拉贡这个角色也有一些说法。[3]

对于该剧的翻译，我想我有严重疏忽。校正德文版的《莫洛伊》把我搞得筋疲力尽。[4]我很久没有见到鲍尔斯，也没有他的消息了。我修订了《莫洛伊》第二部的前几页，那是我们最后一次接触。由于《等待戈多》推迟出版，我觉得《莫洛伊》也没必要仓促了。有时我觉得，我要么彻底放弃该剧的翻译，要么完全自己来。

收到了《新世界写作》，与尼尔·蒙哥马利的作品刊登在一起。很风趣的安排。[5]

哪怕仅仅是为了蹭一下你的款待，我也渴望有一天能到美国去。目前我待在法兰西岛，没什么好，也没什么不好。[6]

我会告诉你伦敦事件是如何解决的。

向你们致以最美好的祝愿。

你永远的朋友

萨姆·贝克特

ALS；2张，2面；NSyU。先前刊印：贝克特，《致巴尼·罗塞特的信》，《当代小说评论》，第69—70页；贝克特和罗塞特，《书信集（1953—1955）》，《新戏剧评论》，第37—38页。

1. 1954年4月，午夜出版社重印了《等待戈多》第二版，收录了四幅巴比伦剧院德国巡演的照片（费德曼、弗莱彻，《萨缪尔·贝克特》，第57—58页）。

2. 罗塞特在一则新闻报道中提及《等待戈多》将在伦敦制作演出。（萨姆·佐洛托：《"魔法与迷失"今晚来临》，《纽约时报》，1954年4月9日：第21版）

从1727年到1968年，官务大臣办公室负责发放伦敦戏剧表演许可证。实际上，该办公室充当了戏剧审查员的角色。

4月1日，唐纳德·奥伯里写信给贝克特，附上了一封官务大臣办公室3月31日公函复印件。公函要求，在颁发许可证之前，《等待戈多》中的12处必须删除。奥伯里建议："若删除对戏剧有影响，可以用对话的方式替代。"他补充道，"真想不到替换在多大程度上接近原文，力度有多大。事实上，你同意对作品进行修改远比修改本身更重要。"（BL，官务大臣办公室与戏剧有关的往来信件，1955/6597［本文以下部分为 LCC Corr］；TxU，奥伯里文献集）

官务大臣办公室要求对幸运儿独白的前几行做出修改（从"恰如……的存在本身所显示的那样"一直到"谁能怀疑它会点燃苍穹"），并要求删除第一幕结尾从"你不能赤脚走路啊"到"他们很快就把他钉上了十字架"。（贝克特，《等待戈多》，格罗夫出版社，第29、36页）

3. 4月14日，贝克特致信奥伯里：

> 对官务大臣办公室提出的12条意见，我正准备就其中的10条做出令他们满意的修改。这对我来说是巨大的让步，我极其不情愿这样做。要不是希望同您和格伦维尔先生达成一致，我一定叫停所有的演出，拒绝进一步的洽谈。
>
> 尽管如此，在被他们指控的段落中，有两处，即名单上的第五条和第六条，对剧作至关重要，既不能压缩，也不可更改。我想不出它们冒犯了什么，完全没有理由禁止。恐怕只能改成这样了。（TxU，奥伯里文献集）

1954年4月24—25日的周末，贝克特和奥伯里见面讨论了修订要求。关于第5和6条的改动，见1954年6月23日信，注3。

贝克特和埃里克·弗兰岑一起将《莫洛伊》翻译成德语：见1954年1月28日和1954年2月17日的信。

5. 蒙哥马利：《无义可索，符号不存》，《新世界写作》，第324—337页。

6. 虽然贝克特这封信标注的地址是巴黎，但其实他当时在马恩河畔于西。

巴黎

雅克·皮特曼

1954 年 5 月 7 日 ^[1]

亲爱的雅克：

我没有您乡下的地址。

我刚刚收到杰克·叶芝的来信，他为您所写的小文所深深触动。以下是摘录：

"如果您能将文章递交给《新文学》杂志的编辑，我将不胜感激。在他们的文章中，施奈德先生和皮特曼先生对海岬开放的胸怀和广阔的思考使我感到莫大的幸福。那个海岬是我一直渴望搬到的地方。"[1]

希望很快能见到您。

一切安好

萨姆·贝克特

ALS；1 张，1 面；波特收藏。

1. 贝克特、施奈德和皮特曼：《致敬杰克·B. 叶芝》，第 619—621 页。莫里斯·萨耶是《新文学》的编辑。

---

[1]　原信用法语写成。

伦敦

唐纳德·奥伯里

1954 年 6 月 23 日

都柏林郡 [1]

基利尼

肖特利

亲爱的奥伯里先生：

谢谢您 6 月 16 日和 22 日的来信。[2]

根据您的表格，我提出以下调整：

1. 把 fly 替换为 coat。其余不变。

2. 把 pubis 替换为 stomach。

3. 改为：

爱斯特拉贡：咱们上吊怎么样？

弗拉第米尔：嗯……

（他低声对爱斯特拉贡说）

爱斯特拉贡：不!

弗拉第米尔：一切接踵而至，等等。

4. 把 arse 替换为 backside。

5. 把 Fartov 替换为 Popov。

7. 把 piss 替换为 do it。

8. 把 foetal 替换为 crouching。

10. 把 farted 替换为 belched。

（一直到 31 页开头的这一段，对爱斯特拉贡的虚假突围起到了过度和铺垫作用，不能删除）。

11. 把 privates 替换为 guts。[3]

很抱歉给您添了这么多麻烦。

下周我会在这儿见派克剧院的人。作为英国演出权的持有者，我不太确定您是否能阻止他们在伦敦开演前不在这里演出。我觉得他们不应该在这里演出，如果您也这样认为，我当然不会同意他们这样做。也许您会给我一张书面说明，表明您反对这个计划。[4]

我希望您已经收到从纽约寄来的该书的另外三个复本。[5]

希望尽快收到您与亚历克·吉尼斯合作的消息，然后确定首场演出的大致日期。

　　谨上

　　　　　　　　　　　　　　　萨姆·贝克特

ALS 影印件；2 张，2 面；TxU，奥伯里文献集；TL 复本，1 张，2 面；TxU，格伦维尔文献集。

1. 1954 年 5 月 27 日，贝克特离开巴黎去往都柏林。前一晚，他写信给帕梅拉·米切尔："今晚我听到了关于我哥哥很糟糕的消息。如果我能找到一个地方，明天一早我就离开。从巴黎前往都柏林。"（UoR，BIF，MS 5060；皮林，《贝克特年表》，第 124 页）弗兰克·贝克特患了肺癌。

2. 1954 年 6 月 16 日唐纳德·奥伯里给贝克特的信没有找到。但贝克特也许指的是奥伯里写给诺曼·格沃特金（1899—1971）的一封信的复印件。诺曼·格沃特金当时是官务大臣办公室的助理审查长。在这封信中，奥伯里列举了已经征得贝克特、奥伯里和官务大臣办公室高级审查员查尔斯·D. 赫里奥特（卒于 1972 年）一致同意的一些改动。在 1954 年 6 月 22 日致贝克特的信中，奥伯里附上了官务大臣办公室回复他的信函。他曾于 6 月 16 日致信该办公室。

3. 在 6 月 16 日的信中，奥伯里总结了剧本变动之处。在赫里奥特参加的那次剧本审阅会上，奥伯里提出了上述改动建议。基于赫里奥特的审阅报告，保留第 5 条和第 6 条的相关段落。第 5 条包括幸运儿独白的开头：从"假如……的存在本身所显示的那样"，一直到"谁能怀疑它会点燃苍穹"。第 6 条包括从"可是，你不能赤脚走路啊"到"他们很快就把他钉上了十字架"的段落。（诺曼·格沃特金致奥伯里的信，1954 年 4 月 29 日［BL，LCC Corr，1955/6597；复印件，TxU，奥伯里文献集］）

以下页码以《等待戈多》的一份打字稿为准。先是官务大臣的反对意见；双方约定的更改紧随其后。贝克特的信回复了这几点，但删去了第6条和第9条，因为没有必要对这两条采取进一步的措施。

第一幕

（1）第2页："你可能会一直按按钮。""真的。"（他按的是苍蝇）按照官务大臣的要求删掉。

（2）第3页："他的手按住他的耻骨"改为"他的手按住他的胃"或删除。

（3）第9页：按照官务大臣的要求，删去"这会给我们一个勃起"和"勃起"；保留"咱们上吊怎么样？"弗拉第米尔低声对爱斯特拉贡说。"一切接踵而至。它像曼德拉草一样生长。你把它们拔掉时，它们会大声尖叫。难道你不知道吗？"

（4）第27页："在屁股上"改为"在后背上"。

（5）第40页：最初这一段不能修改，但最终用"波波夫"（Popov）取代了"Fartov"（屁托夫）。

（6）第52页：官务大臣撤回异议。

第二幕

（7）第3页："当我不在时，你看你小便都顺溜了"改为"我不在那里时，你看你做得更好了"。

（8）第16页：按照官务大臣的要求做了删改。［这一处指的是"他开始他的婴儿姿势"。］

（9）第20页：官务大臣收回他以前对"淋球菌！螺旋体！"这两个词的反对。

（10）第30页："谁放屁"改为"谁干的"。［这句话遭到官务大臣办公室的反对，因为不允许提到放屁。贝克特说，没有这句话，爱斯特拉贡的"假出口"就没有动机。］

（11）第38页："阴部"改为"肠子"。

（12）第54页：他们达成一致：爱斯特拉贡的裤子掉下时，应当将身体遮挡住。（BL，LCC Corr，1955/6597；TxU，奥伯里文献集）

4. 派克剧院的制作人艾伦·辛普森和卡罗琳·斯威夫特坚持认为，伦敦的演出应该先于都柏林的演出：见1954年4月9日信。

5. 在1954年6月的信中，贝克特要求巴尼·罗塞特将《等待戈多》的复本寄给奥伯里（NSyU）。

伦敦

帕特里夏·哈钦斯（罗伯特·格里森太太）

<u>1954 年 6 月 25 日</u>　　　　　　　　　　　　　　　　都柏林

亲爱的格里森太太：

感谢您的来信。您寄来的文章我很感兴趣。[1] 我恐怕想不起来那封写给乔伊斯的短笺，也没有关于它的任何线索。那些用词主要是不定式和实词。我那时的写作比现在好不到哪里去。[2]

1940 年，乔伊斯一家人住在维希一家不大的宾馆中，我与他们相处了几天，后来他们去了圣热朗。那是我最后一次见到他。[3] 前一年的复活节，也就是 1939 年，我与他们一起在圣热朗。[4] 如果我记起任何可能对您有用的信息，就会告诉您。目前，我待在我哥哥这边，他生病了，我可能会在这儿待一段时间。

祝您好运！

谨上

萨姆·贝克特

ALS；1 张，1 面；TCD，MS 4098/11。

1. 帕特里夏·哈钦斯·格里森在 6 月 19 日写给贝克特的信中表明，她打算去巴黎，"协助斯图尔特·吉尔伯特，后者正在编辑乔伊斯书信集"（TCD，MS 4908/10）。她寄给贝克特的那篇文章讲到乔伊斯在圣热朗勒皮的事；这篇文章可能成为她的著作《詹姆斯·乔伊斯的世界》的一部分（伦敦：梅休因出版社，1957）。

2. 哈钦斯写道："我似乎是乔伊斯着了魔的记录者之一，如今也像他一样痴迷于细节。"她问了贝克特那封他写给乔伊斯的便条，是为了弄明白"实质性"和"不确定性"两个词的含义（见 [1929 年 4 月 26 日] 致詹姆斯·乔伊斯的信）。她表示，在那篇关于乔伊斯书信的文章中，她希望能够"再写出一些东西来"；最后，乔伊斯写给贝克特的信并不在其中。（《乔伊斯的书信》，《遇见》第 7 卷第 2 期［1956 年 8 月］，第 49—54 页；哈钦斯在《詹姆斯·乔伊斯的世界》一书中收录了贝克特致乔伊斯信，第 169 页）

3. 贝克特与乔伊斯的最后一次见面：1954 年 2 月 17 日贝克特在写给汉斯·瑙曼的信中提到了此事，注 2。

4. 1940 年（而非 1939 年）的复活节期间，贝克特与乔伊斯和玛丽亚·约拉斯待在圣热朗勒皮。（见贝克特致玛丽亚·约拉斯的信，1940 年 4 月 1 日，注 1）

伦敦
唐纳德·奥伯里

1954 年 7 月 4 日

都柏林郡

基利尼

肖特利

亲爱的奥伯里先生：

感谢您 6 月 28 日的回信。我见了派克剧院的演职人员，也表明了我们的观点。他们目前正争取演出权，希望在伦敦开演一周后，再到他们的小剧院演出。对此，我觉得没什么好反对的。但我要等您同意——在您方便的时候——才会答复他们。

我也一直在考虑伦敦首演之前在都柏林进行演出的计划。我感觉这个提议并不明智。在这座城市，人们对我的评价并不高，即便是一场一流的《等待戈多》的演出，也很有可能遭到人们喝倒彩。事实上，就这部戏而言，我一直在想，不考虑任何形式的地方巡演，直接在伦敦演出，是不是更可取。

亚历克·吉尼斯的承诺有很多不确定性，倘若是为了让我们等更长的时间，我觉得我们应该找找其他人。

　　　谨上

　　　　　　　　　　　　　　　　　　　　　　　萨姆·贝克特

　　TL 复本；1 张，1 面；TxU，格伦维尔文献集。

纽约，格罗夫出版社
巴尼·罗塞特

1954 年 7 月 12 日　　　　　　　　　　　　　　　　　　都柏林郡
　　　　　　　　　　　　　　　　　　　　　　　　　　　基利尼
　　　　　　　　　　　　　　　　　　　　　　　　　　　肖特利
　　　　　　　　　　　　　　　　　　　　　　　　　　　多基 262

亲爱的巴尼：

　　感谢你 6 月 8 日和（今天早上）7 月 7 日的来信。

　　恐怕我哥哥不会康复了。只要他需要我，我就必须待在这里。可能会持续数月之久。[1]

　　鲍尔斯早该完成《莫洛伊》的翻译。我在等他寄来更多译文以便修改。

　　我已经开始翻译《马龙之死》了。

　　非常感谢你将《等待戈多》的复本寄给了奥伯里。由于吉尼斯和他捉摸不透的承诺，演出搁置了。[2]

　　不，恰恰相反，这个国家没有给我任何补偿金。不久之后，家里就只剩下我一个人还活着了，希望以后再也不要回来。[3]

　　祝你们俩一切顺利！

谨上

萨姆·贝克特

ALS；1 张，1 面；印制信头；NSyU。

1. 在 7 月 7 日的信中，罗塞特向贝克特表达了希望弗兰克·贝克特"康复"的愿望。

2. 贝克特这里指的是《等待戈多》在伦敦的演出。6 月 28 日，唐纳德·奥伯里写信给贝克特，信中说亚历克·吉尼斯对《等待戈多》电影版的承诺是不确定的：10 月或 11 月他可能有空，但如果没空，就会推迟（TxU，奥伯里文献集）。

3. 6 月 23 日贝克特致帕梅拉·米切尔的信：

> 从来没有像现在这样讨厌写作，很多年都没有这种感觉了，一想到要工作就非常抵触。有时，真想就这样陷进精心设置的泥沼，只是躺下来，自暴自弃，什么都不做。经常会禁不住这样想，但最近几周这种欲望更加强烈了。爱尔兰有句古话，"在爱尔兰死去"。不论是出于怎样的目的，回到这个地方都是很危险的。（UoR，BIF，MS 5060）

巴黎，午夜出版社
热罗姆·兰东

1954 年 7 月 12 日 [1]　　　　　　　　　　　　　　　　都柏林

亲爱的热罗姆：

我已签署并随函附上意大利演出的合同。向您表示祝贺，也感谢您把这件事处理得如此完美。1 苏珊娜已把演出节目表寄给了我。对于您上演我的作品的方式，我也深为感动。

迄今为止，我已在这里待了六个多星期，还没有打算离开。这段时

---

[1]　原信用法语写成。

间，我哥哥的状况没有明显改善，而且随时有可能急剧恶化。我不敢冒险离开这里。

我见过派克剧院的辛普森。我跟他说过，在奥伯里伦敦首演之前，《等待戈多》不能在这里演出。他问我是否允许伦敦首演一周后再演出。奥伯里是愿意的。我们目前仍在等格伦维尔的同意。至于吉尼斯，商谈仍在继续。[2]

若是最新版的《戈多》已经印好，我指的是有照片的版本，烦请寄给我几册，比如说四册，我会非常感激。[3]

我已经着手翻译《马龙之死》了。比起修改鲍尔斯的译稿，这轻松多了。

亲爱的热罗姆，再次感谢您所做的一切。

向你俩致以最美好的祝福

萨姆

ALS；1张，2面；IMEC，贝克特，第1箱，S.贝克特，书信及其他 1950—1956。

1. 在1954年7月9日写给贝克特的信中，兰东寄去了与卢恰诺·蒙多尔福（1910—1978）签订的合同，授权意大利的制作演出。（IMEC，贝克特，第1箱，S.贝克特，书信及其他 1950—1956）。

2. 7月9日，贝克特写信给都柏林派克剧院的艾伦·辛普森，信中提到了唐纳德·奥伯里来信中的话："关于派克剧院在《等待戈多》伦敦首演一周后在爱尔兰演出一事，我会咨询彼得·格伦维尔。我个人没有异议，但作为一个惯例，我也必须问问他。"（TCD，MS 10731/11；奥伯里写给贝克特的信没有找到）

伦敦首演日期的敲定，取决于彼得·格伦维尔和亚历克·吉尼斯。

3. 贝克特指的是带图的第二版《等待戈多》，由午夜出版社于1954年4月出版。

巴黎

帕梅拉·米切尔

<u>1954 年 7 月 25 日</u>　　　　　　　　　　　　　　[都柏林]

　　穆基。谢谢你善意的来信。除了胡乱写几行外，我什么也做不了。
这里的情况没什么变化，虽然与我两个月前来到这里时相比，我希望有
大的变化。有可能会再拖两个月，或者更长时间。《戈多》的伦敦演
出需要我，而且可能必须 24 小时马不停蹄。但愿不是这样。吉尼斯走
了，不能让他的好意消耗于无限期的等待，或在他没完没了的承诺中得
到片刻消停。制作人格伦维尔似乎看上了更为有利可图的事业，也许我
们会有其他制作人。不管怎样，我告诉他们要跟任何用得上的演员处理
好关系，让明星们见鬼去吧。倘若这部剧不能做好普普通通的制作和演
出，那么它就根本不值得去做了。[1]

　　如果工作半天就足以过得去，就不要在那愚蠢的办公室里消耗你的
时间。用很少的钱，人们完全可以活得跟现在一样。

　　[……]

　　如果你看到那帮灰背隼杂志社的混蛋，替我收拾他们，他们会明白
为什么。[2]

　　爱你

　　　　　　　　　　　　　　　　　　　　　　　　　　<u>萨姆</u>

ALS；1 张，2 面；UoR，BIF，MS 5060。

1. 奥伯里在 7 月 21 日给贝克特的信中写道，他已经能够让亚历克·吉尼斯和彼
得·格伦维尔做出决定。他还将吉尼斯的信件转寄给了贝克特（这封信没有找到）；
7 月 24 日，格伦维尔写信给贝克特，称吉尼斯虽对这部剧充满了热情，但却无法确定

具体日期，所以他们决定不管吉尼斯，往前推进。（TxU，格伦维尔文献集）

2. 贝克特对灰背隼杂志社的抱怨，在 1954 年 8 月 19 日致米切尔的信中做了详细叙述。

伦敦

彼得·格伦维尔

1954 年 7 月 28 日　　　　　　　　　　　　　　都柏林郡

　　　　　　　　　　　　　　　　　　　　　　基利尼

　　　　　　　　　　　　　　　　　　　　　　肖特利

亲爱的彼得·格伦维尔：

　　非常感谢您 7 月 24 日的来信。

　　我想我在给唐纳德·奥伯里的上一封信中已经明确表明了我的立场。坦率地说，我开始怀疑，在其他承诺的压力下，您会倾向于放弃《戈多》的监制。从您的来信中，我很高兴看到情况并非如此，而且您预计明年年初让事情顺利开展起来。在这种情况下，我个人非常愿意再延长 6 个月。[1]您当然可以去请教我的出版人热罗姆·兰东先生，我觉得他肯定不会反对您的提议。

　　我想我最好去一趟伦敦，与您和唐纳德·奥伯里一起讨论一下整个事情。不幸的是，我哥哥身患重病，迫切需要我待在这里，这使得任何一个明确的约定在此时此刻都不可能。但下个月月底，我会尽最大的努力在伦敦短暂停留，这点您可以确信。

　　如果您能原则上同意伦敦首演后一周由派克剧院制作和演出此剧，我将感激不尽。

414

致以最好的祝愿

谨上

萨姆·贝克特

ALS；2 张，2 面；印制信头；TxU，格伦维尔文献集。

1. 贝克特提到他 7 月 4 日写给唐纳德·奥伯里的信。7 月 24 日，格伦维尔写信给贝克特称，由于直到 12 月中旬他才有时间导演《等待戈多》，他已准备放弃该剧导演的角色（提议由蒂龙·格思里替代）。同时，他表示有兴趣 12 月与拉尔夫·理查森爵士一起制作该剧；然而，当他得知理查森到明年才有时间时，格伦维尔提议贝克特同意再给他六个月的时间。（TxU，格伦维尔文献集）

巴黎，午夜出版社

热罗姆·兰东

<u>1954 年 7 月 29 日</u> [1]

都柏林郡

基利尼

肖特利

多基 262

亲爱的朋友：

奥伯里和格伦维尔请求再延期 6 个月，这样的话，因其他事务一直忙到 12 月的格伦维尔就可以开始排演了。我已经同意了，并告诉他此事理应征得您的同意。[1]

与吉尼斯的合作已经破裂。但现在得好好与拉尔夫·理查森爵士谈

---

[1] 原信用法语写成。

一谈，他刚刚阅读并肯定了这部戏。他也是直到明年 1 月才有空。

这里一切正常。

谨上

萨姆

1. 兰东致信柯蒂斯·布朗有限公司的凯蒂·布莱克，说了他的决定；8 月 6 日凯蒂回信说："目前的计划是与拉尔夫·理查森爵士在新年期间开始制作这部戏。拉尔夫爵士对这部戏很感兴趣，我知道贝克特先生对这部戏的制作也很满意。"（IMEC，贝克特，第 5 箱，S. 贝克特，书信 1962—1968，柯蒂斯·布朗 1957［1952—1957］）

巴黎
帕梅拉·米切尔

<u>1954 年 8 月 19 日</u>　　　　　　　　　　　　　　　　　都柏林

亲爱的帕梅拉：

谢谢你的来信，告知你的近况。不要瞎想什么伤害不伤害，我才是我俩之中引起伤害的人。[1]

《灰背隼》发表了我的故事，却没有将样刊寄给我，也没有给我校正的机会，更没有付给我一分钱。所有这些一点儿都不重要。[2]

今天早上，突然有消息从布宜诺斯艾利斯传来，《戈多》有了西班牙语译本，紧跟着大量的校对工作。但我现在没法做这些，译稿没有修改就寄了回去，感觉像是 à la grâce de Dieu。这也不重要。[3]

该死的循环往复。重重困难又要开始了，天知道我们将要面对怎样的残酷。

416

人们似乎早已没了所有的欲望。

幸运的是有很多事情要做，比以往任何时候都要多。幸运的是夜晚依然漫长而美好，在花园的尽头，古老的大海依然讲述着古老的故事。我的房间有一扇法式窗户，通向花园，晚上我会偷偷溜出去，不惊扰任何人。

以下几本书值得一读，若是你还没读过的话：

萨特	《恶心》
马尔罗	《人的命运》
朱利安·格林	《黑暗旅程》
塞利纳	《茫茫黑夜漫游》
儒勒·列那尔	《日记》
加缪	《局外人》[4]

爱你的

萨姆

ALS；1 张，2 面；信封地址：法国巴黎 6 区大肖米埃街 4 号乙，帕梅拉·米切尔小姐收；邮戳：_/_/ [2] 0；邓莱里；UoR，BIF，MS 5060。

1. 8 月 6 日，贝克特写信给米切尔："大多数晚上我会沿着海滩散步，或爬上山顶眺望远景，但今晚，我应该去做一个好管家，不，太多责任要承担，一个超级男仆，一个领班，不，还是普通男仆比较好。树叶马上就要变黄了，等我回家时，已是冬天了，然后呢？不论发生什么，这一切都要缓缓地到来。我再也无法面对更多的困境，再也无法忍受想象更多的痛苦。"（UoR，BIF，MS 5060）

2. 贝克特所提到的故事是《结局》，由贝克特和理查德·西维尔合译（《灰背隼》第 2 卷第 3 期［1954 年夏/秋］，第 144—159 页）。

3.《等待戈多》的西班牙语译本由阿根廷剧作家、导演和评论家巴勃罗·帕朗（1914—1975）翻译，由布宜诺斯艾利斯的波塞冬出版社于 1955 年出版。从扉页可以得知，该译本"经由作者修订"。

"à la grâce de Dieu"（法语，"在上帝手中"）。

4. 让－保罗·萨特，《恶心》（1938）；安德烈·马尔罗，《人类命运》（1933）；朱利安·格林，《黑暗旅程》（1929）；路易－费迪南·塞利纳，《茫茫黑夜漫游》（1932）；儒勒·列那尔，《日记》（1935）；阿尔贝·加缪，《局外人》（1942）。

雅各芭·范费尔德

<u>1954 年 8 月 20 日</u> [1]   都柏林郡

                                                  基利尼

                                                  肖特利

                                                  多基 262

亲爱的托尼：

很高兴收到您的来信。您可以相信托普霍芬，他很尽责，而且更乐于让作者帮助自己。让他去讨价还价再好不过，没什么坏处。[1]

这里的情况糟糕透了。我们还能这样说出来，尽管我们知道什么也没有看到。我不知道还要拖多久。不会超过两个月吧。或者更短。

关于《戈多》，我觉得您听到的消息是错误的。比我听到的还要离谱，这说明了一些问题。我得知的最新消息是，吉尼斯将不参与制作，他有太多的事要忙，而且此事已与拉尔夫·理查森讨论过。除非有转机，无论如何，新年之前是做不了什么的。[2]

很高兴布拉姆回来工作了。昨天在沃丁顿画廊看到赫尔的一幅画作。我认识的一个家伙对这幅画很感兴趣，如果他买下来，我不会感到奇怪的。我适时地做了一番鼓动。[3]

我在这儿的生活没有任何变化，还是别提了。就像所有其他的事情一样，它也将走向终结，走向那唯一的终点，重获自由。

---

[1] 原信用法语写成。

我正尝试修改《莫洛伊》的译稿，稿子已经翻译完了，但实在糟糕得很。又是噩梦一场。我自己正着手翻译《马龙之死》。

爱你们所有人

萨姆

ALS；1 张，2 面；印制信头；BNF 19794/29。

1. 在雅各芭·范费尔德准备将《等待戈多》译为荷兰语的同时，贝克特建议艾尔玛·托普霍芬将《等待戈多》译成德语。

2. 1954 年 7 月 10 日，法国《世界报》在第 8 版"文坛新闻"通告《等待戈多》在伦敦排演第 8 期："英译本书名 Waiting for Godot，同名英语版的戏剧将于明年在伦敦和纽约演出，亚历克·吉尼斯和拉尔夫·理查森领衔主演。"

3. 布拉姆·范费尔德一度退出绘画界（科贝尔，《布拉姆·范费尔德等人》，第 20—21、30 页）。

在此期间，沃丁顿画廊已经不再拥有都柏林维克托·沃丁顿美术馆的销售记录，因此无论是绘画作品，还是这位潜在的买家，都无法确定（路易丝·绍尔，沃丁顿美术馆，2008 年 11 月 21 日）。

纽约，格罗夫出版社
巴尼·罗塞特

1954 年 8 月 21 日

都柏林郡

基利尼

肖特利

多基 262

亲爱的巴尼：

谢谢你的来信。

关于《莫洛伊》：校对鲍尔斯的译文工作进行得缓慢又困难。他上次寄给我的译稿翻译到了第 208 页。但愿再有 100 页就能结束。他上次给我写信时在西班牙。他似乎身体不太好。耽搁了这么久，我深表歉意。从任何角度来说，这项工作真不尽如人意。修订工作一完成，鲍尔斯把整理好的译稿交给我后，我们还得再次迅速地过一遍。你别指望 11 月之前能够拿到最终版本。我这里还有很多工作要做，连续工作一小时只是例外。

关于《戈多》。我对吉尼斯是否获得了美国制作演出的版权一无所知。你知道，英国的制作演出版权是由奥伯里和格伦维尔共同持有，他们也有权选择获得美国版权。上次收到他们的来信时，或许他们已经获得了版权。关于亚历克·吉尼斯在伦敦制作演出的议论很多，他似乎对此也很热衷，但是由于还有其他的戏剧和电影业务要忙，他最终放弃了。这一切的犹豫不决已经耽误了伦敦的制作演出，甚至还有一些人怀疑，制作总监是否能到位（格伦维尔）。从奥伯里得到的最新消息是，这部剧将由格伦维尔在一家伦敦西区剧院于 1955 年第一季度制作完成，很可能由拉尔夫·理查森饰演弗拉第米尔或爱斯特拉贡。亚历克·吉尼斯如此热衷该剧，由他获得美国制作演出的版权许可，我一点也不感到意外。我觉得还是不要太依赖森德斯特伦女士，她声称会参演。[1] 你在纽约的制作团队应该给奥伯里写封信，弄明白真实情况。你知道他的地址：伦敦西 2 区，圣马丁巷新剧院，唐纳德·奥伯里。[2]

我完全失去了一切与我的作品相关的联系。我甚至还没有见到德文版的《莫洛伊》。出乎意料的是，有一天竟然从布宜诺斯艾利斯传来了关于《戈多》译成西班牙语的消息。[3] 善良的兰东亲自出马，尽心尽力地处理每一件事，必须得说，我对此十分感激。巴尼，你知道的，我想我已江郎才尽。《无法称呼的人》使我筋疲力尽，或者说，它表明我已完蛋。

这儿的情况进展缓慢，而且越来越糟糕。我认为再坚持两个月，就会看到结果。也许没有那么久。此刻，我对生活唯一的兴趣就是继续坚持，直至结束。

向你们二位致以最亲切的问候！

谨上

萨姆·贝克特

请看反面：

据我所知，灰背隼杂志社和格罗夫出版社将会同时推出《莫洛伊》，这是可以理解的。鲍尔斯在他上一封信中提到过此事。但我还是建议你去获得相关的书面保证，因为这样的事情是值得做的——从灰背隼杂志社取得。

ALS；3 张，4 面；印制信头；NSyU。

1. 在 1954 年 8 月 18 日的信中，罗塞特写道：杰奎琳·森德斯特伦（生于 1917 年），巴比伦剧院的演员、导演、译者，她将亚历克·吉尼斯已买下《等待戈多》英语演出权的消息告诉了贝克特（NSyU）。

2. 对制作《等待戈多》感兴趣的纽约团队是"舞台制作公司"，由西比尔·特鲁宾（1925—2013）、罗伯特·E. 梅里曼（1916—1983）和沃伦·恩特斯（1922—2017）组成；他们在格林尼治村租借了樱桃巷剧院。（路易斯·卡尔塔，《第五季巡演计划》，《纽约时报》，1954 年 9 月 29 日：第 24 版）罗塞特向贝克特保证，制作团队是"很专业的"；1955 年第一季，他们获得了托尼奖特别奖，以表彰"由外百老汇剧团所完成的一贯良好的演出"。（《〈绝望时刻〉获得了佩里奖》，《纽约时报》，1955 年 3 月 28 日：第 24 版）

3. 埃里克·弗兰岑翻译的《莫洛伊》德语版由苏尔坎普出版社于 1954 年 5 月 24 日出版（彼得·苏尔坎普 1954 年 5 月 25 日致贝克特的信，马尔巴赫：德国文学档案馆苏尔坎普档案）。

德文版《等待戈多》由巴勃罗·巴兰特翻译：见 1954 年 8 月 19 日的信，注 3。

巴黎

亚历山大·特罗基

1954 年 8 月 27 日

都柏林郡

基利尼

肖特利

多基 262

尊敬的特罗基先生：

我已经从别人那里收到了最新一期的《灰背隼》。[1]

我的文章到处都是错误。为什么不把文章校样寄给我？在这种情况下，如果因为一些情况我没能校正这些错误，他们也不会自己校正，至少您会做，这是您义不容辞的职责。您是在繁乱的编辑工作中忘记作家的需要吗？[2]

我还在等您将您欠我的版税付给我。[3]

我开始厌倦您对我的这种态度了。[4]

如果我们不能建立正确的关系，我们最好不要有任何关系。

　　谨上

萨姆·贝克特

ALS；1 张，1 面；印制信头；McM，萨缪尔·贝克特文献集，"灰背隼丛书"，第 1 卷，第 22 页。

1.《灰背隼》第 2 卷第 3 期（1954 年夏 / 秋）。

2.《结局》，由理查德·西维尔与作者共同翻译，第 144—159 页。

特罗基回信的草稿，日期为 8 月 30 日，试图回答贝克特对校样中出现的错误，以及校样不足的抱怨：

就您在《灰背隼》当期的文章来说，决定在这一期而不是下一期刊登事发突然，而且西维尔确信，手稿经由您转交。在这一点上西维尔说了实话，对此我很欣慰［……］至于校样本身，《灰背隼》这次的出版情况使得寄给您是不可能的，而且我们对手稿的检查非常严苛，相信您也会满意的。真抱歉您对此并不满意。（McM，萨缪尔·贝克特文献集，"灰背隼丛书"，第 1 卷，第 22 页）

3. 特罗基 7 月 31 日致贝克特的信中，说到了灰背隼杂志社欠他版税一事：

奥斯特林·温豪斯前几天碰到了兰东先生，我从他那里了解到，您并没有收到我们答应给您的版税。

整个事情不难解释。如果您在巴黎，或者告知我们如何将费用转给在爱尔兰的您，那笔钱本该按照我 5 月 29 日写给您的信中约定的日期付给您。（McM，萨缪尔·贝克特文献集，"灰背隼丛书"，第 1 卷，第 22 页）

贝克特 8 月 3 日回信，将自己的巴黎银行账户信息寄给特罗基（McM，萨缪尔·贝克特文献集，"灰背隼丛书"，第 1 卷，第 22 页）。

在 1954 年 8 月 30 日致贝克特的信中，特罗基说到了费用支付问题："您知道的，是奥林匹亚出版社的吉罗迪亚在负责《瓦特》的销售和财务［……］我可以向您保证，85 000 法郎将于本周末前汇进您巴黎的账户。"

4. 在 8 月 30 日信的结尾，特罗基写道："您寥寥数笔，尽数对我的指责，可见您的文学功力深厚，但是您对我们之间的友谊，却只字不提。您信中所使用的那种您觉得有必要采取的语气，让我无比难过，难以用语言形容。"

巴黎

帕梅拉·米切尔

1954 年 8 月 27 日

亲爱的帕梅拉：

非常感谢《灰背隼》。因为没有做清样校对，《结局》充斥着荒谬的错误。已给特罗基写了封招人厌的信。厌倦了这样的事。[1]

《戈多》在伦敦的演出并没使我心烦。目前他们正想办法与拉尔夫·理查森沟通。如果他们现在正在彩排，我却不能在场并给他们惹点麻烦，我感觉会更糟糕。[2]

这儿的情况日益糟糕，有可能还会碰到比预期更为糟糕的状况。听说你很喜欢巴黎，喜欢那里的空气，那里的人，那里的景色、美食和美酒，我也很高兴。虽无法确定，但我倒真是很渴望能要一杯荣军院博若莱酒，现场品味一番。[3]但我想，若真是实现了，也会有其他恼人的事儿将它破坏。无论如何，第一杯还是要喝完的。

能够站起来，来回走几步，即便是令人悲伤的几步，也是很了不起的事情，而我一点儿都不心怀感激，如此这般。

　　　爱你的

　　　　　　　　　　　　　　　　　　　　　萨姆

ALS；1 张，1 面；UoR，BIF，MS 5060。

1. 贝克特曾因未收到《灰背隼》样刊而抱怨，作为回复，米切尔从巴黎寄了一本给他。

2. 拉尔夫·理查森爵士可能是《等待戈多》中的演职员：见 1954 年 7 月 29 日的信，注 1；1954 年 2 月 20 日的信，注 2。

3. 贝克特指的是位于荣军院航站楼的弗朗索瓦丝餐厅。1954 年 2 月 28 日，他写信给米切尔："那天在荣军院航站楼餐厅吃了午餐。昨晚我们本来也是要在那个地方吃饭的［……］那里可以喝到巴黎最好的博若莱酒和最好的咖啡。"（UoR，BIF，MS 5060）

424

纽约，格罗夫出版社

巴尼·罗塞特

<u>1954 年 9 月 17 日</u>

都柏林郡

基利尼

肖特利

多基 262

亲爱的巴尼：

感谢你 12 日的来信。听到你的父亲天不假年，我很难过。他没受太多病痛的折磨就走了，对他来说也很幸运。[1] 我的哥哥弗兰克 4 天前也在家里去世了。我已经在这里待了快 4 个月了。下周我会回巴黎，以后写信的话就寄到那里吧。[2]

是的，奥伯里的工作进展非常缓慢，也有点含糊，但我想明年年初演出时，他会把伦敦的制作和演出工作做好的。[3] 我已将《莫洛伊》的校译进行到了第 209 页，正等着鲍尔斯把剩下的部分寄给我。Si ça ne dépendait que de moi，你会在下个月拿到已经写完的文章。等我回归正常工作后，我会敦促帕特里克。你就放心吧，授权的版本一定会 simul et semel，不管这意味着什么。我以前是知道的。[4]

对于未来的工作，我充满了怀疑，尽管有时候也会预感到在安慰者所谓的更高生命之前，一种短暂和最终的大量流逝。难道你无论如何都不能做点儿什么吗？我现在太累了，脑海里想的都是回到马恩河谷，缩在那儿，一直到布谷鸟开始啼鸣时。

我听说你的《戈多》已经面市，这儿的霍奇斯与菲吉斯也有几本。

能否寄给艾伦·汤普森博士一本？记在我的账上。

他的地址是：都柏林菲茨威廉广场 24 号，艾伦·汤普森博士。[5]

向你们俩致以最美好的祝愿！

永远爱你的

萨姆

ALS；1 张，2 面；印制信头；NSyU。

1. 9 月 12 日，巴尼·罗塞特写信给贝克特，称自己的父亲巴尼特·罗塞特已于 9 月 4 日突然离世（NSyU；《信托公司掌舵人巴尼特·罗塞特逝世》，《芝加哥每日论坛报》，1954 年 9 月 6 日版：第 C6 版）。

2. 弗兰克·贝克特于 9 月 13 日离世。

3. 罗塞特在 9 月 12 的信中写道："我们已经建议那些对《戈多》的制作感兴趣的美国人直接联系奥伯里。他给我们写了一封古怪而含糊的信，但我希望到最后能有什么事情发生在弗拉第米尔和爱斯特拉贡身上，使其走上纽约的舞台。我们需要他们。"

4. "Si ça ne dépendait que de moi"（法语，"如果我一人可以决定的话"）。

"simul et semel"（拉丁语，"在同一个时间"）。

5. 霍奇斯与菲吉斯，都柏林一流的书店，位于道森街 56—58 号。

巴黎，午夜出版社
热罗姆·兰东

1954 年 10 月 14 日 [1]

马恩河畔于西

亲爱的热罗姆：

感谢您的来信，以及随函附上的信件。来信确实令我十分感动。我立马回了信。我不知道谁说我要去莱茵兰。根本不可能的事儿，但我真的希望有一天能去看看他们。[1]

---

[1] 原信用法语写成。

我已经给蒙多尔福寄去了午夜出版社写给他的另外一封信，还有他的译稿，我已点评过。译得很一般。[2]

至于免税的请求，一收到相关表格，我会把我该填的部分填好，签名后，将他们寄给克劳德·舒尔曼，让他去填完其他部分。[3]关于此事，我想我像以往一样给您写过信了。是克劳德把这些表格寄回给您，而且，如果我没记错，他来信说已经寄给您了。您确定没有在午夜出版社拿到信吗？您再去看看，如果没有找到，我再给舒尔曼打电话。

这里的情况正在好转。但我还是一点儿都不想动。

我们俩祝您二位一切都好

s/ 萨姆

TLS；1张，1面；IMEC，贝克特，第1箱，S.贝克特，书信及其他1950—1956。

1. 1954年7月10日，《费加罗文学报》在第8版"文坛新闻"上刊登一则公告："从圣诞节到复活节，萨缪尔·贝克特的《等待戈多》德文版已经演出……是由吕特林豪森监狱的囚犯在囚友们面前演出的。"

在10月12日的来信中，兰东寄了两张剪报（雨果·F.恩格尔，《关于〈等待戈多〉这部剧》，《画报》第30期［1954年7月24日］，第812—813页，以及赫尔穆特·奥勒施，《她在狱中等待：吕特林豪森监狱的罪犯们演出了萨缪尔·贝克特的〈等待戈多〉》"，《路》第16/17期［1954年］，页码不详），还有两封从吕特林豪森监狱寄出的信。其中一封标注日期为1954年10月1日，寄人是"一名囚犯"（卡尔-弗朗茨·连布克，1903—？）；另一封的标注日期为1954年10月3日，由路德维希·曼克（1898—1985）所写，此人从1948年到1961年在雷姆沙伊德-吕特林豪森监狱担任牧师（IMEC，贝克特，第1箱，S.贝克特，书信及其他1950—1956）。

这名囚犯描述了他是如何在1953年7月收到一个剧本，开始翻译，如何在囚犯中寻找演员，以及1953年11月29日演出开始的场景："您的《戈多》很成功。太疯狂啦！您的戈多就是我们的'戈多'，我们的，我们自己的！"囚犯邀请贝克特观看了一场在监狱举行的非公开演出。

曼克牧师用法语不太肯定地这样写道："我钦佩这种勇气，敢于说出当今人类所

427

面临的真正境况，［……］这儿的人将这部剧看作是他们自己的剧，我一直保存着那棵在舞台上用过的树，现在就放在我的更衣室里，对我来说，它已成为生命之树。"

他还写道："我也经常问自己。别人受苦时我还睡得着觉吗？"

见证了1954年那场表演的彼得·希佩尔牧师回忆道："在表演过程中，监狱的墙变得透明了。演出结束时，整个监狱就是一场《等待戈多》。在一定意义上，这就是我们回归的整个世界。"（汉斯·弗赖塔格格牧师，1997年2月26日信，内附彼得·希佩尔牧师的回忆录，1997年1月21日）

2. 意大利语版的《等待戈多》由卢恰诺·蒙多尔福翻译，在罗马维多利亚剧院制作，从1954年11月22日到1955年1月7日在罗马演出（安娜玛丽亚·卡谢塔，《悲剧和幽默剧：萨缪尔·贝克特剧作研究》［佛罗伦萨：文学出版社，2000］，第297页。R. 拉德，《贝克特的〈等待戈多〉在维多利亚剧院演出》，《意大利日报》，1954年11月24日：第5版）。罗马的布尔卡多剧院图书馆藏有这个译本的两册打字稿，由蒙多尔福作注（C76:5和C76:6）。

3. 克劳德·舒尔曼，午夜出版社的会计顾问。

德国，吕特林豪森监狱
卡尔-弗朗茨·连布克

［1954年10月14日当天或之后］[1]

亲爱的囚犯：

您的来信我来回读了好几遍。

《戈多》创作于1948年或1949年，我记不清了。我上部作品是从1950年开始写的。从那时起，没有什么新作品了。这说明我已经有很久写不出字来了。如今，当要为你们创作的时候，我从未像现在这样后悔过。

---

[1] 原信用法语写成。

很长一段时间以来，我或多或少知道了一些关于这个不同寻常的吕特林豪森监狱的事儿，我常常会想起在牢笼里关着的那个人，他阅读、翻译，并将这部剧搬上了舞台。在我作为一个人和一个作家的一生中，这样的事情从来没有在我身上发生过。对于那些像我一样深受触动的人而言，说出一些话是很容易的，但是马马虎虎的说话方式并不是你们的风格。在你们所有人做了这些事之后，我已不再是以前的那个自己了，而且永远不会再是那个自己了。在那个我过去常常能找到自己，将来也能找到自己的地方，我来来回回，跌跌撞撞，再爬起来，那里已不再是完全黑暗，也不再是完全沉寂。

您所带给我的这种慰藉也正是我能为你们带来的慰藉。那个被认为能够来去自由，能够填饱自己，能够表达爱意的我，不应愚蠢到施舍给你们一些智慧箴言。无论我的剧作给你们带来了什么，我只能说一句：你们对它的接受是送给我的最好礼物。

AL 草稿；1 张，1 面；TCD，MS 4662，13v（原信尚未找到）。

纽约，格罗夫出版社
巴尼·罗塞特

1954 年 10 月 18 日　　　　　　　　　　　　　　　　马恩河畔于西

亲爱的巴尼：

感谢你 9 月 28 日的来信。的确，我已回到法国，既幸运又难以置信。在回到乡下的路上，只是看了一眼巴黎。疲惫、倦怠和迄今为止连我都比不上的愚蠢，除了在屋子里闲晃外没有其他任何欲望，直到体力恢复。

回巴黎的路上，去了一趟伦敦，看望了格伦维尔和奥伯里，拉尔夫·理查森爵士对我做了访谈，非常糟糕。他想要波卓的真实情况，家庭地址和简历，似乎认为这类信息唾手可得，觉得是屈尊阐释弗拉第米尔这个角色的前提。很讨厌这样，没给他满意的答复。我跟他说，关于波卓，我所知道的都在剧本中，若有更多信息，我一定会把它写在剧本里，对于剧中的其他人物也是如此。我相信这些话葬送了与这位明星的合作。事实上，整个安排都让人不满意，格伦维尔去好莱坞拍一部电影，我觉得整个西区对这部剧的态度都不正确。可奥伯里还是个很好的家伙，我想知道他的事业和公共关系。如果在合同规定的时间内他们未能完成这部戏剧的制作，我不会同意继续延期。我还告诉理查森，如果戈多的意思是上帝，我会说上帝，而不是戈多。他看起来对此非常失望。[1]

鲍尔斯也很绝望。我最近一次校正还没有得到确认，最后一部分译稿也还没影儿。我甚至不知道他在哪里。和你一样，我衷心希望作品已经译完了，不会影响进度。是的，我已经开始翻译《马龙之死》，有鲍尔斯修订一事在前，这活儿干起来简直小菜一碟。我期望在我的假牙恢复工作之后，翻译工作能顺利进行下去。你可以将鲍尔斯的合同作为范本，起草一份翻译合同，虽然我不赞同这样做，但是我会签字的。你在为我考虑时，却让自己陷入困境，对此我真的非常感激。我完全赞成你的低定价的计划。[2]

我得给都柏林的特罗基写封招人厌的信。由于他们没有寄来校样，上一次灰背隼杂志社寄来的文本中到处都是荒谬的错误。[3]这真是一个作家对另一个作家做出的最奇怪的事。所以目前我们的关系搞得有点僵。

向你们致以最美好的祝愿！

爱你的

s/ *萨姆*

TLS；1 张，1 面；AN AH，右上角写有：巴黎 15 区快马街 6 号；NSyU。先前刊印：贝克特，《致巴尼·罗塞特的信》，发表于《当代小说评论》第 70—71 页；[错误地标记为 1954 年 10 月 10 日，]贝克特和罗塞特，《〈等待戈多〉书信集：持久的影响》，发表于《新戏剧评论》（现称《林肯中心戏剧评论》）第 11 期。

1. 9 月 24 日，贝克特与唐纳德·奥伯里、彼得·格伦维尔和拉尔夫·理查森见了面。（奥伯里 1954 年 9 月 22 日致贝克特的信，TxU，彼得·格伦维尔文献集）贝克特在为理查森分配角色时，删掉了"爱斯特拉贡"，插入了"弗拉第米尔"。

在 10 月 14 日的信中，贝克特向玛丽·曼宁·豪（见第一卷中"简介"）描述了理查森的问题："想要波卓的真实情况、家庭地址和个人简历。由于我对这些一无所知，我们不欢而散。自此再也没有听到他的消息，兴许他已经离开了。"（TxU，贝克特文献集）贝克特在 10 月 18 日还给苏珊·曼宁写过一封信："他问了很多愚蠢的问题，我疲于应对。这些问题没有答案，如果我能找到一些答案，也许不会如此疲惫。据我所知，还不确定他会离开。真希望他能离开。我觉得他不适合这部剧，也不适合西区。"奥伯里和格伦维尔对这部剧的权限直到 1954 年 12 月 31 日都有效。（TxU，格伦维尔文献集）

2. 9 月 28 日，罗塞特写信给特罗基，建议灰背隼杂志社与格罗夫出版社就《莫洛伊》的排版进行合作，并表示格罗夫出版社计划用相同的内芯出两个版本，一个是布面精装版，另一个是"平装版"。（McM，萨缪尔·贝克特文献集，"灰背隼丛书"，第 1 卷，第 25 页）

3. 贝克特致特罗基的信：见 1954 年 8 月 27 日的信。

巴黎

莫里斯·纳多

1954 年 10 月 19 日 [1]　　　　　　　　　　　　巴黎 15 区

快马街 6 号

---

[1]　原信用法语写成。

亲爱的莫里斯·纳多：

　　抱歉这么久才回信。我在都柏林度过了可怕的四个月，刚回来，就剩半条命了。

　　如果我还有任何体面点儿的作品未出版，我会立即寄给您。我还是什么都没有。《瓦特》分文不值，法语版的价值更低。我后悔将其交给出版商，还允许它被翻译成法语，对此我一直懊悔不已。[1]

　　从开始创作以来，我觉得自己比任何时候都要糟糕。Non che la speme il desiderio è morto. 几乎没有。如果我的写作能力恢复了，第一个能拿到我作品的一定是《新文学》，也就是您。因为我不会忘记您对我的帮助。[2]

　　我亲爱的莫里斯·纳多，献上我真诚的祝愿。

　　　　谨上

　　　　　　　　　　　　　　　s/

　　　　　　　　　　　　萨缪尔·贝克特

TLS；1 张，1 面；纳多。先前刊印：纳多，《他们餐后感恩祈祷》，第 367 页。

1. 贝克特虽然已经对《瓦特》法语译本进行修改，但不希望出版（见 1953 年 11 月 12 日和 1954 年 1 月 20 日的信）。

2. "Non che la speme il desiderio è morto" 意为 "不止是希望，连欲望也已死去"。这句话出自于贾科莫·莱奥帕尔迪创作于 1833 年的一首诗《致自己》（《散文与诗歌选集》，艾丽斯·奥里戈和约翰·希斯－斯塔布斯编译，牛津意大利经典文库［伦敦：牛津大学出版社，1966］，第 280—281 页）。贝克特将原诗中的 "spento"（熄灭）一词写成了 "morto"（死亡）。

印第安纳州布卢明顿，印第安纳大学出版社
伊迪丝·格林伯格

1954 年 11 月 18 日　　　　　　　　　　巴黎 15 区

　　　　　　　　　　　　　　　　　　　　快马街 6 号

亲爱的格林伯格小姐：

　　感谢您 10 月 18 日的来信，也感谢您寄给我《墨西哥诗选》的手稿和《十字架与剑》的样书。[1]

　　毫无疑问，我的翻译还有很多值得期待的地方，也有很多需要修改的地方。遗憾的是，因为还有其他事情要做，我很难花太多时间做这件事。[2]

　　如果您想在不久的将来发表这篇文章，建议您以您认为合适的方式润饰一下，我就不作为译者署名了。或者，只有那些您已经接受不再修改的诗歌由我来署名，其他的则由校订者署名。这些解决方案对我来说都可以。

　　如果您更愿意等我的修改稿，最早明年秋季，否则我可无法承诺能给您。应该让您提前知道这种情况，这才公平。

　　在收到您的来信之前，我不会退还您寄给我的手稿。

　　　　谨上

　　　　　　　　s/ 萨缪尔·贝克特

　　TLS；1 张，1 面；IUP；复本，InU，Lily，IUP MSS II，第 12 盒。

　　1. 1954 年 10 月 18 日，印第安纳大学出版社编辑伊迪丝·R. 格林伯格写信给贝克特，并寄给他一本做了标记的《墨西哥诗选》打字版手稿。这本选集是他 1950 年为联合国教科文组织做的翻译（见 1950 年 2 月 27 日的信，注 5）。在这封信中，格林伯格还给贝克特寄了《十字架与剑》，由罗伯特·格雷夫斯译自曼努埃尔·德·赫苏斯·加尔万（1834—1910）的《恩里基约》，收录在"联合国教科文组织代表作品系列"中，由印第安纳大学出版社于1954年出版。

2. 印第安纳大学出版社的萨莉·科尼茨基在1954年3月26日写给贝克特的信中告知贝克特，他们计划出版《墨西哥诗选》。贝克特收信后非常惊讶，并于1954年4月6日这样回复科尼茨基：

> 四年多前，联合国教科文组织委托我做这项翻译工作，时间紧迫，给了四个月来完成，之后便没了消息，我压根儿没想到你们正在着手出版。你们获得联合国教科文组织的授权了吗？或者你们就是联合国教科文组织的出版商？若能告知贵社确切的身份，我将不胜感激。
>
> 盼望您能寄来校样。（IUP；复本，InU，Lily，IUP MSS II，第12盒）

在她10月18日写给贝克特的信中，伊迪丝·格林伯格写道："有好几处在我们看来有些生硬、不恰当，看起来比西班牙原文华丽很多。"（IUP）她请贝克特仔细查看一下那些标记的段落和有问题的地方。

巴黎，午夜出版社
热罗姆·兰东

1954年11月18日 [1]　　　　　　　　　　　　　　　　　　　　　　于西

亲爱的热罗姆：

我认为阻止年轻人上演《戈多》是不对的，因为演出的场次有限，再定许多规矩是不合适的。总的来说，我觉得我们应该原则上同意这个年轻的图卢兹公司进行演出。[1] 当然，他们必须得到罗歇的同意，也许还要征得巴比伦剧院的同意，即使它现在已经不存在了。[2] 鉴于我们不

---

[1]　原信用法语写成。

可能盯着每一个制作和表演，让外国人垄断这些工作似乎有失公平。这就是我的看法。但决定由您来做。

我们明天或星期六回去。所以还是很快的。

向你们俩致以最热烈的问候

s/ _萨姆_

TLS；1张，1面；IMEC，贝克特，第1箱，S.贝克特，书信及其他1950—1956。

1. 11月17日，兰东问贝克特如何回复图卢兹"喜剧演员兼行吟诗人"公司的请求，他们希望制作《等待戈多》。兰东担心："我们不能保证能将它做好。"（IMEC，贝克特，第1箱，S.贝克特，书信及其他1950—1956）

2. 兰东11月26日写信给布兰，问他是否知道"喜剧演员兼行吟诗人"，并征求他的同意。（IMEC，贝克特，第1箱，S.贝克特，书信及其他1950—1956）

1954年9月，巴比伦剧院公布了秋季计划：欧仁·尤内斯库的《责任的牺牲者》和贝托尔特·布莱希特的《例外和规则》将于9月20日开始制作演出，由埃莱奥诺尔·伊尔特主演斯特林堡的《朱莉小姐》，每周三演出（《布莱希特、尤内斯库、巴比伦剧院的斯特林堡》，《世界报》，1954年9月18日：第9版）。虽然热纳维耶芙·拉图尔和弗洛朗斯·克拉瓦尔表示，让－马里·塞罗已于1954年9月主动退出了巴比伦剧院的演出，塞罗演出团队好像继续演出至1954年11月（热纳维耶芙·拉图尔和弗洛朗斯·克拉瓦尔主编，《巴黎剧院》[巴黎：市立历史图书馆，1991]，第257页）。《责任的牺牲者》的日常广告1954年10月31日依然继续；《朱莉小姐》的广告一直持续到1954年11月11日。

纽约，格罗夫出版社
巴尼·罗塞特

1954年11月24日

巴黎15区

快马街6号

亲爱的巴尼：

感谢你的来信。我想你可能想知道，我已完成了鲍尔斯译本的修改工作，并已寄给他，以便能尽快将其准确打出来。[1]我再快速检查一遍，然后把定稿给你。鲍尔斯写信给我说，灰背隼的人，更准确地说是现在负责这个丛书的热罗迪亚，正因拿不到该译本而焦躁不安。我写信告知鲍尔斯，直到我再次通览一遍后，他才可以出版发行。你知道他们要在法国和美国同时出版吗？它从我这儿被带到纽约的那天，我可以将它递交给你。或者，你是否希望我在给你之前不要给任何其他人？我要知道你对此的看法。[2]伦敦那边还没有其他消息。[3]纽约演员工作室一名叫萨多夫的人来信请求制作《等待戈多》。我所能做的就是让他去找奥伯里，而奥伯里似乎正在着手百老汇的制作，所以不太可能会提供帮助。[4]现在正在翻译《马龙之死》，六个月应该能译完。

祝洛莉和你一切都好

s/ 萨姆

萨缪尔·贝克特

TLS；1 张，1 面；NSyU。

1. 在 10 月 27 的信中，罗塞特把《马龙之死》的翻译合同寄给了贝克特；他在 10 月 28 日的信中向贝克特要《莫洛伊》的译本，还转达了从奥斯特林·温豪斯那里听到的消息，即鲍尔斯已经把最后一部分修改稿寄给了贝克特。

2. 贝克特经常将"Girodias"（吉罗迪亚）写成"Gérodias"或"Gerodias"（热罗迪亚）；此后不再注释。

由于灰背隼和格罗夫协议分别在欧洲和美国共同出版《莫洛伊》英译本，贝克特很关心他们如何做。

3. 奥伯里和格伦维尔持有的授权在当年年底结束。

4. 弗莱德·萨多夫（1926—1994），来自纽约演员工作室。李·斯特拉斯伯格是这个工作室的导演（1951—1982），该工作室成立的目的是鼓励专业演员继续发展和尝试新的戏剧形式。体验式表演方法是它的特点。

纽约，格罗夫出版社

巴尼·罗塞特

1954 年 12 月 7 日　　　　　　　　　　　　巴黎 15 区

快马街 6 号

亲爱的巴尼：

感谢你 11 月 27 日和 12 月 1 日的来信，附上正式签署的《马龙之死》的翻译合同。[1]

我已见过鲍尔斯。他已将修订完毕的《莫洛伊》译本打印好，我现在正在进行终审。下星期肯定会给你。我对译稿并不满意，但已经到了不想再多看它一眼的地步。[2]

我同意在将 bon à tirer 给热罗迪亚之前先给你稿子。我认为你最好还是单独出版这本书，即使费用有点高。[3]

《莫洛伊》交给你后，我就继续翻译《马龙之死》，我已经翻译了60 页左右。

已经给奥伯里和格伦维尔下了最后通牒，要么开始制作，要么放弃授权（还有他们的保证金）。[4]

祝洛莉和你一切顺利！

谨上

s/ 萨姆

萨缪尔·贝克特

TLS；1 张，1 面；随附签过字的《马龙之死》翻译合同，邮戳显示收信日期为1954 年 12 月 10 日；NSyU。

1. 罗塞特 11 月 27 日写给贝克特的信和贝克特 11 月 24 日写给罗塞特的信时间交

错。罗塞特在他 12 月 1 日的信中指出了这一点（NSyU）。格罗夫出版社《马龙之死》的翻译合同中，译者是贝克特。

2. 贝克特后来写信给帕梅拉·米切尔："鲍尔斯对《莫洛伊》末尾部分的翻译相当随意粗糙，我要来回读十来遍，灵魂深陷令人作呕之物中。我竟荒谬而愚蠢地成了自己作品的产物，对于我当前的困境，《无法称呼的人》是罪魁祸首，比其他任何因素加在一起都要直接。"（1954 年 12 月 27 日，UoR，BIF，MS 5060）

3. 罗塞特 12 月 1 日写信给贝克特称，他没有收到灰背隼出版社和莫里斯·吉罗迪亚关于如何与格罗夫出版社进行合作的信件；罗塞特表示，与其进口在法国印好的内文纸，他更倾向于使用影印版。罗塞特提醒贝克特，"在你把译稿校完之前，最好先不要"同意［灰背隼出版社］印刷"，"在让我们印刷之前"，先不要允许他们那么做。（NSyU）

"bon à tirer"（法语，"付印样"）。

4. 在 1954 年 12 月 2 日的信件中，热罗姆·兰东要求凯蒂·布莱克坚持要让奥伯里和格伦维尔确认他们制作《等待戈多》的计划（IMEC，贝克特，第 5 箱，S. 贝克特，书信 1962—1968，柯蒂斯·布朗 1957［1952—1957］）。

1955 年年表

1955 年 1 月 13 日   贝克特将《莫洛伊》的译文定稿寄给了帕特里克·鲍尔斯，后者于 1 月 23 日将其寄给了罗塞特。

1 月 27 日   帕梅拉·米切尔从法国坐船返回纽约。

1 月 31 日   贝克特开始创作一部新剧。

2 月 7 日   开始写该剧的第二幕。

3 月   "灰背隼丛书"和奥林匹亚出版社联合出版了《莫洛伊》。

3 月 6 日   罗歇·布兰制作的荷兰语版《等待戈多》在阿纳姆的托尼尔格罗普剧院开幕。

3 月 13 日   贝克特完成了新剧本的草稿。修改了 1945 和 1951 年间的文稿，将以《故事和无所谓的文本》为名出版。

3 月 27 日   将《故事和无所谓的文本》手稿交给午夜出版社。

4 月   阿尔及利亚宣布进入紧急状态。

4 月 15 日   贝克特在巴黎参加了斯蒂芬·乔伊斯和索朗热·瑞钦的婚礼。

5 月至 6 月   《故事和无所谓的文本》（一、九）在《新世界/出版物》发表。

5 月 28 日   西班牙语版《等待戈多》在马德里演出，尽管宣传和公开演出已被禁止。

6月	法国大罢工。
6月5日那一周	贝克特在巴黎会见美国画家琼·米切尔（巴尼·罗塞特的前妻）。
6月28日	在巴黎莎拉·贝恩哈特剧院参加了由艾伦·施奈德制作、桑顿·怀尔德创作的《九死一生》。
8月	格罗夫出版社出版《莫洛伊》。
8月3日	《等待戈多》在伦敦艺术剧院开演，由彼得·霍尔执导。
8月18日	贝克特完成《马龙之死》译本初稿。为德里克·门德尔创作了一部哑剧剧本。
9月7日	《瓦特》节选在英国广播公司第三频道播出。
9月12日	《等待戈多》转到伦敦标准剧院演出。
10月	《诗三首》（《绝路》《A. D. 之死》和《活着死去我唯一的季节》）发表在午夜出版社所办杂志《四季手册》上，旧刊名为《84：新文学杂志》。
10月8日	贝克特与乔治·乔伊斯和艾斯塔·乔伊斯在苏黎世待了几天，到乔伊斯墓前祭拜。
10月28日	《等待戈多》在都柏林的派克剧院开幕。作曲家约翰·贝克特与德里克·门德尔在巴黎一起为一出哑剧（《默剧》）创作音乐。
11月	《画家亨利·海登》在《艺术–文献》（日内瓦）上发表。
11月3日	贝克特在巴黎会见唐纳德·奥伯里。
11月15日	《故事和无所谓的文本》付印。
11月26日起	贝克特与艾伦·施奈德在巴黎讨论《等待戈多》。

| 12 月初 | 贝克特和施奈德出席伦敦制作的《等待戈多》演出。贝克特在伦敦会见了德国女演员伊丽莎白·贝格纳。 |
| 12 月 8 日 | 贝克特出席《等待戈多》在伦敦的第一百场演出。 |

荷兰，阿纳姆

罗歇·布兰

1955 年 1 月 29 日 [1]　　　　　　　　　　　巴黎 15 区

快马街 6 号

亲爱的罗歇：

谢谢你的贺卡。昨天我见了托尼，从她那里了解到你身体不太好，她说你得了疝气，为你难过。希望不太严重，早日康复。最重要的是，让别人来照顾你，不要在那部戏上太劳累。¹ 据说 2 月初你会在这里待几天。来了告诉我。我那时可能在于西，但我会赶回来，希望我们能一起待一个晚上。

我又累又难受，一封得体的信都写不好了。最近的那部作品已经停下，但我不会放弃。应该找个地方另起炉灶，但人是多么无力啊！而且，人会在愚蠢的事情上耗尽精力。我若是能够抵达那个地方，一定会感谢你。我总是很难用语言表达或展示对你的偏爱。

告诉我一些你的消息，好消息。

来自我们两人的爱

萨姆

---

[1]　原信用法语写成。

ALS；1 张，1 面；信封地址：荷兰阿纳姆市卡耐基酒店，罗歇·布兰先生收；邮戳：1955/1/30，巴黎；IMEC，布兰。

1. 布兰在阿纳姆执导《等待戈多》，和荷兰的演员们待在一起。（见 1953 年 10 月 14 日信，注 3；布兰和佩斯金，《罗歇·布兰》，第 103—104 页）

1 月 21 日，贝克特写信给雅各芭·范费尔德，称他收到了罗歇·布兰在诺曼底海岸翁弗勒尔寄来的贺卡："他看起来与演员们相处得很好，对首次彩排也很满意。"（BNF 19794/30）

纽约，格罗夫出版社
巴尼·罗塞特

1955 年 1 月 31 日   巴黎 15 区
             快马街 6 号

亲爱的巴尼：

感谢你的来信，虽然尚未收到《等待戈多》剧本，也提前表示感谢。如果你能再寄给帕梅拉·米切尔一本，我将不胜感激，记在我的账上。她的地址是：纽约东 48 街 229 号，帕梅拉·米切尔收。[1]

昨天见到鲍尔斯了。这个月 23 号，他给你寄了封信，所以在你最近一次给我写信后不久，就应该收到了他的信。希望你不会对我们的合作太失望。就在同一天，他将他的译本交给了热罗迪亚。看来热罗迪亚写信给你，可能就是要和你商谈合译的可能性。[2]

《等待戈多》英译最新版本：由于电影制作推迟，吉尼斯没想到自己竟然如此清闲。加上在接连两次失败后，新剧院的制作也推迟了，因此希望能马上与吉尼斯一起在伦敦制作该剧。[3]还有，因 T. 威廉斯和《茶室》而出名的瓦拉赫也想在纽约参演这部剧，祝福奥伯里公司，至于吉

443

尼斯，不管他了。注：下周所有这一切都将改变。[4]

我正努力用法语写一部新"戏剧"，所以不得不暂时放弃《马龙之死》的翻译。若你想看看英语版的《马龙之死》，那你可以给我点建议，这将有助于我更好地制订计划。

祝你们俩一切顺心

s/ 萨姆

萨缪尔·贝克特

TLS；1 张，1 面；NSyU。

1. 1月28日，帕梅拉·米切尔坐船去了纽约（贝克特1955年1月29日致帕梅拉·米切尔的信，UoR，BIF，MIS 4660）。

2. 由帕特里克·鲍尔斯和贝克特合译的《莫洛伊》英译稿于1月20日交给了格罗夫出版社。

3. 在新剧院上演的前两部戏并非"失败之作"：约翰·范·德鲁滕的《我是一架相机》，1954年一整年都在演出；迈克尔·伯恩的《舞会之夜》从1955年1月12日开演，一直演到3月。

4. 1955年1月19日，凯蒂·布莱克写信给兰东，称埃里·瓦拉赫（1915—2014）对这部剧很感兴趣，此人参与了田纳西·威廉斯的戏剧《玫瑰文身》（1951）的演出，也参与了1953年《秋月茶室》在百老汇的演出（由约翰·帕特里克［1905—1995］根据弗恩·施奈德［1916—1981］的同名小说改编）。

都柏林

艾伦·辛普森

1955 年 2 月 7 日

巴黎 15 区

快马街 6 号

亲爱的艾伦·辛普森：

感谢你的来信。唐纳德·奥伯里现在已经摆脱迷信明星的格伦维尔，已获得《戈多》另外六个月的专有版权。他称自己会像往常一样，着手推进制作进程，也许还只会让自己满意。无论如何，恐怕我们必须坚持与他达成的协议，即在伦敦开演前先不要在都柏林制作。换句话说，目前这个阶段我还不能给你 4 月 23 日在派克剧院开演的正式许可，尽管你也许可以这样做。我想你最好停下来，直到我们从奥伯里那里得到一个确切的日期，在此期间你可以做些其他的事情。很抱歉给你带来这么多麻烦。[1]

很高兴听到你的《怪人》获得了成功。记得代我向奥凯西问候。[2]

谨上

s/ 萨姆·贝克特

萨缪尔·贝克特

TLS；1 张，1 面；TCD，MS 10731/13。

1. 该协议允许《等待戈多》伦敦首演一周后在都柏林制作演出：见贝克特致兰东的信，1954 年 7 月 12 日。

2. 派克剧院演出了布伦丹·贝汉（1923—1964）的《怪人》，演出从 1954 年 11 月 19 日一直到 12 月。肖恩·奥凯西创作的新剧是《主教的篝火》，2 月 28 日在都柏林的欢乐剧场制作演出（《肖恩先生新剧的日期已经确定》，《泰晤士报》，1955 年 1 月 18 日：第 5 版；《肖恩·奥凯西的新剧》，《泰晤士报》，1955 年 3 月 1 日：第 6 版）。

纽约

帕梅拉·米切尔

<u>1955 年 2 月 7 日</u>　　　　　　　　　　　　　　　巴黎

　　帕梅拉——近来没有你的任何消息。在昨天的报纸上，我看到了一张"自由号"轮船的照片，在哈德孙河的冰面上挣扎着试图靠岸。那意味着你延误了好几天，而且一路上并不顺利。希望你一到就能收到我的信，或许还有格罗夫出版社的《戈多》，是我让罗塞特寄给你的。[1]伦敦的消息不太乐观，吉尼斯看来是不大可能参与了，格伦维尔目前也无法参与制作，除非有一位与他分量相当的明星参演！奥伯里想单独以他自己的名义签订一份新的合同，如果他能另外出250英镑，就可以了。但我想很有可能的是，我们将不与这些先生合作，若是沃纳梅克还想做的话，就给他做。[2]我正痛苦地创作另一部剧的第二幕，总是错误不断，我不指望会重新回到原来的状况。创作是一种职业，但不是愉快的职业。昨天晚上看到了罗歇·布兰，他从荷兰回来，在这里待几天。看样子这部剧受到荷兰当地罗马天主教媒体的猛烈抨击，阿纳姆市政府有点害怕，正要取缔这部剧的制作，说它是一部同性恋作品，因为戈戈对迪迪说"Tu vois, tu pisses mieux quand je ne suis pas là"！但是，如果该剧被禁止演出，演员们的总监制会以辞职相威胁，事态似乎已经平息了，排练将继续进行。[3]

　　我想知道你回来时在办公室里发现了什么。这里的一切都令人讨厌。我一直没去乡下。这里要清扫烟囱，所以供暖系统今天关闭了，冻得我瑟瑟发抖。我已经不想再为我逐渐衰老的心脏而苦恼了，在大街上当我感到心脏疼痛时，我就加快脚步。我一直在阅读你伟大的波德莱尔和《圣经》里有关洪水的故事，希望万能的上帝从来没有喜欢过诺亚。要是那

446

样的话，就会既没有 4 号乙，也没有你。[4]

情况就是这样。

爱你

萨姆

ALS；2 张，2 面；信封地址：美国纽约州纽约市 17 区东 48 街 229 号，帕梅拉·米切尔收；左上角注明"航空邮件"，背面：巴黎 15 区快马街 6 号，S.贝克特寄；邮戳：〔1955/2/7，〕巴黎；UoR，BIF 5060。

1. 帕梅拉·米切尔 1 月 28 日乘"自由号"轮船从勒阿弗尔港出发，2 月 3 日，船准时抵达纽约，但它等了两小时无法停靠，因为哈德孙河结冰（鲁尼·菲利普斯，《零下天气冻僵了整个城市，7 年来最寒冷的一天》，《纽约时报》，1955 年 2 月 4 日：第 1 版〔有照片〕；《海运邮件》，《纽约时报》，1955 年 2 月 3 日：第 49 版）。贝克特看到照片的报纸没有找到。

2. 见 1955 年 2 月 7 日贝克特致艾伦·辛普森的信。贝克特删除了"fame"（名气），换成"magnitude"（分量）。美国电影演员兼导演萨姆·沃纳梅克（1919—1993）1954 年 12 月 20 日发了一封电报给贝克特，询问《等待戈多》在英国和美国的制作权是否可授（IMEC，贝克特，第 5 箱，S.贝克特，书信 1962—1968，柯蒂斯·布朗 1957〔1952—1957〕）。

3. 在阿纳姆，《等待戈多》私下进行了演出，并未向公众开放，是为了避免"没有准备的观众可能出现的诸多反应"（珍妮·范·斯海克－维林，《等待戈多》，《绿色的阿姆斯特丹》，〔1955 年 3 月 6 日：〕版面不详）。

"Tu vois, tu pisses mieux quand je ne suis pas là"（法语，"你看，我不在那里时，你尿得更好"）。（《等待戈多》，午夜出版社，第 99 页；《等待戈多》，格罗夫出版社，第 38 页）

4. 帕梅拉·米切尔已经向哈罗德·奥拉姆请假出国六个月了。

米切尔在巴黎的公寓，在巴黎 6 区大肖米埃街 4 号乙。

447

纽约

帕梅拉·米切尔

1955 年 2 月 17 日　　　　　　　　　　　　　　马恩河畔于西

帕梅拉：

　　非常感谢你寄来的 5 000 英镑，很高兴派上了用场，你不用着急了，你的信用再好不过。听到你母亲生病，我很难过，希望她已经康复，而且身体状况良好。Tu n'avais pas besoin de ça. 若你已经在奥拉姆公司有账户，事情就会更加简单，但我毫不怀疑你会在很短的时间内找到它，也许是一个更有趣的项目。[1] 我独自一人在乡下，今天刚到，在寒风和阳光下从车站出来走了三英里。你待在巴黎的日子快要结束了，我都怀疑，我这一生是否还有机会再次踏上那块土地。我去看过我的那些树，荆条、樱桃和酸橙都正在发芽，板栗树也在发芽，雪松上挂着针一样的叶子。白色的"草坪"，温暖的房子，还有德律风根相伴。家里没有吃的东西，到明天才会有，但有茶、红酒和 tord-boyaux，所以我一切都好。[2] 有关《戈多》的消息：感谢上帝，有明星情结的格伦维尔主动放弃了，奥伯里又预交了 250 镑的版税，独自获得额外 6 个月在英国和美国制作的权利，很认真地商谈 4 月在伦敦演出这部戏剧。这样的安排我刚签字同意，就收到了一封来自于纽约新剧目剧院一个署名为克尔茨（一位制作人）的人写的信，请求允许在百老汇演这部戏，演员阵容有巴斯特·基顿、马龙·白兰度、考克斯和艾伦！想象一下基顿演的弗拉第米尔，白兰度演的爱斯特拉贡！其他人我一无所知。[3] 与巴黎相比，英国和美国的版税非常低，是总收入的 5% 起（巴黎是总收入的 12%），其中还包括我的翻译费！这对我来说简直就是抢劫，但显然这再正常不过了。当兰东把他的那部分抽走后，留给 oursins、博若莱酒、侄子和侄女

448

的就没有多少了。[4] 这场与我的疯癫必然失败的斗争还在继续：我当时先把他从扶手椅上弄下来，他脸朝地趴在舞台上，然后想把他弄回来，无果。至少我知道，我会继续直到结束才会将其扔进废纸篓。[5] 我很痛苦，已近崩溃的边缘，非常紧张，总会在家里、在大街上不由自主地大喊大叫。希望在这里我能冷静一些。最后决定不去荷兰了。我是否已告诉你，自从受到罗马天主教媒体攻击之后，这部剧在那里几乎被禁演吗？如果还没有被禁止，难道不是一个惊喜吗？[6] 如果你喜欢诗歌版画的话，几天后这里有一个诗歌及版画展。比尔·海特问我要一首诗，我给了他下面这首，几年前写的：

> je voudrais que mon amour meure
>
> qu'il pleuve sur le cimetière
>
> et les ruelles où je vais
>
> pleurant celle qui crut m'aimer

我还没有看到他用这首诗做了什么。他目前在拉博埃西街有一个展览，很有趣。他大部分时间都住在纽约，也许你了解他的作品？[7] 我还没有和你的人取得联系，想找一个合适的场合，但以后他可能会有用。[8] 罗塞特终于收到了《莫洛伊》的手稿，我想校样很快就会到我这里。家具上的罩单去掉了，门也装上去了，我只剩 50 美元，更穷，更不快乐，虽然花掉 50 美元总是一种乐趣。[9] 是的，《讥笑者的座位》很不错，但我认为当灯熄灭之后，游泳池的那一场似乎只是在浪费时间。我现在正在阅读克里斯蒂令人疲惫不堪的《怪屋》。[10] 一直在读你那本巨大的津加雷利编的书，非常满意，希望他能够更明确地指出 cosa 和 rosa 以及 mezzo 和 pazzo 中 s 和 zz 的区别。[11] 看起来，忘记的意大利语比我以为的要多。巴黎是孤独的，尤其在蒙帕纳斯，因为你不在，我感到懊悔的

是，最近两周我没有让你过得愉快。将来有一天我会弥补。Je t'embrasse bien fort.[12]

萨姆

能否告知这封信是否付了足够的邮资？[13]

ALS；1 张，1 面；信封地址：美国纽约州纽约市 17 区东 48 街 229 号，帕梅拉·米切尔收，左上角注明"航空邮件"；邮戳：1955/2/18，拉费尔泰苏茹阿尔；邮戳：1955/2/28，纽约的邮资未付；UoR，BIF，MS 5060。

1. 帕梅拉·米切尔的养母是玛丽昂·班克·温斯洛·米切尔（生卒年不详）。"Tu n'avais pas besoin de ça"（法语，"你不需要这样"）。米切尔显然已经回到纽约，结果发现哈罗德·奥拉姆并没有分配任务给她。

2. 德律风根（Telefunken），此处指德国的一个收音机品牌。

"tord-boyaux"（法语，"烈性劣酒"）。

3. 1955 年 1 月 31 日，凯蒂·布莱克以唐纳德·奥伯里的名义提出要求，希望《等待戈多》的制作授权再延长六个月，2 月 8 日，热罗姆·兰东同意了该请求（IMEC，贝克特，第 5 箱，S. 萨缪尔，书信 1962—1968，柯蒂斯·布朗 1957［1952—1957］）。

利奥·克尔茨（1912—1976），舞台设计师和制作人，写给贝克特的信没有找到。克尔茨和哈代·威廉·史密斯（1916—2001，彼得·格伦维尔一生挚友）是新剧目剧院的常务董事。1 月份时，他们的计划尚未确定下来。克尔茨说："还有一些事项需要确定到位"，但有可能与亚历克·吉尼斯一起演出《等待戈多》（刘易斯·冯克，《里亚托的新闻和轶事：新剧目剧院本季度继续上演新剧》，《纽约时报》，1955 年 1 月 9 日：第 11 版）。

跟贝克特提到的演员有巴斯特·基顿、马龙·白兰度、沃利·考克斯（1925—1973），以及史蒂夫·艾伦（1921—2000）。贝克特将"Marlon"（马龙）误写成了"Marion"。

2 月 23 日，贝克特写信给帕梅拉·米切尔："已给克尔茨写了信，希望能允许他和白兰度、基顿一起长期演这部戏。"（UoR，BIF，MS 5060）贝克特写给克尔茨的信没有找到。

4. "oursins"（法语，"海胆"）。

5. 2 月 11 日，贝克特给巴尼·罗塞特写了信，提到这部剧是"一个死寂世界里

450

的两位老人"（NSyU）。

6. 布兰在阿纳姆的制作首演日期是 3 月 6 日。

7. 斯坦利·威廉·海特在丹尼丝·勒内画廊有一个画展，从 2 月 4 日持续到 3 月 2 日。海特还要在伦敦圣乔治画廊举办另一场画展，时间是从 3 月到 4 月底，展出他的木版画、石版画和蚀刻版画；这次展览的目录中并没有列出任何展示贝克特诗作的信息（赫伯特·爱德华·里德，《木版画、石版画和蚀刻版画展览》，伦敦：圣乔治画廊，1955）。海特也在《诗意的舞蹈：欧里庇得斯、卡比尔、泰戈尔、福格尔魏德、贡戈拉、席勒……》上发表了一些诗歌的版画。该诗集的主编是让-克拉朗斯·朗贝尔（巴黎：法莱兹出版社，1955）；贝克特的诗不在这本诗集中。贝克特把这首诗翻译成：

> 我想让我的爱死亡
> 雨在墓地上飘落
> 我冒雨走在街上
> 哀悼本以为爱我的那个她
> 　　　（萨缪尔·贝克特：《诗选：1930—1989》，第 61 页）

8. 不确定米切尔建议贝克特联系的那个人是谁。

9. 贝克特找人铺地毯，需要把门拆掉，铺好后，再将门安装上。

10. 约翰·迪克森·卡尔，《讥笑者的座位》（1943）。阿加莎·克里斯蒂，《怪屋》（1951）。

11. 尼古拉·津加雷利，主编《意大利语词汇》（博洛尼亚：尼古拉·托尼凯利出版社，1954）（贝克特国际基金会的马克·尼克松证实贝克特拥有这一版书，2008 年 11 月 30 日）。信中讨论的这些辅音的发音，在该词典一个未编号的页面上，题头单词为"Avvertenze"[1]。

12. "Je t'embrasse bien fort"（法语，"重重地吻你"）。

13. 贝克特的签名垂直写在信件右边空白处。这封信的信封上标有"邮费不足"。

---

[1] 意大利语，"警告，提醒"。——译者注

巴黎，午夜出版社

热罗姆·兰东

1955 年 2 月 19 日 [1]　　　　　　　　　　　　马恩河畔于西

亲爱的热罗姆：

　　随信附上小巴埃萨寄给我的一封信，以及我回复您的一封信。我不知道我说得对不对。如果您给他写几句话，说说您的想法，那就太好了。若是觉得我说的都是垃圾，请勿理会我。1

　　这里到处都是白色，树叶开始发芽了。罗歇给我寄了一张贺卡——凡·高的靴子！除了公众，这里一切都很好。2

　　　　祝安妮特和您一切顺利

　　　　　　　　　　　　　　　　　　　　　　　　　　　s/ 萨姆

附件：马德里，费尔南多·巴埃萨

1955 年 2 月 19 日 [2]　　　　　　　　　　　　　　巴黎 15 区

　　　　　　　　　　　　　　　　　　　　　　　　快马街 6 号

亲爱的先生：

　　收到了您 14 日的来信。您是对的，我们与马丁内斯先生确实有一份合同，他交了预付款，我跟他一起快速浏览了《戈多》的译文。3 然而，在我看来，我们同他签订的协议和我允许您在私人俱乐部演出该剧的授

---

[1] 原信用法语写成。

[2] 原信用法语写成。

权根本不冲突，您的演出面向的观众是受到邀请的人，而且演出次数有限，正是考虑到这一点，我才同意了您的要求。因此，我当然会遵守我们与马丁内斯签订的合同条款，除了以完整的形式演出我的戏剧之外，我禁止他以其他任何形式来演出。但是，想想他遇到的麻烦，以及他不得不克服的困难，我并不想做得那么过分。我感觉他误解了您这部戏的表演核心，但您会与他达成友好协议的。[4]在任何情况下，您提前给我多少预付款都没有问题，因为这部戏对您而言并不是商业性质的。[5]当然，我同意您的项目时没有提醒马丁内斯先生，那是我的不对，但是我认为这样做没有意义。如果您认为合适的话，可以将这封信的副本寄给马丁内斯先生。我敢肯定他会同意，一方面由他，经过一番删减后演给付费的人，另一方面由您，以完整版本的形式为受邀的人演出。如果他在您之前先演，您也不会因此失去继续演出下去的理由，因为两文本之间存在着差异，更不用说翻译上的差异。

波塞冬版本与马丁内斯先生的那版不一致。[6]

我要立即离开巴黎，因而没办法与我的出版人兰东先生讨论这些。但是，我会将您的信交给他，请他给您些建议，就保障您的权利和马丁内斯先生的权利以及推进这件事而言，他的意见比我的更具权威。[7]

请代我向您父亲问好！

谨上

萨缪尔·贝克特

TLcc；1 张，1 面；内附费尔南多·巴埃萨写给贝克特的信［1 张，1 面］，1955 年 2 月 19 日；IMEC，贝克特，第 1 箱，S.贝克特，书信及其他 1950—1956。

1.2 月 14 日，费尔南多·巴埃萨（1920—2002）写信给贝克特。他是里卡多·巴埃萨的儿子，贝克特在联合国教科文组织工作时认识了里卡多·巴埃萨，当时他和奥克塔维奥·帕斯一起编辑《墨西哥诗选》。

2. 罗歇·布兰寄给贝克特的贺卡没有找到。

3. 在 2 月 14 日的信中，费尔南多·巴埃萨写道，马德里《等待戈多》的制作工作已经推迟到 3 月底，这部剧是贝克特在 1954 年 11 月 24 日的一封信里同意他的父亲制作的，当时他与父亲正在寻找能充分诠释这部戏剧的演员。他们使用的是极端主义诗人拉菲尔·拉索·德拉维加（1890—1959，维拉诺瓦侯爵）的译本，里卡多·巴埃萨对该译本做了修改。

此时费尔南多·巴埃萨说，他们的计划被打乱，特里诺·马丁内斯·特里韦斯宣布他手里有一份合同，要用自己的译本，且已征得了贝克特的同意，并对马德里同期上演另一部制作的权限质疑。

4. 巴埃萨觉得为了争"第一个演出"而急于制作，对这部戏会是有害的，会导致他不得不与贝克特面谈：

> 要么将戏剧删减后演出，马丁内斯先生认为，要取得审查者的公开演出许可，只能这样做；要么继续推进我的尝试，即为受过教育的马德里市民在波士顿学院上演未经删减的版本，这是一个文化机构，因其源于海外而在马德里享有特殊的地位。（IMEC，贝克特，第 1 箱，S.贝克特，书信及其他 1950—1956）

5. 为了保障权益，费尔南多·巴埃萨要求签订一份合同，他可以提供合同模板，并愿意支付相关费用。

6.《等待戈多》，巴勃罗·帕朗译，作者修改。（见 1954 年 8 月 19 日的信，注 3）

7. 热罗姆·兰东写给费尔南多·巴埃萨的信没有找到。

纽约
帕梅拉·米切尔

1955 年 3 月 13 日 　　　　　　　　　　　　　　<u>马恩河畔于西</u>

可怜的帕梅拉，你正在经历一段可怕的时光，我却帮不上你，也不知道如何帮你。我在想罗塞特能不能帮到你。不妨找他试试。如果你决定向他寻求帮助，我会写信给他。告诉我。你的母亲身体好多了，至少这是个好消息，你的朋友们就是你的帮手。谢谢你告诉我有关戏剧的消息。伦敦那边没有进一步的消息，我甚至都不知道钱是否已经到账。[1]当然钱不是都给我，我拿一半。我被邀请去荷兰观看他们制作的《戈多》，所有费用由他们支付，但我没有去。苏珊娜去了。[2]我现在健康状况很糟，独自住在乡下，每个夜晚，功能老化的心脏跳得非常厉害，而到了白天，它又安静得像一块老石头。不必太在意。是的，我完成了那个剧本，但写得不好，我得重新开始写。[3]目前我正努力准备一些旧文，让兰东出一本小书，最早的一篇是用法语写的，写于1945年，最后一篇写于1951年！郁闷且恐怖的工作。要是我没有答应就好了，虽然1951年写的一些"无所谓的文本"也还可以。[4]再过一周应该能弄完。然后，还要继续翻译《马龙之死》。至少在《马龙之死》译完，并将其处理好，比如，校样校正之后，你最终究会得到一份译稿。我今天正在给《战斗报》写信，给你abonner一份，能够为你做点事，我也很乐意。[5]在巴黎除了吃喝和参与由亨利·庞加莱发明的称为"多色"的一种奇怪的赌博，一直无所事事。我已经不记得是否告诉过你这种赌博形式。没有输多少。这里天气十分寒冷。旧打字机已经报废了，不知道在拉弗特能不能把它修好。我脖子上长了一个僵硬的大疖子，让我看起来很滑稽。在群岛喝了太多的博若莱酒。有一天晚上，我在那儿看到了卡尔庞捷。[6]树木在挣扎着活下去，甚至有两棵苹果树已经有了生命迹象。过不了多久，我就要买一个镰刀式割草机，否则，我都快被草埋住了。每天中午都有鹧鸪光临。奇怪的鸟。它们跳着，听着，跳着，听着，似乎从来不吃东西。很糟糕的一封信，请见谅。不管如何，希望你能读一读。用更好的形式给我写更好的消息。非常爱你。

萨姆

ALS；2张，2面；UoR，BIF，MS 5060。

1. 米切尔曾询问贝克特，他能从奥伯里要求延长《等待戈多》授权期限所支付的费用中分得多少。（见1955年2月7日致米切尔的信）

2. 3月6日，荷兰语版《等待戈多》在阿纳姆开演。

3. 关于他正在创作的戏剧，贝克特在他2月23日的信件中告诉米切尔，"我还没放弃"。（UoR，BIF，MS 5060）

4. 此处指《故事和无所谓的文本》。

5. "abonner"（法语，"订阅"）。

6. 马克萨斯群岛餐厅：见周四［1952年1月3日］信，注10。

贝克特指的可能是法国拳击冠军乔治·卡尔庞捷（1894—1975），后者曾于1911年到1914年持有欧洲冠军头衔，从1919年到1922年持有世界冠军头衔。

纽约
帕梅拉·米切尔

1955 年 3 月 26 日   巴黎

帕梅拉：

很高兴收到你的来信，感觉你的状态好多了。希望在你的下一封信中听到你一切都 caseé 了。我月底回巴黎，好多人都在等我。然后到4月中旬，我的心脏问题又开始困扰我了。我要去参加乔伊斯的孙子斯蒂芬的婚礼，感谢上帝，婚礼在市政厅，但婚礼后还有酒会。上帝帮帮我！我那破旧的棕色西装。[1] 我快要为兰东弄完那些长了白毛的文本了。[2] 把 A 和 B 彻底完成后，又要从头开始，如果有什么不合适。我只想坐在乡下的门槛上，看着树木欣欣向荣，又或看着它们被还没买来的 faucheuse-tondeuse 拉动。[3] 关于《莫洛伊》的清样，罗塞特还是写些令人捉摸不透的信。[4] 来自伦敦的消息很少，而且都很令人沮丧。不中用的身体时好时坏，今天快要死了，明天又缓过来了。[5] 是的，我记得特纳对《戈多》的清样很满意，我不明白为什么，我从来没有校对过什么清样，或者仅仅是做了我以为只有我懂的标记。他一定是一个了不起的人。[6]这里突然袭来罕见的热浪，1880年以来最热的天气。[7]［……］

    爱你

S/萨姆

TLS；1张，1面；UoR，BIF，MS 5060。

1."caseè"（法语，"安置妥当"）。

4月15日，贝克特见证了斯蒂芬·乔伊斯（1932—2020）和索朗热·瑞钦（卒于2017年）在巴黎举行的婚礼。

2.贝克特向巴尼·罗塞特描述称，《故事和无所谓的文本》就是"1945年（也就是在《莫洛伊》之前）的3个故事以及1951年（也就是在《无法称呼的人》之后）的13个'无所谓的文本'［……］《无所谓的文本》在我看来几乎是不可译的"。（NSyU）

3."faucheuse-tondeuse"（法语，"镰刀式割草机"）。

4.巴尼·罗塞特分别于3月2日和3月17日写信给贝克特，谈到了清样问题。（NSyU）。

5.3月22日，《等待戈多》在伦敦制作的授权合同送给贝克特签署。（IMEC，贝克特，第5箱，S.贝克特，书信1962—1968，柯蒂斯·布朗1957［1952—1957］）。

6.霍华德·特纳，格罗夫出版社的办公室经理。

7.《世界报》指出，当时温度达到25℃，是1873年以来3月份的最高温度（《气象预报》，《世界报》，1955年3月27—28日：第10版）。

西里尔·丘萨克

1955年5月10日   巴黎15区

快马街6号

亲爱的丘萨克先生：

感谢您 5 月 6 日的来信。很遗憾，您在巴黎的时候，我们连电话都没沟通过。我只是周四下午在乡下收到您的第二张便条，来不及赶到巴黎去见您。我把我的电话号码留在了您所在的旅馆，他们本应给您的。[1]

我刚得知艺术剧院制作《等待戈多》的消息。希望您能参与。如果您认为值得的话，务必在都柏林以盖尔语演出。为什么部分要用英语？[2] 在任何情况下，您都有我的许可，最诚挚的许可，但您先要写信给我的出版人——午夜出版社的热罗姆·兰东先生。他的地址是巴黎 6 区的贝尔纳－帕利西街 7 号。只是走个形式。商业方面的最终决定也全由他做出。

是的，我希望下次您来巴黎时我们能见面。

谨上

s/ 萨姆·贝克特

TLS；1 张，1 面；丘萨克收藏。

1. 贝克特在 4 月 6 日的信中回复了西里尔·丘萨克就都柏林演出《等待戈多》的授权请求。贝克特告诉他，奥伯里持有伦敦表演的授权，而该剧在都柏林的演出授权由派克剧院持有（丘萨克收藏）。

2. 彼得·霍尔（1930—2017），由奥伯里任命来执导《等待戈多》在伦敦艺术剧院俱乐部的演出，他提出由丘萨克来饰演弗拉第米尔。

丘萨克建议，"在阿比剧院上演双语改编剧本"。他的想法是"在荒凉的康内马拉"设置场景，同时，"由于这是爱尔兰盖尔语地区所熟悉的模式"，弗拉第米尔和爱斯特拉贡应该对盖尔语和英语都很熟悉，他们之间讲盖尔语，与波卓和幸运儿讲英语。他继续写道：

> 我去找过唐纳德·奥伯里，希望能够获得他的许可，允许在都柏林用英语制作《戈多》。［……］奥伯里拒绝《戈多》在都柏林制作，一直到他可能会允许的时候，对此我大发脾气，结果是："好吧，那我就用爱尔兰语做！"（西里尔·丘萨克，1992 年 8 月 4 日）

458

纽约，格罗夫出版社

巴尼·罗塞特

1955 年 6 月 5 日   巴黎 15 区

                                                     快马街 6 号

亲爱的巴尼：

　　谢谢你的来信以及信中的附件。我没有看最新一期的《灰背隼》，所以对你提到的文章一无所知。[1] 我听说，当然是间接获知，8 月初，《等待戈多》在伦敦艺术剧院的授权到期了，但几个月过去了，奥伯里对此事只字未提。无论如何，他的授权在 8 月份到期，若他做点什么的话，肯定不会延期的。[2] 在马德里，尽管遭到官方竭力反对（如禁止在报刊上发布演出或进行任何形式的宣传，等等），最后还是在一个偏远的剧院成功地演了一回，并告诉我他们获得了巨大的成功，希望得到更多的演出许可。[3] 我收到你那位住在蒙塔朗贝尔街的朋友琼·米切尔的来信，希望这个星期能认识她。[4] 我太累了，什么也不想做，但《马龙之死》的翻译进展还不错，在秋冬季节前将完成。[5]

　　祝福你俩

                                                     s / 萨姆

                                                     萨缪尔·贝克特

TLS；1 张，1 面；NSyU。

　　1. 在 5 月 19 日的信中，罗塞特询问贝克特对《新房客》的看法，这是一部发表在《灰背隼》上的剧作；贝克特以为罗塞特指的是最新一期的《灰背隼》，他没有看到这一期。事实上，欧仁·尤内斯库的戏剧由唐纳德·沃森译为《新房客》，早在一年前就已经发表了（第 2 卷第 3 期［1954 年夏 / 秋］，172—191 页），在这一期杂志上，也发表了贝克特的《结局》（由理查德·西维尔和作者合译，第144—159页）。

2. 5月14日，艾伦·辛普森写信给贝克特，说他在《舞台》杂志上看到了《等待戈多》8月3日在艺术剧院俱乐部开演的消息（TCD，MS 10731/15）。贝克特回答："关于日期。奥伯里没有通知我［……］事实上，我甚至都不知道他已经决定在艺术剧院俱乐部演出。"（1955年5月20日，TCD，MS 10731/16）

3. 安东尼亚·罗德里格斯－加戈称，特里诺·马丁内斯·特里韦斯的制作被"审查者拒绝颁发许可证：但3月28日却在马德里大学进行了演出（《贝克特在西班牙：马德里［1955］和巴塞罗那［1956］》，见《等待戈多：汇编本》，鲁比·科恩编［伦敦：麦克米伦出版社，1987］，第45页）。特里诺·马丁内斯·特里韦斯的表演生涯见《〈等待戈多〉在西班牙首演》一文，西班牙《第一幕》杂志，第15—16页。

4. 美国艺术家琼·米切尔是巴尼·罗塞特的第一任妻子；他们1949年结婚，1952年离婚（克劳斯·柯蒂斯，《琼·米切尔传》［纽约：哈利·N.艾布拉姆斯出版社，1997］，第179—180页）。蒙塔朗贝尔酒店（贝克特将其误写为"Montalambert"）位于巴黎7区蒙塔朗贝尔街3号。

5. 贝克特曾答应秋天交付他翻译的《马龙之死》；他从莎士比亚的《麦克白》中引用了一句台词："我的生活方式／进入了秋天，发黄的树叶"（第5幕第3场，第22—23行）。

巴黎
帕特里克·沃尔伯格

1955年6月29日 [1]   巴黎15区

                                                        快马街6号

亲爱的帕特里克：

真的很抱歉，我目前无法处理任何事情，不止是希望，连欲望也已死去；你不要指望我能优先处理你的事情。我还有一两篇尚未发表的《无

---

[1] 原信用法语写成。

所谓的文本》，如果他们愿意做的话，我很乐意让你来做，但我看不出来他们怎么让你做。[1]关于布拉姆，大喇叭布拉姆，的确有很多话要说，但我不能这样做。我甚至不能让自己去看他的展览。非常希望你能给我说说这个展览。[2]帕特里克，请你不要生我的气，要相信我是你的朋友。

s/ 萨姆

TLS；1 张，1 面；雅克·杜塞图书馆，沃尔伯格，MS 41684。

1. 不太确定沃尔伯格正酝酿的艺术杂志能刊出什么内容。
"不止是希望，连欲望也已死去。"（见 1954 年 10 月 19 日的信，注 2）
2. 米歇尔·瓦朗画廊 5 月展出了布拉姆·范费尔德的作品。帕特里克·沃尔伯格确实写了篇关于范费尔德的文章，但此文直到 1958 年才发表。文中，沃尔伯格肯定了贝克特对布拉姆·范费尔德的重要性，引用了这位艺术家的一句话："我每次都怀着强烈的渴望，期待艺术家贝克特的光临，当我给他看我的画作时，我激动得发抖。他以从来没有人评价过的方式评价了我的画作；他的来访激励了我。"（《布拉姆·范费尔德》，《阿波罗》第 398 期［1958 年 4 月］，第 130—134 页）

巴黎
戴维·海曼

1955 年 7 月 22 日

巴黎 15 区
快马街 6 号

亲爱的海曼先生：

我已经读完了您的论文，打算今天交给您在红衣主教莱蒙街的出版商。[1]

461

我觉得自己没什么资格评论您的大作。我已经好长时间没有接触过对乔伊斯的诠释了，也很久没看他的作品了。在这件事上，根据我对他的了解，我和他一样也帮不了什么。所以，不要太在意我给您的那些非常含糊而笼统的评论。

　　首先我要祝贺您，在我看来这是一部非常巧妙和完整的作品。就马拉美对乔伊斯的重要性而言，虽然您没有完全消除对此的疑问，但您已经使我不再信心满满。

　　与第四章相比，我更喜欢第三章。[2] 我觉得，至于您觉得乔伊斯所使用的暗示技巧直接来自象征主义和马拉美，也许过于绝对了。毕竟这种技巧跟写作本身一样古老。《神曲》中到处都能看到这种技巧的使用。当乔伊斯还是都柏林的一个年轻人时，《新生》以及它的文学的、寓言的和神秘的三位体系，对乔伊斯的影响是可以想象的。[3] 写这封信时，我想起来曾经给乔伊斯引用过莱奥帕尔迪的"世界是一片泥淖"，对此他当时的回应，也是唯一的回应，就在于抓住了 Il mondo-immonde 这个联系。[4] 这是题外话，但这个小轶事可能会让您快乐起来。兴许，我能给您的建议就是考察一下，在乔伊斯的作品中，判断力形式是如何越来越多地吞噬其精神的，一切都说了意味着什么都没有说。这在某种程度上与马拉美的智性主义与布鲁诺对矛盾对立面的认同更一致。[5]

　　您对 F.W. 中马拉美元素的认同，非常明显。[6] 有时您也许竭力遵循它的观点并寻求在您的文本中运用，但我认为您几乎没能做到。因为您不仅要竭力避免那种所有论文都倾向于的独特恳求，又要尽量把可能读到的都一一阐述。而且，您将这一切都做得不动声色，我觉得是值得大加赞扬的。但是，是否可以考虑在正式出版的版本中做一些 nuancer，或在后记里阐述一下。当然，对我所说的这些，如果您很不以为然，或许也是对的。[7]

　　最后，您完成了这样一项艰难的工作，我再次表示祝贺。祝您在以后的岁月里，无论是做老师还是当作家，都能成功和幸福。

替我问候您的妻子！[8]

　　　谨上

s / 萨姆·贝克特

萨缪尔·贝克特

TLS；1 张，2 面；TxU，贝克特文献集。

1. 戴维·海曼(生于 1927 年)将他的博士论文《詹姆斯·乔伊斯和斯特凡·马拉美：影响研究》寄了一份给贝克特，于 1955 年提交给了巴黎索邦大学文学院，1956 年现代文学杂志社(位于巴黎 5 区红衣主教莱蒙街 73 号)以两卷本的形式出版，书名为《乔伊斯和马拉美》。除此之外，海曼还发表了更多有关乔伊斯和其他作家的论著，后成为艾奥瓦大学比较文学教授，后来在美国威斯康星大学麦迪逊分校任教。

2. 第 3 章和第 4 章构成了论文的主体：第 3 章的标题是"建议：理论与实践"；第 4 章的标题是"乔伊斯作品中的马拉美元素"。

3. 在讨论《神曲》的寓言体时，最经常提到的是但丁的《致坎格兰德·德拉·斯卡拉的书信》，《书信》，第八卷，第 20—25 页。贝克特将"三位体系"与《新生》相提并论令人惊奇，因为它省略了第四位，即道德或比喻的意义。《新生》本身没有关于寓言体的明确讨论，贝克特可能脑海里已经有了那么一段讨论关于但丁《飨宴》的主题的话，虽然在这里再次表明第四"感"而不是第四"价态"或"感性"(但丁，《飨宴》，第二卷，第一章，第 3—9 页)。

4. 贝克特的引文出自贾科莫·莱奥帕尔迪的诗歌《致自己》："生活 / 除了无聊和痛苦 / 剩下的就是虚无；世界是一片泥淖"(《散文与诗歌选集》，第 280—281 页)。"世界是一片泥淖"是贝克特出版的第一部作品《论普鲁斯特》(1931)的卷首语。

贝克特指出乔伊斯"形式大于内容"的偏好，但事实上，乔伊斯注意到的一致是通过莱奥帕尔迪的"fango"联系起来的，因为"immonde"的意思是"肮脏的、污秽的"。

5. 在 1929 年的论文《但丁…布鲁诺·维柯··乔伊斯》中，贝克特对他所说的乔尔丹诺·布鲁诺的"确认的矛盾"给出了以下定义：

　　　布鲁诺说，在最小可能的弦和最小可能的弧之间没有区别，在无限圆和直线之间没有区别。个别对立物的极大值和极小值是同一且无重要性的。最小的热等同于最小的冷。因此变形就是循环。对立之一（最小值）以其对立物来运动。因此，在连续变形中，不仅极小值与极小值、极大值与极大值发生重合，极大值与极小值也会出现一致。最快的速度是静止的一种状态。堕落达到极致在原则上与最小的重生一致，堕落即重生。最终，所有的事物都与上帝一致，普遍存在的单子，单子中的单子。（《转变》第16—17期［1929年6月］，第244页；贝克特，《碎片集》，第21页。［在《碎片集》中，不常见的"one"在这一段中被插入到"another"之前。］）

6. 此处的"F.W."，贝克特指的是詹姆斯·乔伊斯的《芬尼根的守灵夜》。贝克特引用的"明显击中"，出自《哈姆雷特》第5幕第2场，第280页。

7. "nuancer"（法语，"细微的调整"）。

正式出版后，海曼的书没有后记，但在"前言"中，作者感谢了贝克特与其他"在出版前阅读和批评我们手稿的人"。（第1卷，第6页）

8. 当海曼亲自来送他的论文时，贝克特见过海曼的妻子洛尼（原姓戈尔德施密特，生于1930年）（海曼，2010年1月17日）。

纽约
帕梅拉·米切尔

1955年8月18日 　　　　　　　　　　　　　　巴黎15区
　　　　　　　　　　　　　　　　　　　　　快马街6号

帕梅拉：

　　过了这么久才听到你的消息，看到你的照片，我很高兴。我以为你把我当一块难啃的骨头而放弃了，你是多么的明智，这工作越来越糟。听到你在医院的工作很好，而且你也无需协助做子宫切除术和穿颅术，我很高兴。[1]在经历了这么多糟糕的日子，做了那么多不合适的工作后，你值得拥有舒适惬意的工作。希望你已经躲开了康妮和戴安娜。手术后你母亲身体怎么样？² 我没什么特别有趣的事告诉你。我大部分时候都在于西，希望继续在这儿待着。8 月 3 日，《等待戈多》在伦敦的艺术剧院开演，受到了小报的猛烈抨击，但《泰晤士报》《观察家报》《星期日泰晤士报》《新政治家和国家》却花了大量版面对其做了严肃的评论，还有一些评论也许永远不会见刊。³ 过去我不会，将来也不会将作品受到的尖锐批评放在心上，虽然目前看来还是不错的一次排演（就我已经能够收集到的这一点评价来看）。他们计划在艺术剧院只演出到本月底。虽然我不知道，也没人告诉我，但我认为艺术制作本质上是一种尝试（取而代之以常见的前西区省际巡演），以后这部剧可能会转到一个更大的剧院上演，这天真的想法是基于一种不太严肃的假设——奥伯里公司想拿回自己的钱，如果可能的话再多拿一点。他们一直对我不友好，对于他们的计划，我一直被蒙在鼓里，尽管合同明确规定，有关演员、布景等问题，他们必须向我咨询，但在任何阶段他们都没有咨询过我。纽约那里有了进一步制作演出该剧的提议，包括百合花剧院的提议，当然，我不能同意，因为奥伯里已经要求六个月的延期，在此期间，只能在美国演出该剧。⁴《等待戈多》以及似乎由它引起的无穷无尽误解，使我疲惫不堪。任何如此简单的事情在这里都可以变得复杂，已经超出了我的能力范围。他们要是不到处挖挖就不会开心。⁵《莫洛伊》的英文版已经在巴黎出现，但格罗夫出版社的要到下个月或是 10 月才会出来，具体时间我忘记了。我会告诉他们到时候送你一本。我刚刚完成了《马龙之死》的翻译，初稿。还要修改，再打出来一遍，并于 10 月底前交给罗塞特。在于西，我对痣发起了痛苦又令人羞愧的战争，我的策略基于事实，或更可能是基于痣是一种基因紊乱，甚至引起蜕皮。发现了一家不错的意大利插画周刊，刊名叫《今日风采》，可以用来温习我的意大利语。很高兴你能定期收到《战斗报》。超期时我就续订，到时候他们应该会通知我。你不喜欢《巴黎时装公报》吗？它可以让你获知一些关于"Y 型"或是别的什么的一些内幕。[6] 写这封信时，我正坐在邻居家花园中一个三面有墙的工具棚里，吃着从花园里采摘的青梅。天气雾蒙蒙，灰蒙蒙的，但却很惬意。明天我不得不去巴黎一趟，在那儿不情愿地待上 24 小时。对于这部过去时常麻烦你的戏剧，我什么都做不了，但却为一个白人小丑写了一个十分钟的剧情概要，这是一个哑巴，悲观阴郁得令人可怕，可能会用在今年年底"四季喷泉"的制作中。多亏了恶劣的冬季天气，以及愈后头脑清醒的时刻，我可能很快尝试 A 和 B。[7] 答应给兰东的书已经准备就绪，一个月左右就该接受审判了。[8] 罗塞特是一位令彼得·迈克尔骄傲的父亲。我在这儿一个叫蒙塔朗贝尔（！）的地方遇到他的前妻，名叫米切尔（！），她旁边站着两个表情僵硬但动作快速的苏格兰人，而佩里耶就躲在隔壁，"结局就是这样"，只有一个米切尔。一个晚上和朋友在酒吧喝过潘诺酒后，一起去法航餐厅吃饭，狼吞虎咽地吃了平常吃的火腿和菠菜。[9] 我这颗功能不好的心脏好像有点活力了，但就我在路上骑自行车爬坡的状态来判断，仍然断断续续地感觉或沉闷或喧嚣。我每月做两次支气管肺癌治疗，然后它就消失了。用你的人说的话就是，管他呢！

    永远的   萨姆

TLS；1 张，2 面；UoR，BIF，MS 5060。

1. 米切尔在一家叫特殊手术医院（隶属哥伦比亚大学）的机构工作，负责为特殊手术医院筹款。

2. 康妮和戴安娜的身份没有确定。

3. 8 月 11 日，贝克特写信给托马斯·麦克格里维，感谢他对《等待戈多》的评论，称："店主似乎要毁掉《戈多》，虽然我对此确实了解不多。我没有去参加开演仪式，在演出期间也不会去。"（TCD，MS 10402/196）8 月 5 日，凯蒂·布莱克写信给热罗姆·兰东，告诉他这部剧在开幕当晚"反响不一"，8 月 3 日，"所有人都赞美制作和表演，但对剧本鲜有评价"（IMEC，贝克特，第 5 箱，S.贝克特，书信 1962—

466

1968，柯蒂斯·布朗 1957〔1952—1957〕）。

各类日报上的评论有：W. A. 达林顿，《滑稽而令人费解的一晚》，《每日电讯报》，1955 年 8 月 4 日：第 8 版；戴维·卢因，《什么都没发生，太糟糕了（这就是生活）》，《每日快报》，1955 年 8 月 4 日：版面不详；密尔顿·舒尔曼，《两种象征的二重奏》，《标准晚报》，1955 年 8 月 4 日：第 6 版；塞西尔·威尔逊，《左岸可以留下它：这是乏味的》，《每日邮报》，1955 年 8 月 4 日：第 8 版；安东尼·哈特利，《戏剧》，《旁观者》，1955 年 8 月 12 日：第 222 页。

贝克特所谓的"严肃批评"包括：《艺术剧院〈等待戈多〉》，《泰晤士报》，1955 年 8 月 4 日：第 11 版；哈罗德·霍布森，《明天》，《星期日泰晤士报》，1955 年 8 月 7 日：第 11 版；《萨缪尔·贝克特》，《星期日泰晤士报》，1955 年 8 月 14 日：第 11 版；肯尼思·泰南，《新写作》，《观察家报》，1955 年 8 月 7 日：第 11 版；T. C. 沃斯利，《艺术和娱乐：仙人掌的土地》，《新政治家和国家》，1955 年 8 月 13 日，第 194 页；菲利普·霍普－华莱士，《戏剧》，《时代与潮流》第 36 卷（1955 年 8 月 13 日），第 1045 页；《笨拙》（1955 年 8 月 10 日），第 169 页。哈罗德·霍布森＊（1904—1992）呼吁："去看看《等待戈多》。最坏的情况，你会充满好奇心……最好的情况，你会发现什么东西牢牢地进入你内心最隐秘的角落，一直待到你死去之时。"（《明天》，第 11 版）

4. 8 月 2 日，贝克特给格罗夫出版社的霍华德·特纳写了一封信，说："我感到极其没面子，不得不拒绝纽约方面提出的更有趣的建议，其中一项是在百老汇或外百老汇表演这部剧，巴斯特·基顿和马龙·白兰度参演！"（NSyU；见 1955 年 2 月 17 日的信，注 3）

外百老汇百合花剧院的常务董事卡门·卡帕尔博（1925—2010）和斯坦利·蔡斯（原姓科恩，1928—2014）1955 年 7 月 26 日写信给贝克特，希望在秋天制作《等待戈多》；贝克特让他们与唐纳德·奥伯里商谈（贝克特致斯坦利·蔡斯的信，1955 年 8 月 8 日，CLU，斯坦利·蔡斯文件）。贝克特用打字机打上了 "Theatre du Lys"（百合花剧院）字样。

5. 8 月 18 日，贝克特写信给玛丽·曼宁·豪："这么简单的事怎么弄得如此复杂，超过了我的能力范围。有时，这些家伙多么像海边的顽童在挖虫子啊。"（TxU，贝克特文献集）

6. 意大利《今日风采》画报主要刊登全国各地的新闻；创刊于 1945 年。《战斗报》是贝克特经常阅读的日报。《巴黎时装公报》是法国时尚杂志。"Y 型"是克里斯汀·迪奥的服装新廓型，特征是 V 形领和大披肩。

7. 1955 年 4 月 18 日，贝克特曾写信给米切尔："A 和 B 都没死，只是处于休眠状态，睡得很沉。我希望有一天能踢得他们发出比你所听到的更好的呻吟与号叫。"
（UoR，BIF，MS 5060）。此处贝克特删除了"戈多"，改成了"A 和 B"。

贝克特的剧情指的是《默剧》，是为舞者和哑剧艺术家德里克·门德尔*（1921—2013）而写的。"四季喷泉"是一家歌舞剧院，位于巴黎 7 区格勒内勒街 59 号。

8.《故事和无所谓的文本》。

9. 在 7 月 27 日写给贝克特的信中，格罗夫出版社的霍华德·特纳告知，罗塞特于四周前得一子，取名为彼得·迈克尔（NSyU）。

贝克特指的是荣军院航站楼的弗朗索瓦丝餐厅。

巴黎，午夜出版社
热罗姆·兰东

1955 年 8 月 19 日 [1]   马恩河畔于西

亲爱的热罗姆：

这里有一个脑筋急转弯逗逗您。如果您不反对的话，如果这样做不给戏剧作家协会制造难题，我想还是同意他们吧。¹

谢谢您的来信，祝贺您初为人父。²耳朵是重要的，因为美丽是从它那里开始，而且会向外传递。

就我所知，《戈多》在伦敦的情况很复杂。首演之后，报纸上天天都是愤怒的悲叹。但就在星期日，《观察家报》和《星期日泰晤士报》刊登了长篇（针对店主们而言）严肃评论。《新政治家和国家》周报上也刊登了一些好的评论。《星期日泰晤士报》第二篇文章，谈论了戏剧的"幽默"。爱尔兰的媒体则充斥着仇恨和极端情绪。有人写道，波卓和幸运儿还不错，但 V 和 E 就差多了。布景也很糟糕。他们将在月底前

---

[1] 原信用法语写成。

停演。假如奥伯里有什么意图的话，我不知道这意图究竟是什么。有来自纽约的新建议（还有一个来自贝尔法斯特！）[3]。

　　继续好好休息，一直休息到年底；看来又是一个难熬的冬天。

　　祝您二位一切都好！

萨姆

TLS；1张，1面；IMEC，贝克特，第2箱，S.贝克特，《等待戈多》演出（2）。

　　1. 贝克特收到阿尔弗雷德·梅斯基塔（1907—1986）的一封信，日期为1955年8月7日，此人是巴西圣保罗戏剧艺术学校的创始人，1948年到1969年间任该校董事；梅斯基塔请求在他的学校翻译、制作《等待戈多》。翻译由路易斯·德·利马担任。8月19日，贝克特回复说，如果这事完全由他定，他会授权，但他对已经进行的谈判毫不知情。贝克特表示，热罗姆·兰东回巴黎后，他已请他处理此事。虽然梅斯基塔也许在考虑做一个葡萄牙语译本，但贝克特提到，由巴勃罗·帕朗翻译的《等待戈多》西班牙语译本已经出版。（IMEC，贝克特，第2箱，S.贝克特，《等待戈多》演出［2］）

　　2. 安妮特·兰东和热罗姆·兰东的儿子马蒂厄在卡昂出生。

　　3. 有关《等待戈多》的评论：见1955年8月18日的信，注3。哈罗德·霍布森发表在《星期日泰晤士报》的第二篇文章中讨论了贝克特的"幽默"（《萨缪尔·贝克特》，1955年8月14日：第11版）。托马斯·麦克格里维寄给贝克特的那篇都柏林评论尚未确定；发表在《爱尔兰时报》上未署名的评论《伦敦来信》的作者似乎对这部戏剧很困惑："要么它曾严重遭受过横渡英吉利海峡之苦，或就如何度过一个有趣的夜晚，伦敦和巴黎之间观点迥异。"（1955年8月6日：第7版）

伦敦
艾丹·希金斯

1955年8月30日　　　　　　　　　　　　　　　　　巴黎15区

快马街6号

亲爱的希金斯先生：

谢谢您的来信。对于您正经历的艰难，我很难过。希望这段时光并不总是令人悲伤。关于艺术剧院制作的《戈多》，我知之甚少，只有约翰告诉我的那些，您对它印象深刻，我很高兴。我认为他们排练不够，开场也很糟糕。就我听到的那一点来看，场景似乎全搞错了。[1]我不知道我有什么原则，我也不想知道。[2]我或多或少知道您的意思，无论您将其称作什么都没关系。我不知道您在帮助别人是什么意思，写作与此有什么关系？关于莫兰，我帮不了您，对于这样的事儿，难道人们必须有什么理由吗？它一直顺从我，直到我在处理《无法称呼的人》时做得太过了，我的意思是玩笑开过了。[3]我刚刚完成了《马龙之死》的翻译，非常糟糕，没有鲍尔斯的帮助（是的，南非人）。大约一个月，美国版的《莫洛伊》就会出版，我很乐意将我签过名的一本送给您。[4]我这里还有一本小书很快就要到交稿日期了，零碎拼凑的东西，是 1945 年到1950 年间用法语写的第一批及最后一批作品。[5]我想您可能不想要法语写的，如果您想要，告诉我。1950 年起，我什么都做不了了。真抱歉只有这样一个缩小版的阿兰的照片，他的裤门襟上还沾着尿吗？[6]土布衣服有神奇的效果。您的助手帕森斯有消息吗？[7]

　　谨上

　　　　　　　　　　　　　　　　s/ 萨姆·贝克特

TLS；1 张，1 面；TxU，贝克特文献集。

1. 贝克特的侄子约翰·贝克特告诉了他《等待戈多》的制作情况。8 月 3 日，艾丹·希金斯与约翰·贝克特以及其伴侣薇拉·斯洛科姆（原姓尼尔森，约 1913—约 2005，1961—1969 与约翰·贝克特为夫妻关系）出席了开幕式，并观看了首演。

2. 希金斯 8 月 29 日致阿兰·厄谢尔的信中对这部剧做了冗长的描述：

　　一部饱满的戏剧。在第二次失败之后所写，由耶和华的受膏者扮演。先是失去天恩，后失去历史。在这部戏剧中，世界人口骤然减少。残余的（两个流浪汉、一个地主和他的仆人）试图记住过去。说到原型，我有点犹豫，但的确保留了四个原型人物。过去在黑暗中隐现。这部戏是简洁的，是有原则的，也是了不起的。［……］

　　这种原则在剧本中显而易见［……］这个无名的国家就是荒凉的爱尔兰，虽然只有一个人物（爱斯特拉贡）是真实的。房东和他的悲伤（幸运儿）为这个国家提供了一把钥匙。阿门！（TCD, MS 9331-9041/1498）

　　3. 艾丹·希金斯写给贝克特的信一直没有找到，因而他对《莫洛伊》中莫兰的质疑是什么还不清楚。

　　4. 希金斯曾问贝克特，帕特里克·鲍尔斯是不是南非人。希金斯认识一个和帕特里克·鲍尔斯在南非罗德斯大学上过学的人，他想知道他们是否是同一个人（艾丹·希金斯访谈）。

　　5.《故事和无所谓的文本》。

　　6. 阿兰·厄谢尔。

　　7. 虽然艾丹·希金斯向编辑表示过，这个人是 D. J. 帕森斯，但看起来更像是约翰·德斯蒙德·帕森斯（1907—1968），他 1929 年毕业于都柏林圣三一学院，跟贝克特和希金斯都在格雷斯通斯高尔夫球场打过高尔夫（艾丹·希金斯；多洛雷斯·波科克，校友工作办公室，TCD）。

巴黎，午夜出版社
热罗姆·兰东

1955 年 9 月 24 日　　　　　　　　　　　　　　　　　马恩河畔于西

亲爱的热罗姆：

　　随附上伦敦方面最近的来信，信中谈到了我的小说可能在英格兰出版的情况，同时还附上了我的回信，在结尾处，我告诉他们关于版权等问题直接联系您。我本来可以告诉他们直接去找灰背隼杂志社，但对于交给您的工作，我总是习惯性地不理不睬，所以更喜欢由您经手。我不太熟悉戈登·弗雷泽出版社。听起来像一个汽车品牌。[1]

彼得·霍尔留了便条给我，就是《戈多》在伦敦的导演，称标准剧院进展"良好"。柯蒂斯·布朗也用同样的礼貌话，告诉我如果我想去伦敦，他们会安排，并希望我的作品在伦敦出版。[2]我的朋友利文撒尔到霍尔所说的标准剧院看了表演，他写信告诉我，与巴黎的表演完全不同，他看过两次，观众更多，还说我肯定不喜欢。如果我的怀疑正确，尤其是舞台，看起来一定像是由萨尔瓦多·罗萨所画的风景画。我庆幸又一次逃脱。[3]

信中还附了托波尔斯基的信和地址。[4]

再次感谢，祝您二位好运。

s/ 萨姆

附件：伦敦戈登·弗雷泽出版社，鲍里斯·福特

1955 年 9 月 24 日　　　　　　　　　　　　　　巴黎 15 区

　　　　　　　　　　　　　　　　　　　　　　　快马街 6 号

亲爱的福特先生：

谢谢您 9 月 15 日的来信。

我认为有三本小说在英国的版权是可用的。

1.《莫菲》，我想是于 1937 年出版的。绝版太久了，劳特利奇出版社几乎不能确认自己拥有版权。[5]

2.《瓦特》，欧洲大陆 1953 年版由巴黎奥林匹亚出版社出版（"灰背隼丛书"）。

3.《莫洛伊》，帕特里克·鲍尔斯由法语原版翻译为英文版，欧洲大陆版由巴黎奥林匹亚出版社出版（"灰背隼丛书"），美国版由纽约格罗夫出版社出版，这两部都在今年出版。

由我自己翻译的两部小说《马龙之死》和《无法称呼的人》的英译本将同时出现美国和欧洲大陆两个版本，分别由格罗夫出版社和奥林匹亚出版社出版。

我把您的信转给了我的巴黎出版人——午夜出版社的热罗姆·兰东先生，他住在巴黎6区贝尔纳-帕利西街7号。如果您对这事感兴趣，您应该跟他要一些有关版权和其他相关事项的信息，我没法给您有条理的声明。

　　谨上

　　　　　　　　　　　　　　　　萨缪尔·贝克特

TLS；1张，1面；内附戈登·弗雷泽画廊的鲍里斯·福特［1955年］9月15日信，以及1955年8月16日伦敦的费利克斯·托波尔斯基寄给贝克特的《托波尔斯基编年史》，还有1955年9月24日贝克特写给伦敦戈登·弗雷泽出版社鲍里斯·福特的信（TLcc；1张，1面；IMEC，贝克特，第1箱，S.贝克特，书信及其他1950—1956）。

1. 鲍里斯·福特（1917—1988），伦敦戈登·弗雷泽出版社的编辑，1955年9月15日写信给贝克特。他写道，戈登·弗雷泽（1911—1981）"引进了圣诞卡片，品位高雅且价格合理。二战前，他在剑桥的少数出版社［……］，从二战开始一直到去年，他是'鹈鹕英语文学指南'的主编"（IMEC，贝克特，第1箱，S.贝克特，书信及其他1950—1956）。

2. 彼得·霍尔给贝克特的信没有找到。《等待戈多》在伦敦西区标准剧院首演仪式于1955年9月12日举行。

斯宾塞·柯蒂斯·布朗（1906—1980）1955年9月24日前写给贝克特的信尚未找到。

3. A.J.利文撒尔后来写道："伦敦的制作与巴黎的不同……到目前为止，舞台没那么荒凉，我们的后颈根拧得也没那么剧烈。"（"戏剧评论"专栏，《都柏林杂志》第31卷第1期［1956年1—3月］，第52—54页）

由彼得·斯诺（1927—2008）所做的布景设计在凯瑟琳·沃思的著作《萨缪尔·贝克特的戏剧：生命之旅》中有所讨论（[牛津：克拉伦登出版社，1999，]第26—28页）。与那棵树一起，整个背景显出一幅幅背光的带刺植物的轮廓。利文撒尔曾描绘了《等待戈多》巴比伦剧院制作的布景设计："《等待戈多》中有一个光秃秃的经典舞台。指路牌上简单写着：一条乡间小路。一棵树。"（《贝克特先生的〈等待戈多〉》，《都柏林杂志》第29卷第2期［1954年4—6月］，第11页）

萨尔瓦多·罗萨（1615—1673）的风景画：见1934年9月8日致托马斯·麦格里维的信，注12。

4. 费利克斯·托波尔斯基（1907—1989），波兰裔英国画家兼历史学家，著有《托波尔斯基编年史》（1953—1979，1982—1989），于8月16日写信给贝克特，说他想要出版《等待戈多》，"在我那大幅报纸上出一期，配上我关于剧作的速写；或者［……］以书的形式，也是配上我画的素描"（IMEC，贝克特，第1箱，S.贝克特，书信及其他1950—1956）。

5.《莫菲》于1938年出版。

伦敦
罗贝尔·潘热

［1955年］9月28日[1]   巴黎15区
                                                            快马街6号

亲爱的罗贝尔·潘热：

感谢您的来信，也谢谢您寄节目单给我，我还没有看。如果这份节目单是准确的，多亏了像您这样的来信，关于我对《等待戈多》的伦敦制作所逐步形成的看法，我不再认同。但也许他们是对的。1

很高兴您喜欢伦敦。很久以前，我花了两年时间，试着去喜欢它，就在"世界尽头"，比切尔西更远。2

---

[1] 原信用法语写成。

我希望能尽快听到您找到适合您的工作的消息，也希望得知伽利玛出版社不再纠缠您。³

　　谨上

　　　　　　　　　　　　　　　s/ 萨姆·贝克特

我把您的地址弄丢了，所以把这封信寄到了午夜出版社。⁴

TLS；1 张，1 面；伯恩斯图书馆，潘热－贝克特书信。

1. 潘热写给贝克特的信还没有找到。

2. 贝克特于 1934 年和 1935 年住在伦敦。"世界尽头"是指伦敦西南以此命名的一个酒吧及周边区域，贝克特住在那里的格特鲁德街 34 号。

3. 在伦敦住的九个月期间，潘热干过各种临时性工作。（莱昂纳尔·A.罗斯马兰，《罗贝尔·潘热》［纽约：特韦恩出版社，1995］，第 X 页）

1953 年，潘热在伽利玛出版社出版了《狐狸与指南针》。他的另一部作品《钻头的恩赐》在那年年底遭到伽利玛出版社雷蒙·格诺的退稿；后来，这部作品于 1956 年在午夜出版社出版，书名为《圣杯》，此后午夜出版社就成了潘热的出版商。潘热从伽利玛出版社转到午夜出版社并不容易。贝克特 9 月 20 日写信给潘热："热罗姆·兰东已经告诉我，伽利玛出版社对您提出了不可思议的要求。简直是疯了。一定有办法把这一切都理顺。"

4. 附言为手写。

巴黎，午夜出版社

热罗姆·兰东

1955 年 10 月 1 日 ^[1]　　　　　　　　　　　　　　　　于西

---

[1]　原信用法语写成。

亲爱的热罗姆：

随函附上柯蒂斯·布朗的第二封信，他又回了一封。我已经回复了他的第一封信，在那份信中他提出要做文学经纪人，我虽然没有详细说明，但我告诉他，我的确有几本书可以授权在英国出版，在伦敦出版的相关事宜正在交涉中，也许我们未来很有可能有求于他。但是，您知道，仅仅这样做很难使他知难而退的。[1]

信中所提到的书有：

《莫菲》（重版，劳特利奇出版社没法体面拒绝）即便这样，我们也必须找到一本样书。

《论普鲁斯特》（同上，不过是查托-温德斯出版社）。

《瓦特》（需要征得灰背隼杂志社的同意）。

《莫洛伊》（需要征得灰背隼杂志社的同意，无疑也要征得格罗夫出版社的同意，因为他们购买了译本的版权）。

别提《马龙之死》了，我快译完了，还有《无法称呼的人》，明年我肯定会译。

如果我们与戈登·弗雷泽公司签订协议，显然没有必要经过柯蒂斯·布朗的同意。

另一方面，与戈登·弗雷泽的协议可能签不成，或者他们不想出版手头所有那些书，只是想出版其中一两部。都在预料之中，我们此时此刻把协议给柯蒂斯·布朗去实施也许是明智的选择。[2]

再者，可能还有其他出版商会提出要求，这样一来，一家伦敦代理商的服务就没有太多必要了。

怎样决定，完全由您做主。

我要给柯蒂斯·布朗回信，我已经把他的信转给您，您可以与他们取得联系。[3]

我深知，《瓦特》和《莫洛伊》并不完全是您的事儿，但我真的没

476

勇气与灰背隼的人折腾争辩。[4]

有关标准剧院《戈多》演出的新闻虽然很少，但评价还都不错。三周前，英国广播公司朗读了《瓦特》，通知给我一张 25 000 法郎的支票。[5]

门德尔那里没什么消息。我希望在这里多待一段时间。

祝一切顺利[6]

s/ 萨姆

TLS，AN，有一个更正；1 张，1 面；午夜出版社。

1. 斯宾塞·柯蒂斯·布朗 9 月 27 日写信给贝克特，问自己是否可以在伦敦代理出版贝克特的小说："如果您有几本小说闲置着，请送过来。我会满怀好奇地阅读，很有可能为它们找到出版商［……］如果您正在同他们进行的谈判不明朗，也许您可以告诉我都有哪些出版商已经看过小说了，哪些想要看。"（IMEC，贝克特，第 5 箱，S. 贝克特，书信 1962—1968，柯蒂斯·布朗 1957［原文如此］）

2. 1955 年 9 月 24 日，鲍里斯·福特代表戈登·弗雷泽出版社向热罗姆·兰东询问过出版小说的事。

3. 关于此事，贝克特写给柯蒂斯·布朗的信中没有找到，也可能不是书面形式，这是因为，在 10 月 4 日写给贝克特的信中，兰东说："在任何情况下，我认为，我们现在没有理由不得不选柯蒂斯·布朗。"（午夜出版社文献集）

4. 灰背隼杂志社出版了《瓦特》和《莫洛伊》的英文版，并持有两部小说在欧洲大陆的英语版权。

5. 1955 年 9 月 7 日，英国广播公司第三频道播音员约翰·霍尔姆斯特伦将《瓦特》节选作为"散文插曲"进行朗读广播。（路易丝·诺斯，英国广播公司文献档案，2010 年 5 月 11 日）

6. 信函的最后一行及落款为手写。

纽约，格罗夫出版社

巴尼·罗塞特

1955 年 10 月 2 日

巴黎 15 区

快马街 6 号

亲爱的巴尼：

谢谢你的来信和剪报。目前我正在修改《马龙之死》的译文，非常辛苦，希望能开始处理最后一部分，这个月打出来。这次你会在灰背隼杂志社之前拿到该译本。[1] 从我听到的消息来看，《等待戈多》在标准剧院演得很顺利。上周《星期日泰晤士报》登载了令人感动的赞美之词，四五周的时间内这已是霍布森第三次评论我了。你来保存这些剪报吧，不管是好好保存，还是保存不好，抑或是毫不在乎，我都不想要它们了。[2] 对于奥伯里在纽约的计划，我一无所知。如果其他制作者跟你提出申请，请你告诉他们不要写信给我，应该给奥伯里，他的地址是伦敦圣马丁巷的新剧院。在经历了伦敦演出的惊喜之后，人们对纽约的演出兴趣犹在，我想我们会有不错的运气。[3]

祝你们三人一切都好

s/ 萨姆

TLS；1 张，1 面；NSyU。

1. 除了他 9 月 24 日的信，罗塞特还将《莫洛伊》的首次修订稿寄给了贝克特。（维维安·默西埃，《贝克特和寻找自我》，《新共和国》第 132 期 [1955 年 9 月 19 日]，第 20—21 页）

2. 哈罗德·霍布森在 9 月 18 日《星期日泰晤士报》的专栏文章里第三次提到《等待戈多》，这说明休·伯登（1913—1985）已经接替保罗·达纳曼（1925—2001）扮演弗拉第米尔的角色："爱斯特拉贡和弗拉第米尔两人的二重唱，在迷人的老曲调中回荡在剧场上空，然后逐渐回落下去。蒂莫西·贝特森先生的剧作旁白听起来结结巴巴，但手法大胆创新，剧情亦真亦幻引人入胜，看后久久不能忘怀。"（第 11 版）贝特森（1926—2009）扮演幸运儿。

贝克特删去了"总是把它们扔掉"，换成"我都不想要它们了"。

3. 事实是，这一点成了分歧所在，因为唐纳德·奥伯里派人给迈克尔·迈尔伯格*（1906—1974）送来了合同，要求获得该剧在美国的制作权，日期是 1955 年 10 月 3 日。

都柏林圣三一学院
H. O. 怀特

1955 年 10 月 3 日   巴黎 15 区
                                                        快马街 6 号

亲爱的 HO 怀特：[1]

　　十分感谢您寄来《星期日泰晤士报》剪报。评论很感人，鼓舞人心，我满怀激动地读了一遍。一直以来支持我的人并不多，但几位支持者（您算是其中之一），与许多作家不一样。[2]

　　愿您学期愉快。

　　　　谨上

　　　　　　　　　　　　　　　　　　　　　萨姆·贝克特

　　ALS；1 张，1 面；信封地址：爱尔兰都柏林圣三一学院 39 号，H. O. 怀特教授收。邮戳：1955/10/3，巴黎；TCD 3777/13。

　　1. 赫伯特·马丁·奥利弗·怀特*（又称 HO，1885—1963），都柏林圣三一学院英文教授。

　　2. H. O. 怀特寄给贝克特的《星期日泰晤士报》剪报内容不详。也许是哈罗德·霍布森写的三篇文章之一；其中一篇题为《萨缪尔·贝克特》的文章驳斥了反对该剧的观点，充满了热情洋溢的赞美之词。（1955 年 8 月 14 日：第 11 版）

苏黎世

乔治·乔伊斯和艾斯塔·乔伊斯

1955 年 10 月 13 日 [1]

巴黎 15 区

快马街 6 号

亲爱的朋友：

　　一路飞行顺利，安全抵达巴黎，天气温暖如夏。信件堆积如山，各种问题亟待解决，感到难以招架，但是目前却必须一一处理。真希望能从这里消失，躲到乡下去，但至少要一周后才有可能。苏珊娜状态不错，我不在的时候见了不少朋友，她要我告诉大家她爱你们。就算我记性不好，也无法忘记与你们一起度过的一周时光，你们的宽容耐心，还有那句"闷着头抽烟喝酒，不动脑筋一直做梦"，尽管用"做梦"来描述这种状态有点不伦不类。[1] 我们驱车前行，在格里尔、乔治和汉斯的家过夜晚，最后来到 Flughaven，这一切都令我终生难忘。[2] 没有斯蒂芬的消息，苏珊娜可能见过他了，实际上没有。等我处理完这些麻烦事，我会让他知道的，我会在马克萨斯群岛餐厅为他们熬鱼汤喝，苏珊娜喜欢我熬的鱼汤。记得就是在那里斯蒂芬请我做他们结婚的 témoin。[3] 当时书的第二次校样已经出来了，急需我修改，出版商当时有些担心，但很通情达理。[4] 因此，关于这样那样的一些事情，关于罗歇·布兰，关于计划与让·维拉尔合作在夏乐宫大剧院重新上演《等待戈多》的相关事宜，我明天必须去见斯蒂芬。[5] 现在我要确保艾斯塔在离开后我还能不时地有她的消息。太累了，再做其他的事是十分愚蠢的。记着向巴尔湖滨酒店的人问好，相信我们会很快相聚的，在巴黎、苏黎世或在其他什么地方，

---

[1]　原信用法语写成。

ce n'est pas le vide qui manqué。[6]

爱你们所有人

s /萨姆

你们送的巧克力让苏珊娜十分感动。[7]

TLS，带 APS；1 张，1 面；苏黎世詹姆斯·乔伊斯基金会。

1. 贝克特去苏黎世拜访乔治·乔伊斯和他的夫人艾斯塔·扬克·乔伊斯博士（1917—1993，原姓奥斯特瓦德；1954 年嫁给乔伊斯）。贝克特引自乔治·法夸尔的《完美计谋》，其第二章第一节中有一段萨伦夫人的建议，"真要结婚，绝对不要找那种闷葫芦型的人：一言不发，随时会炸，整天胡思乱想，没有头绪"（《完美计谋》：查尔斯·N. 菲费尔，皇家喜剧复兴系列［林肯：内布拉斯加大学出版社，1992］，第 27 页）。

2. 贝克特指的是巴尔湖滨酒店的牛排屋，这家酒店位于班霍夫大街（苏黎世的车站大街）北面，苏黎世湖附近，乔治和艾斯塔曾经去那里喝酒（汉斯·扬克与厄休拉·策勒对话录，苏黎世詹姆斯·乔伊斯基金会）。

贝克特离开时，艾斯塔的儿子汉斯·扬克（1944—2010）正在法兰克福机场和乔治在一起。贝克特误将"Flughafen"（德语，"机场"）写成了 Flughaven。

3. "témoin"（法语，"证婚人"）。贝克特回忆他在斯蒂芬·乔伊斯和索朗热·乔伊斯婚礼上所充当的角色。

4. 贝克特指的是《故事和无所谓的文本》第二次校样。

5. 自 1920 年起首个国家人民剧院使用特罗卡迪罗宫进行演出。直到 1934 年，该大楼被夷为平地。为了举办 1937 年巴黎国际展览会，建造了一幢全新的综合性大楼——夏乐官。1953 年至 1972 年，夏乐官一直被作为国家人民剧院的剧场使用。让·维拉尔作为该剧院的负责人，一直担任夏乐官大剧院的艺术指导。（www.encyblopeida.com/doc/1079-ChaillotPalalaisde.htm.，2010 年 6 月 4 日查询）

6. "ce n'est pas le vide qui manqué"（法语，"短暂的分离是难免的"）。

7. 附言是大写的手写体。

巴黎

罗歇·布兰

1955 年 10 月 17 日 [1]   巴黎 15 区

快马街 6 号

亲爱的罗歇：

明天，星期二下午四点左右，你能来看我们吗？想让你了解一下弗罗洛的剧情设计，听听你的意见。¹如果在别的地方见面于你更方便，用特快专递告诉我具体时间地点。若没有收到你的信息，我会在 4 点左右等候你的大驾光临。

请你和夫人接受我们俩的致意

萨姆

ALS，气递邮件；1 张，1 面；信封地址：巴黎 1 区圣奥诺雷街 264 号，罗歇·布兰先生收；左上角标注：气递，邮戳：1955/10/17，巴黎；IMEC，布兰。

1. 贝克特指的是《默剧》，这是为德里克·门德尔创作的第一部哑剧；门德尔演的角色叫"弗罗洛"，是一个小丑式的人物。

巴黎，午夜出版社

热罗姆·兰东

1955 年 10 月 18 日 [2]   于西

---

[1] 原信用法语写成。

[2] 原信用法语写成。

亲爱的热罗姆：

　　我看到了您的信函，最后一句话让我深受感动。五年前就愿意和我全面合作的法国出版人，除您之外可找不到第二人了。到底是谁欠谁的人情？[1]

　　反倒是校样没了踪影。奇了怪了。[2]

　　由于我对鲍尔斯翻译的《莫洛伊》只是做了"修改"，至今没能从灰背隼杂志社收到一分钱的报酬。

　　　　此致

　　　　　　　　　　　　　　　　　　　　s/ 萨姆

TLS；1张，1面；午夜出版社文献集。

　　1.贝克特指的是兰东10月4日的信，信中谈到了《故事和无所谓的文本》，最后一句话是："我刚把整部作品重读了一遍（也读了《结局》，是第一次读），我觉得这部作品与《无法称呼的人》一起，是最好的作品。非常感谢您允许我做您的出版人。无论将来结果如何，我至少做过了您的出版人。"

　　2.《故事和无所谓的文本》第二次校对稿和信函是在同一家邮局寄出的，但并没有到达目的地。在10月4日的信中，兰东恳请贝克特重新考虑书名。

巴黎
玛尼亚·佩隆

周二［？ 1955年10月18日以后］[1]

我亲爱的玛尼亚：

　　我对肖韦很感兴趣，很不错的人。他告诉我，照现在来看，也就是

---

[1] 原信用法语写成。

与指示代词 à qui 一起时，我的句子是对的。他还举了几个例子，告诉我什么时候必须使用 de，但他没能跟我解释清楚。我想这可能与名字短语和宾语之间的距离有关。按他的说法，那是习惯用法，无法用语法规则解释。他一直送到我家门口，一路特别和蔼可亲。谢谢您派他来送我。[1]

我已经接受了您的许多建议，当然不是全部。关于 malinement 的意思，我就用了兰波的定义。

> 她几乎一丝不挂
>
> 高大的树木，公然地
>
> 弯下它们枝叶刷拭着窗户
>
> 狡黠地紧密刷拭着
>
> （《三个吻的戏》）[2]

这个词他也用在其他地方[3]。显然，malignement 指的是什么完全不同的东西。[4]

您不辞辛劳帮助我，我感激不尽。您肯定十分疲倦，就像我一样。明天书的校样会如尸体一般离我而去，十分漠然，回归它那黑色的营房。[5]

我们俩都非常爱您。哪天想来，就过来<u>坐坐</u>。

s/ 萨姆

TLS；1 张，1 面；TxU，莱克文献集，贝克特。日期判定：1955 年 10 月 18 日，贝克特一直期待会收到《故事和无所谓的文本》的第二校样稿，但没有收到；这封信提到返还这些样稿。

1. 从 1923 年直至 1927 年退休，保罗·肖韦（1877—？）在比丰国立高等学校教授英文，当时玛尼亚·佩隆也在那里任教。学术督查对他的评价很高，称相对于学生的水平而言，他是完全够格的，但批评他过分放纵学生，总是让学生占他的便宜。（国家档案馆接待中心，公共教育基金 F/17/24571）

鉴于"à qui"和"de qui"两个词语义宽泛杂乱，很难想象贝克特一直以来秉持的是怎样的原则。

2. 兰波的一首诗有三种十分相近的版本：《三个吻的戏》（贝克特引用）和《第一演》是其中两种，兰波两次都用到了同一个词"malinement"（一首诗中使用两次），而在第三种版本《三个吻》的同样地方他却使用了"malignement"（《作品全集》，第67—70页）。

3. 兰波在诗歌《大潮》的第八行使用的是"malinement"（《作品全集》，第110页）。

4. "malinement"这个词出现在贝克特的《无所谓的文本（二）》中："有人会盲目地认为它到悬崖顶部就跳，但它没跳，而是像山羊般狡黠地顺着曲里拐弯的小道去了海岸。"（《故事和无所谓的文本》之《无所谓的文本（二）》，第83页）。这篇文章起初是作者1954年2月4日到6日用法文写成的。（TxU，贝克特文献集，作品，5.7，笔记本1）

"malignement"这个词很常见，但含义却丝毫也不令人愉快（最好的也只是"狡猾"），而"malinement"一词却含有艺术性，远不至于引起反感。兰波的诗《大潮》就印证了这一点：女服务员的诡计显而易见，一点儿也不会使人动情。贝克特在其《无所谓的文本（二）》中舍弃前者改用后者的做法，显然与兰波如出一辙。这一点从他拒绝玛尼亚·佩隆建议他修改文章标题的做法中得到验证。

5. 贝克特在返还《无所谓的文本（二）》的书稿校样时，借用的是波德莱尔诗句的一个词"黑色的营房"，这首诗说的是诗人外出遇见一具正在腐烂的尸体：

> 嗡嗡叫着的苍蝇聚集在腐烂的肚子上
> 从那黑色的营房里
> 钻出来黑压压的一大群蛆虫
> 像黏稠的脓一样
> 沿着臭皮囊流动。
> （《作品全集》，第一卷，第31页；《恶之花（完本）》，第35页）

都柏林

尼尔·蒙哥马利

1955 年 11 月 2 日

巴黎 15 区

快马街 6 号

亲爱的尼尔:

　　读你温馨深情的信函,让我衰老的小心脏着实激动了一番。派克剧院的演出似乎还不错,但辛普森写信说他对爱斯特拉贡不甚满意,并坦言已对文本做了些许修改。这次我看到的评论与以往相比少了些恶毒,但似乎看不出有什么比较明智的观点。整个剧情简单明了,又没有使用刻意的象征手法。[1] 恐怕我不能过去看剧了,也不能看望大家了,你们大家和剧。但也许明年可以,康忞恿我参加"学蜇奖晚宴",这也许是我们最后一次机会了。[2] 我要是答应了,这个本就奄奄一息的家将会彻底死亡,那将是十分荒诞的景象。目前,我处于无齿的双面的念头之中——明年 1 月在百老汇开演,我这个老巫婆受到了邀请,一切费用都有人承担,到底要不要去呢? [3] 我盼望着去莱茵兰的一个监狱协助重演。这伙人有做过贼的,有挪用公款的,有杀人的,也有淫乱的。据说他们把狱卒都给弄哭了。[4] 我在苏黎世与乔治·乔伊斯待了整整一周,看到了他父亲的人生轨迹和最终归宿。[5] 金链花的卷须还好吗? 不,我还没有见到奥布莱恩夫妇,德斯蒙德·瑞安对此有很多的描述,想来安排,但我对爱尔兰官员有深深的恐惧感。很高兴科伦去了,而且承认可能会有一些什么。代我向他热诚地问好。[6] 约翰·贝克特要来这里待一周,我们在努力一起做事,详情以后再告诉你。看他离开我会伤心的。[7] 还没有戴尔德丽的消息。莫里斯在世界卫生组织干得风生水起,平时几乎很难见上面。[8] 我在瑞安家举办的聚会上遇到了希拉·墨菲,回家的想

486

法让她很沮丧。[9] 所附信件也许会转移你的注意力，我经常这样，那就撕了它，只留下邮票。[10] 我看了默西埃的一些作品，乐于助其一臂之力。[11] 你的剧作怎么样了？别太在意它无人问津，页面变黄，我的第一个剧本都变成了红褐色了。再写一本。[12] 我最近有本小书要出版，1945年和1950年用法语写的一些东西，如果到时我忘记给你寄去一本的话，你就写信跟我要。但我不会忘记的。[13] 我感觉疲惫不堪，反应迟钝，老态龙钟，对什么都提不起兴趣，整个系统都亮起了警灯，不知在什么地方还有我模糊不清的希望。

爱你们大家

s/ 萨姆

祝 JBY tante belle cose! [14]

潘热似乎被困在了伦敦，他很有可能晚点来都柏林。[15]

TLS 带 AN；1 张，1 面；AN AH RECD 1955 年 11 月 5 日；NLI，登记号 6475，第 7 组，格雷戈里盒。

1. 奥斯汀·伯恩（生卒年不详）在派克剧院制作的《等待戈多》中扮演爱斯特拉贡。

派克剧院制作的《等待戈多》于 1955 年 10 月 28 日在都柏林公演，贝克特看到的具体是都柏林哪一篇评论尚不确定。《爱尔兰时报》上的一篇文章评论道："贝克特先生完全没有采用公认的戏剧惯例，而且否定了大多数这样的传统……它的表现力如此令人震撼，令人信服，昨晚在派克剧院度过的两个半小时感觉就像是十分钟。"该评论也赞扬了演员的精湛表演，称德莫特·凯利（饰演弗拉第米尔）"非常灵巧，行走在闹剧和悲剧之间的钢丝绳上，表现游刃有余"；称奈杰尔·菲茨杰拉德饰演的"波卓拿捏得恰到好处"；还有"多纳尔·唐纳利饰演的幸运儿展现了令人惊叹的'技术绝活'，他的独白让人心碎"（K.，《派克剧院制作的〈等待戈多〉》，《爱尔兰时报》，1955 年 10 月 29 日：第 8 版）。

"无义可索，符号不存"是蒙哥马利评论贝克特的文章标题（见 1953 年 12 月 2 日信：注 8）。

2. 1926 年，都柏林圣三一学院授予贝克特基金奖学金（俗称学者奖）。获奖后每过十年，获得该奖金的学者都会受到学校邀请出席"学者奖晚宴"；贝克特将和利文撒尔一起参加该纪念日的晚餐会，利文撒尔 1916 年获得该奖。贝克特玩了个文字游戏，模仿未受教育的本地人说话，将"Scholar"（学者）读作"Scholard"（学奓）。

3. 贝克特的这句玩笑话化用自詹姆斯·乔伊斯《芬尼根的守灵夜》中的"胎儿之书"一节，"你已经成为 twosome twiminds（两个的双胞的念头）"（詹姆斯·乔伊斯，《芬尼根的守灵夜》[纽约：维京出版社，1969]，第 188 页）。

在 10 月 25 日的信中，巴尼·罗塞特转达了迈克尔·迈尔伯格想邀请贝克特来纽约的想法，说"加森·卡宁可能是导演[……]，卡宁要你来纽约为他提供建议"（NSyU）。

4. 吕特林豪森监狱的囚犯制作的《等待戈多》：见 1954 年 10 月 14 日的信，注 1。

5. 10 月初，贝克特与乔治·乔伊斯和艾斯塔·乔伊斯一起待了一个星期（见 1955 年 10 月 13 日的信）。1915 年至 1920 年，詹姆斯·乔伊斯居住在苏黎世，1940 年再次移居，时间较短，直到 1941 岁去世。他逝世后葬在苏黎世。

6. 短语"金链花的卷须"出自詹姆斯·乔伊斯的诗《独自》，该诗被收录在《一分钱一只的果子》中："沉睡的湖滨的灯火 / 拖曳着金链花的卷须"（[巴黎：莎士比亚书店，1927，第 11 首，] 第 3—4 行）。

康纳·克鲁斯·奥布莱恩（1917—2008）1955 年至 1956 年在巴黎的爱尔兰大使馆任参赞，1955 年至 1960 年是爱尔兰驻联合国代表团的成员之一；第一任妻子克里斯汀（原姓福斯特，他们的婚姻从 1939 年持续到 1959 年）。

记者兼作家德斯蒙德·瑞安（1893—1964）一直在爱尔兰生活，最近住在巴黎。他经常在他的住所举办爱尔兰朋友的聚会。

康斯坦丁·科伦（1883—1972）是一名律师、艺术史学家、建筑史学家；他是都柏林文艺圈的重要一员，其他人包括威廉·B. 叶芝、G. W. 拉塞尔（笔名"AE"）和詹姆斯·斯蒂芬斯；他曾是詹姆斯·乔伊斯的亲密好友。

7. 约翰·贝克特和德里克·门德尔曾一起工作，负责贝克特的哑剧《默剧》音乐和戏剧动作的衔接与协调，门德尔在该剧中饰演弗罗洛。

8. 戴尔德丽·辛克莱·莫罗：见 1945 年 10 月 21 日的信，注 6。莫里斯·辛克莱和他在世界卫生组织的工作：见 1953 年 8 月 6 日的信，注 7。

9. 希拉·墨菲（1898—1983），爱尔兰外交官，1948 年担任外交部一等秘书，后来担任爱尔兰驻巴黎公使馆一等秘书（1956—1961），还担任过爱尔兰驻联合国大会代表（1956）。

10. 贝克特写给蒙哥马利的信尚未找到。

11. 贝克特看到了维维安·默西埃的文章《贝克特和寻找自我》（见 1955 年 10 月 2 日的信，注 1）。他可能也知道了默西埃对《等待戈多》的评论：《皮浪牧歌》，《哈德孙评论》第7卷第4期（1955年冬），第620—624页。默西埃的另一篇评论文章《戈多、莫洛伊等》见刊于《新政治家和国家》第50卷第1291期（1955年12月5日），第754页。

12. 蒙哥马利的剧本尚未确定。

13.《故事和无所谓的文本》，午夜出版社11月15日出版。

14. 该附言为手写。"tante belle cose"（意大利语，"万事如意"）。JBY：杰克·B. 叶芝。

15. 该附言为手写。罗贝尔·潘热：见［1955年］9月28日的信，注3。

都柏林
A. J. 利文撒尔

1955 年 11 月 5 日　　　　　　　　　　　　　　　　　　巴黎

亲爱的康：

非常感谢你的来信以及寄给我的剪报。派克剧院似乎让《等待戈多》打出了勇敢的一枪，他们做得非常成功。我认为你的那篇文章也帮了很多人。我收到了辛普森和尼尔·蒙哥马利的来信。[1] 我明白都柏林"大"剧院都非常愤怒。Tant mieux.[2] 我本周见到了奥伯里。他希望在标准剧院的演出再继续一段时间。艺术剧院的场景再好不过了，彼得·霍尔已经收到了百老汇的邀请，去执导在那里的演出。他是否能离开（1月份有开幕演出），我们还不知道。制片人迈克尔·迈尔伯格邀请我去，并愿意承担所有的费用，但我想我是不会去的。[3]

在德斯蒙德·瑞安的一个聚会上，我遇到了麦凯布一家［……］[4]

我希望去莱茵兰，更确切地说是去吕特林豪森监狱，看看这部由囚犯表演给囚犯看的不可思议的戏剧的最后一场。当然，前提条件是狱方允许他们能够再表演一次。[5]

约翰·贝克特在这里已经忙了一个多星期了，和弗罗洛一起为我们的小哑剧制作音乐。他一开始就做得很好。他们非常喜欢与你和艾思娜一起度过的那些夜晚。[6]

请代我问候 HO[7]。

你永远的朋友

萨姆

ALS；1 张，1 面；TxU，利文撒尔文献集。

1. 10 月 28 日，都柏林派克剧院制作的《等待戈多》举行首场演出。A. J. 利文撒尔在《贝克特先生的〈等待戈多〉》一文中评论过巴黎的演出（《都柏林杂志》，第 11—16 页）。利文撒尔寄给贝克特的剪报是什么内容尚不清楚（见 1955 年 11 月 2 日的信，注 1）。

关于派克剧院制作的《等待戈多》，尼尔·蒙哥马利给他在波士顿的朋友约翰·斯威尼写过一封信，说："康·利文撒尔充当了教父的角色——他成了萨姆的联络员。"（1955 年 10 月 30 日，NLI，登记号 6475，第 7 组，私人信件，亚历克斯）

2. 贝克特 11 月 4 日致艾伦·辛普森的信中说：

我昨天见到了唐纳德·奥伯里。我向他表明，他在大英帝国所获得的每一份版权合同，可能被解释为并不适用于爱尔兰共和国。他马上回应说，自 1949 年以来，他们确定从来没有在合同中附加"以及爱尔兰"这样的条款下制作。他认为这个条款我是算入合同的。如果没有的话，那是他们的遗漏，令人遗憾。奥伯里收到来自都柏林各"大"剧院的信件，指控他授权你来做这部剧。对此，他现在可以反驳，称自己在这件事上没有发言权。在某种意义上，他看起来甚感宽慰。如此说来，他授权给你，或你欠他版税就不再有任何问题。（TCD，MS 10731/23）

3. 彼得·霍尔是艺术剧院版的"导演"，后来该剧的制作于 1955 年 9 月 12 日被转交到标准剧院（见 1955 年 5 月 10 日的信，注 2）。贝克特把"Myerberg"（迈尔伯格）误写成了"Myerburg"。

4. 麦凯布一家的相关信息尚未确定。德斯蒙德·瑞安和玛丽·瑞安在巴黎的家是爱尔兰友人聚会的地方。

    5. 贝克特把"Lüttringhausen"（吕特林豪森）误写成了"Lüthringhausen"。

    6. 约翰·贝克特和薇拉·斯洛科姆曾在伦敦与利文撒尔和艾思娜·麦卡锡一起聚餐。

    7. H. O. 怀特。

都柏林
托马斯·麦克格里维

1955 年 11 月 6 日   巴黎 15 区
                                                        快马街 6 号

亲爱的汤姆：

    谢谢您的来信。对于我的工作，以及工作前后我所遗留的问题，从未有人像您一样说出如此温和，如此善解人意的话，这一点我很清楚。他们一直缠着您要剧本的演出许可，我只能表达歉意。[1]

    不能将弥尔顿的诗句从我的脑海移走："崇高的影子难以逾越的高度。"[2]

    约翰·贝克特从伦敦过来，待了一段时间，他为我给一个小丑创作的短剧配了音乐。他现在已经回去了，我很想念他。

    一直有人让我到伦敦看剧本的排演，我觉得很有压力。比起几个月前，这将不再那么危险了。[3]美国制作人也邀请我到纽约，所有的费用都由其承担，大概在明年 1 月。我觉得接受这个邀请是一个错误。

    乔治·雷维还给您寄诗吗？我想至少有一首应该是非常好的。[4]

    在看过派克剧院制作演出的戏后，尼尔给我写了一封特别深情、特别令人感动的信。他说，可怜的康·科伦遇到了麻烦，还说了一些其他充满善意的话。[5]

吉恩的写作大胆勇敢，令人振奋。[6]他们还没算出她的收入将会是多少。

我在德斯蒙德·瑞安的派对上认识了希拉·墨菲，她因为不得不回都柏林而有点郁闷。她给我画了一幅灰暗色调的画，画的是忧郁的努阿拉和她的父母。[7]

我可能出席明年的"学蜇奖晚宴"。但我希望在那之前我们能在这里见面。

现在的情况对我来说并不太好。现在该是对我的生活方式做出大的改变的时候了，但我怀疑我是否有能力改变：我那不值一提、微不足道的书很快就要写完了。[8]

我在苏黎世与乔治和他的德国妻子共处了一个星期，看了他父亲经常去的地方，以及最终的归宿——在远离镇子的树林里。

致以非常亲切的问候，亲爱的汤姆。

s/ 萨姆

可怜的阿德里安娜·莫尼耶自杀了。[9]

TLS；1 张，1 面；TCD，MS 10402/197。

1. 麦克格里维写给贝克特的信尚未找到，也不知道谁对贝克特作品的评论让麦克格里维苦恼。

2. 贝克特的引用来自约翰·弥尔顿的《失乐园》中当撒旦靠近伊甸园时，弥尔顿对伊甸园的描绘："山头上长着 / 秀丽挺拔的高木林荫 / 有香柏、松木、冷杉，以及枝叶舒展的棕榈。"（约翰·弥尔顿，《失乐园》，芭芭拉·列瓦尔斯基主编，马萨诸塞州莫尔登：布莱克威尔出版社，2007，第四卷，第 137—139 行）

3. 在贝克特 10 月 26 日写给巴尼·罗塞特的信中，他说哈罗德·霍布森曾告诉他，《等待戈多》在伦敦演得很好（NSyU）。

4. 在贝克特 10 月 22 日写给雷维的信中，他感谢雷维寄给他新出的诗集《记忆的颜色》，并告诉他，尤其是那首叫《从不》的诗有"令人难忘的美丽和深刻"（纽约：

格罗夫出版社，1955，第56页；TxU，雷维文献集）。

5.尼尔·蒙哥马利：见1955年11月2日信。

6.吉恩·贝克特是弗兰克·贝克特的遗孀。

7.努阿拉·科斯特洛（1907—1984；见第一卷中"简介"）；她的父母托马斯·科斯特洛和伊芙琳·科斯特洛（原姓德鲁里）。贝克特将"科斯特洛"画去，改为"努阿拉"。

8.《故事和无所谓的文本》。

9.阿德里安娜·莫尼耶（1892—1955），乔伊斯一家的一位密友，巴黎一家名为"书友之家"的书店的店主，自1950年起患重病；1955年6月18日，她服用过量安眠药自杀。（诺埃尔·赖利·菲奇，《西尔维娅·比奇和迷惘的一代：二三十年代的巴黎文学史》，纽约：W.W.诺顿出版社，1983，第410—411页）

贝克特的附言是手写的。

纽约，格罗夫出版社
巴尼·罗塞特

1955年11月12日　　　　　　　　　　　　　　　巴黎15区

快马街6号

亲爱的巴尼：

谢谢你的来信以及有关迈尔伯格的消息。他愿意支付我去纽约的所有费用，让我很感动，因为他没有直接给我写信，所以我委托你向他表达我最诚挚的感谢。我现在还不能肯定地说接受还是不接受，有可能是被老牛角顶得还不够。我想，像往常一样，答复都是不接受。如果我去只是给导演帮忙，不妨碍他，他也不妨碍我，免于各种采访、记者、愚蠢的问题和愚蠢的答案，以及诸如此类的痛苦，那么我会慎重考虑。但很明显，我不能接受如此慷慨的费用支出，然后又不按别人所期望的去做。如果有一件事我不能做的话，那就是谈论关于我的作品，或"解释"

我的作品，也许，这是我和一位宽容的朋友酒喝多了才可能会做的事。我亲爱的巴尼，这大致是此刻的我对这件事的感觉。[1]

这部剧便宜点的版本不久就会出现，想到这儿我很高兴。如果这个版本此时在伦敦和都柏林很方便买到的话，我觉得销量可能相当大。[2] 据我所知，到目前为止，还没有听到皮卡迪利和奥伯里的抱怨，上周我在这里见到奥伯里的时候，他对以后的前景还是抱有比较乐观的态度的。他告诉我，曾在伦敦执导过的彼得·霍尔被邀请去纽约执导该剧，但他有可能无法脱身。之后再无任何消息。

我要告诉你一件事，你听了一定会很高兴，《马龙之死》定稿的打字工作现在进行得差不多了。我敢说这个月底，或者稍晚一点，你就能看到它了。

问候洛莉，祝你们一切顺利！

谨上

s/ 萨姆

多谢你送书给我。

我昨天见到了帕特里克·鲍尔斯。你要不要送他几本《莫洛伊》？他一定会仔细阅读的。[3]

TLS 带 AN 加 PS；1 张，1 面；NSyU。先前刊印：贝克特和罗塞特，《〈等待戈多〉书信集：持久的影响》，《新戏剧评论》，第 11—12 期。

1. 在罗塞特写给贝克特的最新信件，即 11 月 3 日的那封信中，他向贝克特汇报说，合同即将签署，迈尔伯格希望《等待戈多》于 1956 年 6 月 3 日在迈阿密首演，同时希望在去纽约演出的路上进行另外两场演出。贝克特将"Myerberg"（迈尔伯格）误写为"Myerburg"。

2. 在 11 月 3 日写给贝克特的信中，罗塞特说，如果制作顺利，他会印制价格一美元的平装本。

3. 格罗夫出版社寄给贝克特的是什么书尚未确定。

附言是手写的。

纽约，格罗夫出版社

巴尼·罗塞特

1955 年 11 月 20 日

巴黎 15 区

快马街 6 号

亲爱的巴尼：

谢谢你的来信。回复得有点晚，马龙应该对此负责。我期待下周六同施奈德会面。我去年圣诞节就在这里看了他导演的《九死一生》。说实话，我不太喜欢他导演的这部剧。若他觉得经得起我这游离的大脑的考验，那么我对他和他的剧都是有可能起到帮助作用的。那么，我是你选中的"那个人了"，也承蒙迈尔伯格不弃。[1]

我看过标准剧院设计的宣传照片了，我认为都不合适。我想施奈德会在伦敦逗留，看看这里的制作。我现在觉得霍尔不能去美国还是件幸事。[2]

谢谢你把鲍尔斯翻译的《莫洛伊》寄给我。我一收到就会转交给他们。[3]

《马龙之死》的翻译工作即将结束，这周四或周五会寄给你。

如果我来纽约，你能给我美元吗？待我确认自己的住处，你再将第二份翻译的酬金寄给我。

　　　向你们致以最美好的祝愿

s/ 萨姆

我当然不想在此刻翻译《无法称呼的人》。

TLS；1 张，1 面；NSyU。

1. 罗塞特 11 月 14 日发来电报，询问贝克特是否与艾伦·施奈德*（1917—1984）见面。艾伦·施奈德被选为《等待戈多》在纽约的导演；他将于 11 月 26 日到达巴黎。在罗塞特 11 月 15 日写给贝克特的信中，他说他向贝克特引荐了施奈德：

> 施奈德在巴黎导演了怀尔德的戏剧《九死一生》，这部作品将在几个月后上演。［……］我希望你会喜欢他，同时希望他会使你愿意来这里帮忙，并齐心协力推出这部剧。迈尔伯格向我保证，你不会被记者们的愚蠢问题和其他问题所困扰。（NSyU）

1955 年 6 月 28 日起，艾伦·施奈德制作的桑顿·怀尔德的作品《九死一生》在巴黎国家节日剧院演出。施奈德选用的演员包括海伦·海斯和玛丽·马丁。剧作家威廉·萨罗扬（1908—1981）曾建议迈尔伯格：“《九死一生》的制作人应该是《等待戈多》最合适的制作人人选。”（萨罗扬致迈尔伯格的信，1955 年 11 月 12 日，WHS，迈尔伯格文献集，102/11/1）

2. 伦敦制作的舞台背景设计：见 1955 年 9 月 24 日的信，注 3。

3. 在 11 月 15 日的信中，罗塞特表明他已经寄了三本《莫洛伊》给帕特里克·鲍尔斯，是托贝克特转交给鲍尔斯的，“因为我担心他的地址已经改了”。

都柏林，派克剧院
艾伦·辛普森

1955 年 11 月 20 日 ⠀⠀⠀⠀⠀⠀⠀⠀⠀⠀⠀⠀⠀⠀ 巴黎 15 区

⠀⠀⠀⠀⠀⠀⠀⠀⠀⠀⠀⠀⠀⠀⠀⠀⠀⠀⠀⠀⠀⠀⠀⠀⠀⠀⠀ 快马街 6 号

亲爱的艾伦：

谢谢你的来信和寄来的照片，还有你的演员们的亲笔签名，我将珍藏。我特别喜欢照片上弗拉第米尔看那只靴子的样子，好像那靴子是 17 世纪早期的头骨。[1] 我非常惧怕拍照，总有一种很不舒服的感觉。直到 1960 年我才会去拍照片，那时我的身份证要更新。我可能会有兴趣读读《怪人》，但恐怕将其搬到这里上映的可能性很小。无论如何，我不能承担此项翻译工作，因为自己也正忙于翻译。[2]建议你把阿瑟·阿达莫夫和欧仁·尤内斯库的剧作都浏览一遍（康·利文撒尔都读过了）。欧仁·尤内斯库的《上课》或《椅子》。据我所知，英语版的还没有完成。[3]纽约最新的消息是（我觉得不太乐意导演怀尔德的《九死一生》的）艾伦·施奈德将成为此次制作的导演。我下星期六会在这里见到他，如果我觉得他是那种我觉得可以给予帮助的人的话，我可以和他一起回去，或是之后过去帮忙。制作人是迈克尔·迈尔伯格，有人告诉我，他计划 1 月 3 日在迈阿密开工，这是所有地方中最为荒谬的一个，然后决定大约在 1 月 22 日搬到纽约的舞台演出（c'est le cas de le dire）。[4]迈尔伯格第一次邀请艺术剧院导演彼得·霍尔为他做这件事，但霍尔抽不开身。看到标准剧院设计的宣传照片，听到来自圣公会的热情回应，尤其是对第二幕的赞扬，我很高兴。后天，他们将在伦敦当代艺术研究所就这部剧举行一场辩论会，这样可能有助于该剧进入圣诞节剧目。[5]

向你致以最衷心的祝福，并祝愿你好事连连！[6]

此致

s/ 萨姆

TLS；1 张，1 面；信上面有用墨水和铅笔标记的修改痕迹；TCD 10731/25。

1. 派克剧院制作的《等待戈多》的演员表：德莫特·凯利（饰演弗拉第米尔）、奥斯汀·伯恩（饰演爱斯特拉贡）、奈杰尔·菲茨杰拉德（饰演波卓）、多纳尔·唐纳利（饰演幸运儿）、谢默斯·菲茨莫里斯（饰演男孩）。弗拉第米尔看靴子的照片（卡罗琳·斯威夫特，《一场又一场》［都柏林：普尔伯格出版社，1985］，图片 8）。

2. 派克剧院曾成功地上演了布伦丹·贝汉的戏剧《怪人》；辛普森曾问贝克特是否考虑将该剧改编为法语上映。

3. 阿瑟·阿达莫夫的戏剧已经汇集为两卷出版。第一卷有《滑稽模仿》《进犯》《大小演习》《塔拉纳教授》《所有人反对所有人》（巴黎：伽利玛出版社，1953）；第二卷有《行军的意义》《重逢》《乒乓》（巴黎：伽利玛出版社，1955）。

欧仁·尤内斯库的戏剧：见1953年11月17日的信。尤内斯库的戏剧《上课》和《椅子》直到1958年才得以翻译出版。

4. 迈尔伯格在美国制作《等待戈多》的计划：见贝克特致巴尼·罗塞特的信，1955年11月20日，注1。"c'est le cas de le dire"（法语，"正合适"）。

5. 此时候贝克特已经收到了卢卡斯11月16日的来信（见1953［1955］年11月22日致西里尔·卢卡斯的信，下文注1）。

11月22日，在当代艺术研究所有一个关于《等待戈多》的讨论会，彼得·霍尔、哈罗德·霍布森、戴维·保罗、托尼·德尔·伦齐奥、托尼·理查森，约翰·怀廷参加，由戴维·西尔维斯特主持。研讨内容将于11月的《当代艺术研究所简报》(2)中宣布：

> 这也许是多年来唯一真正具有独创性的一部戏剧。该剧的丰富性和陌生化是如此不同，我们需要做的是：（1）分析该剧对巴黎和伦敦观众的影响，（2）（贝克特所居住的）巴黎的知识界的后续反应，及（3）对该剧所体现的象征方面的评论进行比较。已安排就上述要求进行讨论。

6. "好事连连"（good continuation）是一种法语化的表达（bonne continuation），意思是"希望一切持续顺利"。

都柏林
A. J. 利文撒尔

1955 年 11 月 22 日　　　　　　　　　　　　　　　巴黎 15 区
　　　　　　　　　　　　　　　　　　　　　　　　快马街 6 号

亲爱的康：

非常感谢你11月7日的来信，原谅我没有及时给你回信。我一直尽我所能让《马龙之死》最终版在格罗夫出版社出版。

海登的展览今天结束。媒体宣传得很好，但至今没有销售。[1]你要的名字和地址是：

巴黎 8 区伊斯里街 3 号
雅克·皮特曼转
布拉姆·范费尔德
塞纳省卡尚
拉凡纳大道 30 号
赫尔·范费尔德

辛普森将派克剧院版的《等待戈多》剧照寄给了我。很难从中看出什么来。弗拉第米尔的角色十分完美。[2]

下周六，我要在这里跟来自美国纽约的导演艾伦·施奈德见面。他导演了怀尔德的《九死一生》，这部剧我在今年夏天这里的戏剧节上观看过，但并不太喜欢。跟他见面后，我会决定是否接受制作人迈尔伯格的邀请去看看。他们告诉我，这部戏打算 1 月 3 日在迈阿密上演，之后我希望（cas de le dire）——大约 1 月 22 日到百老汇演出。[3]

《故事和完全无所谓的文本》的首批样书已经收到，你的那本这周会寄给你。几个"故事"很无趣，但我觉得"无所谓的文本"值得出版。[4]

约翰已经来这里工作一周了，也做了一些很好的音乐。门德尔承诺把这项工作做好。我们原本希望它能在位于斯隆广场的皇家宫廷剧院演出，但为时已晚。[5]

希望很快听到你已适应红砖房的生活。明年的"学蜚奖晚宴"日期确定了吗？若是定了，我会很欣慰，因为我担心这部剧上演时间可能和罗德板球场举行的与澳大利亚之间的国际锦标赛发生冲突。[6]

有没有艾思娜的消息？我没有她的任何消息。我想是我没给她写信的原因。约翰和薇拉非常喜欢和你在伦敦一起吃的那顿晚餐。[7]

很怀念 HO。我正在考虑今晚带灰背隼杂志社的两位小伙子到马吕斯餐厅赴宴。[8]

Toute mon amitié [9]

萨姆

ALS；2 张，2 面；TxU，利文撒尔文献集。

1. 亨利·海登的最新作品在巴黎叙耶罗画廊展出。

2. 德莫特·凯利（饰演弗拉第米尔）：见 1955 年 11 月 20 日给艾伦·辛普森的信，注 1。

3. "cas de le dire"（法语，"足够合适"）。

4. 《故事和无所谓的文本》于 11 月 15 日出版。贝克特在标题 "Textes pour gar nix"（完全无所谓的文本）上玩了点文字游戏。"Gar nix"（德语口语，来自 "Gar nichts"，意为"一点儿都没有"）。

5. 约翰·贝克特与德里克·门德尔正忙着给贝克特的《默剧》制作音乐。关于在伦敦皇家宫廷剧院制作哑剧一事的计划没有找到。音乐歌唱节目《让我们写一部歌剧》于 12 月在那里演出；劳里埃·利斯特（1907—1986）制作的时事讽刺歌舞剧《清新的空气》于 1956 年 1 月 12 日开演。利斯特的歌舞剧似乎是贝克特哑剧的潜在之地。

6. 红砖房是位于都柏林圣三一学院图书馆广场对面东侧的一排红砖建筑，修建于约公元 1700 年。

"学者奖晚宴"周一在都柏林圣三一学院进行。在 1956 年，这一天是 6 月 25 日。与澳大利亚之间的国际板球锦标赛定于 1956 年 6 月 21—26 日在罗德板球场举行。

7. 艾思娜·麦卡锡，约翰·贝克特，薇拉·斯洛科姆。

8. H. O. 怀特 1955 年 9 月访问巴黎时，H. O. 怀特、利文撒尔和贝克特一起出去吃饭。（贝克特致 H. O. 怀特的信，1955 年 9 月 28 日，TCD，MS 3777/12）

马吕斯餐厅在巴黎 8 区乔治五世大道 6 号。

9. "Toute mon amitié"（法语，"最美好的祝愿"）。

伦敦

西里尔·卢卡斯

1953［1955］年 11 月 22 日 　　　　　　　　　　 巴黎 15 区

快马街 6 号

亲爱的卢卡斯先生：

您完全正确。

"宽大为怀"在巴黎难以被人理解，是一种难以被听到的呐喊。

那是"基督之人"才说的话。

我想这是导致我翻译出错的主要原因。

恐怕伦敦的制作会彻头彻尾走向这种救赎性的堕落。[1]

这有助于解释它的成功。

　　　谨上

　　　　　　　　　　 萨缪尔·贝克特

ALS；1 张，1 面；信封地址：英国伦敦西 2 区萨塞克斯大街东 14 号，西里尔·卢卡斯先生收；邮戳：1955/11/22，巴黎；UoR，BIF，MS 5149。日期判定：卢卡斯致信贝克特，1955 年 11 月 16 日和 1955 年 11 月 8 日。

1. 西里尔·卢卡斯（生于 1926 年）。卢卡斯 11 月 16 日写信给贝克特：

每次观看您令人羡慕的剧，我都会为一句台词担心。这是弗拉第米尔回答男孩的那句话，"我认为它是白色的，先生"——"基督会怜悯我们的"。如此强调这一句，且如此充满激情地说出来，连基督徒们都被俘获，好像它就是打开整部剧的关键。例如，霍布森先生称这是《等待戈多》最美丽的台词［……］我找到了法语文本，发现"宽大为怀"（Miséricorde）这个词并不特殊，且完全可理解，这证实了我的印象——您的意图被扭曲了。我提请您注意，只是因为我觉得这真是一个遗憾，只要这个词有任何意义，您的听众就被故意误导，从而会对"戈多"产生误解，而不是仅仅因为不能理解它本来的意义；确实，不管怎样，它已经被证实了。（UoR，BIF，MS 5149）

这里所指的台词在《等待戈多》第二幕（格罗夫出版社，第59页；法语版《等待戈多》，第159页）。

哈罗德·霍布森写道："当一个年轻的男孩在剧末告诉弗拉第米尔，他一直徒劳等待一生的'戈多'留着白胡子，他满怀敬畏地感叹，'基督怜悯我们！'，这是多年来在我们喜剧剧院听到的最肃穆的事情。"（《萨缪尔·贝克特》，《星期日泰晤士报》，1955年8月11日：第11版）

纽约
艾伦·施奈德

1955 年 12 月 14 日 　　　　　　　　　　　　　　巴黎 15 区

　　　　　　　　　　　　　　　　　　　　　　　　快马街 6 号

亲爱的艾伦：

这里有一些我寄给彼得·霍尔的笔记，还有一封经过深思的信件。我想你可能想要。[1]

伦敦方面已经做出了最终决定，在《等待戈多》表演期间制作新剧是不可行的。[2]

上周日回到了这里。决定不去美国了。和你一起工作如此愉快，希望在巴黎和伦敦的演出能够盈利。我觉得我的这部剧进行得还是比较顺利的。我对你唯一的要求便是不要在我不知道的情况下，对文本做任何改变。如果剧中人物说话的方式不是美国人的方式，那也是没办法的事儿。你知道，我并不是不容许改变文本中这里或那里的一个奇怪的词，或者是一个奇怪的断裂。但是请让我有机会提出抗议或认同。[3]

看来我的出版商一直在刁难。我们已经尽力与之进行沟通。我希望事情能够和平解决。[4]

我听说你的文章中有提到怀尔德要来协助改编我的剧本。要是这种行为没有得到制止，我觉得很可笑。[5]

祝你一切顺利，艾伦！让我知道你的消息。

谨上

s/ 萨姆

萨姆·贝克特

附件：伦敦，彼得·霍尔

1955 年 12 月 14 日 　　　　　　　　　　　　巴黎 15 区

快马街 6 号

亲爱的彼得·霍尔：

这里有几个注解，非常不恰当。

幸运儿第三次开始跳舞时，不是想着在同一个地方开始和前两次完全相同的动作，然后在波卓的命令下，到达他开始思考的位置。

这两幕中正确的舞台灯光应该是：

（1）傍晚的灯光照明一直不变，直到男孩退场。

（2）然后突然变成一团漆黑。

（3）然后月亮突然升起，月光照亮，直到拉上幕帘。

我觉得在没有严重干扰的情况下，这是可以做到的。但在我看来，你可以让月亮升起，经过 90 度，即从地平线到天顶。这应该持续大约 10 秒。让弗拉第米尔默默地看着它。我觉得这很重要，不需要打乱其他。

同样重要的是，让波卓改变他说话的语气。

向你们致以最美好的祝愿！

　　谨上

　　　　　　　　　　　　　　　　萨缪尔·贝克特

8 畏——惧　更有力。

9 而另一个……受到了惩罚。　他应该花更长的时间找到这个词。

　　在附近　给这个插入语更多的反讽，建议是，他们不要惹麻烦。

11 但是哪个星期六？ 等等。　尽量慢一些，尽量磕磕巴巴。每次提问后要停顿。每个问题都要表达到位。每一个问题都要落实，然后再进行下一个。

　　不要告诉我　要更愤怒些。

12 如果它绞死你，它就会绞死任何东西比……它会绞死你更好一些。

13 在说完马之后长时间保持令人尴尬的沉默。

　　我饿了。　更用力。

14 拴——在——一起。　"拴在"声音拉长。

　　暂时没有。　说这个之前要有更长的停顿。

17 哦，我说……这是擦伤。　说得有些太快。强调比接下来的5个连续的这是。　有点娘娘腔。　说得有点太快。

18 篮子。　紧接上就要说　难道你没看到他需要休息吗？　幸运儿不该抓那些骨头。贝特森知道这点。

19 你应该能感觉到，爱斯特拉贡的　啊，好多了是对波卓的一个回应，第18页。

21 不是好，这就是我想的而是我想，就这么定了。

22 世界的眼泪等　更抒情。

　　猪　指的是幸运儿。

504

24 <u>你错过了治疗</u>。 是对弗拉第米尔说的。

<u>漆黑的夜晚</u>。 要比最漆黑的夜好。

<u>再问我</u>。 不只是旁白。

  正如暗示的那样，鞭子应该在此处和别处断裂。它自始至终是无声的。

25 <u>你叫什么名字？ ——亚当</u>。 为什么省略？<u>好吗？ 合理吗？ 等</u>。

语气要逐渐从充满希望变为沮丧忧伤。

26 幸运儿为波卓跳舞，他不应该置之不理，而是要表现出厌恶。

27 <u>我的左肺等</u>。 声音要表现得更为嘶哑，紧接着阵阵微弱的咳嗽。

<u>但我的右肺等</u>。 要说得更响亮。

<u>等待。等待</u>。 拖长一些。滑稽地模仿极度痛苦。

<u>等待</u>。

28 幸运儿的独白。<u>废物和松树</u>要更有力。

29

31 <u>Adieu（再见）</u>。 发音要像adioo。

33 男孩说的<u>先生们</u>需要纠正。

34 <u>在阁楼里</u>。 只说。不要指天空。[6]

<u>不是真的</u>。 有点讽刺意味。就像是格洛克将sans blague念作sans blâââgue。[7]

————>

37 唱歌的那一部分。注意气流的发出。弗拉第米尔应将声部提到最前，模仿业余职业女歌手的态度，极其夸张地唱。只有唱到"坟墓"这个词时，才停下来。他思考死亡。

38 <u>多么美好的一天</u>。 沉默之后突然说出来。

39 爱斯特拉贡沉默的全部价值就在<u>我们很高兴</u>和<u>我们现在做什么等</u>之间体现出来。

40 说点什么吧。 痛苦地。充分表现之前的沉默。

41 随便说点什么吧。 就这样做吧。就这样吧。

太恶心了。 就这样做吧。就这样吧。

可怕的是有思想。 重音在"有"上。

42 他们的目光都聚在了光头身上。持续时间再长一些。表现更滑稽一些。和第一幕弗拉第米尔、爱斯特拉贡和波卓的目光都聚在了光头身上的效果是一样的。

我们花时间喃喃自语比我们花时间谈话，等更好。

44 不充足比不够好。

45 弗拉第米尔穿着衬衫走，应持续更长的时间。当爱斯特拉贡惊醒后，大衣应该落到地上。

别说了。 要表现得更为激烈。

47 弗拉第米尔说好，我可以理解之前，应该花更长时间看看观众。这段话整体都演得太快。

48 看上去位置要严格对称。弗拉第米尔离舞台两翼太远。从指缝间滑稽地窥视。

49 在说时光飞逝之前，有很长时间的沉默。

让我们装饰这棵树吧。 同时拿上来一个树的框架图。

双手压在一起，

仿佛在祷告中，这个动作引出了

爱斯特拉贡的台词 你认为上帝看到我。

53 我们是男人。 非常严肃。

55 7点……8点。 表现出更多的犹豫，

并且要更长时间眺望天空。

在爱斯特拉贡说扩大之前，有更长时间的沉默。

别质疑我。 要表现得更强烈些。

<u>太不可思议了……有一棵树</u>。　　建议他们三个人在所站的位置

　　　　　　　　　　　　　围成一个圆圈，跌跌撞撞地绕圈走。[8]

　　　　　　　　　　　　　一边走，一边说出这几行；

　　　　　　　　　　　　　或者，回到原来的位置时，说出这几行。

56 <u>爱斯特拉贡说的确时</u>，要用讽刺的口吻。

　　<u>确保他还活着……如果他死了</u>。　　讽刺的口吻表达还不够到位。

57 <u>他们生出，等等</u>。　　要更抒情一些。

　　<u>别说了</u>。　　要表现得更为强烈。

58 <u>不是空气中充满了哭泣，而是空气中充满了我们的哭泣</u>。

　　男孩说的<u>先生们</u>需要纠正。

　　对男孩和弗拉第米尔之间的对话全过程中的沉默要予以充分的
重视。

59. <u>另外两个……男人</u>。　　在说出<u>男人</u>之前要有长时间的犹豫。

　　<u>基督怜悯我们</u>。　　要表现出几乎不能理解的一声呐喊。

　　继续戴上帽子。

　　从现在起，一直到拉幕时，弗拉第米尔一直要使用麻木的、死
气沉沉的语气。

　　<u>除了树，一切都死了</u>。　　说"死"这个词时使用麻木的语气。

　　TLS；1张，1面；信内附了一封贝克特写给彼得·霍尔的信，1955年12月14
日（TLS；1张，1面）；并附了修改内容（3张，3面）；伯恩斯图书馆，贝克特-
施奈德文献集。先前刊印：萨缪尔·贝克特和艾伦·施奈德，《作家受宠莫过于此》，
莫里斯·哈蒙编（马萨诸塞州坎布里奇：哈佛大学出版社，1998），第1—5页。

　　注：数字指的是格罗夫出版社版本的页码。

　　1.贝克特和艾伦·施奈德于11月末和12月初参与了《等待戈多》在伦敦的制作，
并一起观看了5场该剧的表演（施奈德，《入口》，第224—225页）。有一天晚上，
他们在后台时，施奈德说："我必须坚决阻止萨姆给演员一系列的书面台词提示。"（艾

伦·施奈德，《与贝克特合作》，载《萨缪尔·贝克特：修辞艺术》，爱德华·莫罗特、霍华德·哈珀、杜格尔·麦克米伦三世主编，《北卡罗来纳罗曼语言文学研究会第五期研讨会论文集》第5期，教堂山：北卡罗来纳大学罗曼语言系，1976，第278页）；艾伦·施奈德致迈克尔·迈尔伯格的信。周四晚上［1955年12月］，UCSD，艾伦·施奈德文集，MSS 103/11/10）。

2. 彼得·霍尔制作的《等待戈多》继续在标准剧院演出，一直到1956年3月24日结束。

3. 贝克特于12月9日周日返回巴黎。

4. 罗塞特一直关注自己在美国制作的版本中所享有的版税率。

5. 施奈德乘"独立号"航行到欧洲，桑顿·怀尔德与他同行。鉴于他们在制作《九死一生》时有过合作，且怀尔德早期对戏剧很感兴趣，所以双方讨论了《等待戈多》的许多细节（《入口》，第222—223页）。阿瑟·盖尔布在《纽约时代》刊文说："桑顿·怀尔德帮助艾伦·施奈德解释了令人费解的对话，以及萨缪尔·贝克特《等待戈多》中的一些情节……怀尔德先生曾在伦敦和巴黎反复观看了该剧。施奈德先生现在也在同一艘往返欧洲的船上。"（《两份新的音乐剧推进计划》，1955年11月25日，第37页）

桑顿·怀尔德改编《等待戈多》的可能性早在与加森·卡宁协商时就提出来了（见［1953年5月18日前］信，注1）。现在制作快要结束时，罗塞特又向贝克特报告说："桑顿·怀尔德将要改你的剧本，并且被改编的剧本要在百老汇上演。"（12月6日，NSyU）

6. 第34页的台词是贝克特手写加上去的。

7. 贝克特此处指的是瑞士小丑喜剧套路的一个元素。格洛克（查尔斯·阿德里安·韦塔赫，1880—1959），比如，要拉长一个词"sans blague"中的元音，就会说"sans blâââgue"（法语，"不开玩笑"）。

8. 在"圆圈"后，手写体加了一行"to look at the place"（看着那里），但不是贝克特写的。

伦敦

罗贝尔·潘热

1955 年 12 月 14 日 [1]

巴黎 15 区

快马街 6 号

亲爱的罗贝尔·潘热：

听说您情况不好，我真的很难过。我自己很累，工作繁重，根本无力比较您的剧本与罗伯－格里耶推荐的剧本，所以只能根据已知的内容给您一些建议。[1] 但无论如何，只能这样了：剧本的那种内幕我们永远看不到。您得下定决心，尽可能告诉自己，一个人无论做什么，都会后悔的。我只是太熟悉您正在经历的事情，面对这种困境，我一直不妥协，我有时也会后悔。说是或否，都会被整个行业封杀。生存——我知道这不是重点，这不是一个论点。但也许能够继续呼喊的是那些不能保持沉默的人。您必须从更长远的眼光来看。那些被他们拒绝的故事，以后您还能用得上。希望您能感觉到，我悟出这些事多么艰难。

我前段时间在伦敦待了几天。我联系不到您。没有您的同意我不敢贸然寄支票给您。但如果 20 英镑对您有任何用途，它们就是您的了。一定告诉我。站在您的角度，我不能强迫您做我可能会做的事，不要因此对我抱有成见。这不是借口 。

衷心祝福您

s/ 萨姆·贝克特

TLS；1 张，1 面；伯恩斯图书馆，潘热－贝克特书信。

---

[1] 原信用法语写成。

1. 潘热的小说《海盗格拉尔》于 1956 年由午夜出版社出版。然而, 这个版本和 1963 年 10 月 18 日出版的版本都是不完整的文本:"《海盗格拉尔》第一版出版前, 潘热曾不情愿地删除几小段, 1966 年的最后版本[午夜出版社]恢复了这部分。"(小罗伯特·M. 亨克尔斯著,《罗贝尔·潘热:作为一种追求的小说》, 阿拉巴马大学: 阿拉巴马大学出版社, 1979, 第 4 页) 罗伯-格里耶引起了热罗姆·兰东对潘热作品的关注; 并不清楚他在最初删减《海盗格拉尔》中起了什么作用, 但他支持潘热在第三版中恢复删减的部分。(亨克尔斯,《罗贝尔·潘热》, 第 231 页)

纽约

帕梅拉·米切尔

1955 年 12 月 16 日　　　　　　　　　　　　　巴黎 15 区

快马街 6 号

帕姆:

感谢你 10 月底的来信。原谅我这么晚才回复你。我一直希望能 à bientôt。虽然受到《等待戈多》制作人迈尔伯格的邀请, 但我已决定不去纽约了。[1] 如果戏上演, 也许以后, 我会自己静悄悄地去。我在伦敦忙乱了一阵, 刚刚回来。艾伦·施奈德, 也就是美国版的导演, 和我一起去的, 我们一起工作, 也一起做了许多工作。他是一个令人愉快, 好相处的人, 想法很合理, 对伦敦版的反应也很得体, 我们相处得很好, 而且使我宽慰的是, 他不介意我说我不喜欢他导演的怀尔德的《九死一生》。该剧在皮卡迪利大街的标准剧院上演很成功, 为了庆祝第 100 次演出, 我们在那儿举办了一场大型晚会, 有成桶的香槟, 一群群的人。在伦敦时, 他们对我非常好, 包括那些评论家和记者, 他们从不打扰我。只有一个报社的人, 说是采访我, 但更多的是聊他自己。[2] 好几个老朋友也是。很高兴回到热拉尔山谷里。[3] 明天准备去乡下, 避开这些节日

510

活动，试着去做做罗塞特的工作，他一直给美国版添麻烦，可我想现在一切都很顺利了。他已经收到了我的《马龙之死》译文，也已打了出来。希望你能拿到《莫洛伊》的版权。在伦敦这儿，关于我的哑剧有一些令人激动的计划，但目前一切都还没有确定下来。我在伦敦的堂弟过来制作音乐。[4] 关于我，我已经说太多了。很高兴你的工作得到了认可，你的母亲也恢复了健康。我想你会去伍斯特过圣诞节。[5] 这里没发生什么事，除了下个月的大选，如果能被称作大事的话。[6]《故事和无所谓的文本》已出版，但不值得送人。难以置信地疲倦和乏味。很高兴休格·雷取得了胜利，你还记得马克萨斯群岛餐厅挂有他的照片吗？[7] 有时，我路过大肖米埃街时，会想到那些欢乐和悲伤的时光。世界就是这样，童话里的结束语总是这样写的。[8]

　　非常爱你。

s/ 萨姆

TLS；1 张，1 面；UoR，BIF，MS 5060。

1. "à bientôt"（法语，"很快见到你"）。

2.《等待戈多》的第 100 场演出于 1955 年 12 月 8 日周四在标准剧院举行。贝克特到场。记者是谁尚不确定。

3. 贝克特就沃日拉尔（Vaugirard）街所玩的文字游戏。这条街位于他家附近，是一条很长的巴黎街道，穿过卢森堡公园后进入拉丁区的圣米歇尔大道。该区域的古法语名称是日拉尔山谷（Val Girard）。

4. 约翰·贝克特。

5. 米切尔的家乡是马萨诸塞州的伍斯特市。

6. 此处指 1956 年 1 月 3 日在法国举行的大选。

7. 拳击手休格·雷·鲁宾逊（1921—1989），于 12 月 9 日在芝加哥淘汰了卡尔·"波波"·奥尔森（1928—2002），再次夺得世界中量级冠军。在马克萨斯群岛餐厅墙上装饰有名人的照片。

8. 从 1954 年 7 月到 1955 年 1 月，米切尔在大肖米埃街 4 号乙租了一套公寓。

贝克特此处指的是德国的一句谚语"So geht es in der Welt"（世界就是这样）。

纽约，格罗夫出版社

巴尼·罗塞特

1955 年 12 月 17 日　　　　　　　　　　巴黎 15 区

快马街 6 号

亲爱的巴尼：

感谢为鲍尔斯准备的各种信件、目录和书籍。[1]

我一直被这些事儿弄得心神不宁，宁愿推迟写作。通过斯宾塞·柯蒂斯·布朗粗俗的英语，我现在理解了我是有罪的。这并不使我吃惊。我正在订购麻布和灰。[2]

我刚给迈尔伯格写了信，回复了刚收到的他的来信，我已经决定不接受他的盛情邀请。[3]我很累，没什么好写的，除了我在马恩河畔的泥洞，我今天早上去了那个地方。或许以后，当一切尘埃落定，情况变好时，我会再次出山。

很高兴你喜欢我的《马龙之死》。同样令人开心的是，平价的《等待戈多》马上就出版了。我想，没有哪张照片比你拥有的那张更好。[4]

我非常喜欢与艾伦·施奈德一起在伦敦工作的那段日子。他给我的印象是个很不错的人，尽管我不是很喜欢他的怀尔德的《九死一生》。

迈尔伯格说，按计划，他们将于 1 月 3 日在迈阿密举行首演。他还提到 1 月 16 日在华盛顿的表演情况。我想他们已经思忖着去费城。当我告诉伦敦的肯尼思·泰南我们有拉尔和尤厄尔时，他很高兴。[5]

在隐退几日后，乖戾的东西写得少了。同时，向洛莉传达我温暖的问候，希望你自己、格罗夫出版社，以及它出版的所有作品，都有一个快乐的圣诞节和生机勃勃的新年。

谨上

s/ 萨姆

512

TLS；1 张，1 面；NSyU。先前刊印：贝克特和罗塞特，《〈等待戈多〉书信集：持久的影响》，《新戏剧评论》，第 12 期。

1. 这期间，罗塞特连续给贝克特写了好几封信（见 11 月 29 日、12 月 6 日、12 月 7 日及一封未注明日期的信）。这些信都谈到了同一件事——兑现罗塞特签约时合同上所写的贝克特戏剧特许权使用费百分之十归他的承诺，也就是说，他要求在美国任何地方制作《等待戈多》，特许权使用费百分之十给他（NSyU）。

贝克特收到了一份格罗夫出版社的出版目录，另外还代帕特里克·鲍尔斯收了几本《莫洛伊》。

2. 12 月 12 日，斯宾塞·柯蒂斯·布朗写信给罗塞特，大概说明了柯蒂斯·布朗准备的方案，只待奥伯里签名，奥伯里随后将《等待戈多》在美国的演出权租借出去；他说，无论是奥伯里还是迈尔伯格都没意识到罗塞特在这样一份协议中享有一定权利，贝克特"理应正式提出的"一种权利。（NSyU）

3. 贝克特给迈克尔·迈尔伯格的信没有找到。

4. 罗塞特在 12 月 7 日的信中指出，迈尔伯格已经要求格罗夫出版社平装版的封面上印一张美国演员的剧照。（NSyU）

5. 肯尼思·泰南，《观察家报》的戏剧评论人。伯特·拉尔（1895—1967），爱斯特拉贡的扮演者；汤姆·尤厄尔（1909—1994），弗拉第米尔的扮演者。

纽约

艾伦·施奈德

1955 年 12 月 27 日   巴黎 15 区

                                                                       快马街 6 号

亲爱的艾伦：

很高兴收到你的来信。很感激你在排练的压力中抽出时间，用如此长的篇幅，给我写了这封信，你说的一切我都很感兴趣。[1] 我在这里对你的问题做评论是没有意义的，如果有人能解决的话，你也可以。很高兴看到你对弗拉第米尔的评论，他是该剧的精神支柱，他在伦敦的不公正遭遇近乎灾难。[2]关于我在伦敦提出的诸多建议，现阶段再说点什么也没什么意义。但我想到了一两件事，也许可以帮到你的演员。如果你觉得对他们帮助不大的话，就不用提了。一件与波卓有关。他是一个轻度躁狂者，演这个人物的唯一方式就是把他演成疯子。演员们饰演这个角色总会碰到的困难（除了纯粹复杂的技巧外），我觉得主要来自于他们试图弄清楚这个人物形象，并努力赋予其一种整体性和延续性，而这是不可能实现的。换句话说，这些演员试图凭空建构人物。结果，演出来最好的也是毫无生气、枯燥无味。波卓的语气、情绪、行为的突然变化，我想可能是与他周围发生的事有关，但其根源在于他自己内心的动荡和混乱。人们会禁不住将不负责任和不连续性减少到最低，但这反而是应该强调的。彼得·布尔在伦敦的制作中表现出的一成不变，令人难以忍受。[3]对这部分的理解也许有很多地方要问一个演员，但我相信这是唯一正确的，更重要的是，唯一可能有效的。如果用其他方式演绎的话，波卓就是死的、不自然的、乏味的。另一点，爱斯特拉贡麻木迟钝，而弗拉第米尔焦躁不安。后者应该总是坐立不安的状态，前者总是要回到静止状态。我们应该听到弗拉第米尔的脚步声。但我想我们在伦敦谈过这些。

我这会儿来美国不只是因为我很疲惫，不能面对忙乱。如果我现在不抽身而出，继续工作，我会崩溃，或一败涂地。所以我隐退到了我在马恩河畔的庇护所，努力创作新剧。以后，如果《等待戈多》收益好的话，当一切尘埃落定，情况变好时，我会再次出山。我收到迈尔伯格一封简短的信。我写信告诉他目前我还不能脱身。怀尔德的故事出自我的纽约出版商。我不知道他是在哪里看到的，或者怎样通过不正当的手段得到的。[4]

为什么是平台？难道不是上升的地面吗？[5]

你寄来一份关于你做了改动的清单，真是太好了。若不是碰到你，我会像热锅上的蚂蚁！[6]

离开伦敦前，我见了肯尼思·泰南。当我告诉他你拥有了尤厄尔和拉尔时，他激动得说不出话来。

向所有人转达我热烈的问候。Et courage! On les aura![7]

谨上

s/ 萨姆

TLS；1 张，1 面；伯恩斯图书馆，施奈德-贝克特文献集。先前刊印：艾伦·施奈德，《贝克特关于〈终局〉的信函：与导演艾伦·施奈德来往信件摘录》，《村声》1958 年 3 月 19 日，第 8、15 页；贝克特和施奈德，《作家受宠莫过于此》，第 6—7 页。

1. 施奈德写给贝克特的信没有找到。

2. 汤姆·尤厄尔在施奈德导演的版本中扮演弗拉第米尔。这一角色在彼得·霍尔的版本中由保罗·达纳曼扮演，该版在伦敦艺术俱乐部上演；之后，这一角色由休·伯登扮演。

3. 在伦敦版中，彼得·布尔（1912—1955）扮演波卓这个角色。

4. 迈尔伯格写给贝克特的信没有找到。"怀尔德的故事"：见贝克特致艾伦·施奈德的信，1955 年 12 月 14 日，注 5。

5. 虽然剧本没有平台的要求，施奈德设想了"某种平台，一棵相当有趣的树，在天幕前面。"（施奈德致桑顿·怀尔德的信，1956 年 1 月 20 日，UCSD, MS 103/5/2）

6. 施奈德的改动清单没有找到。

7. "Et courage! On les aura!"（法语，"勇气！我们会有的！"）。

1956 年年表

1956 年 1 月 3 日 　　《等待戈多》开演（迈阿密椰林剧场），由艾伦·施奈德执导。

1 月 13 日 　　《莫洛伊》在爱尔兰遭禁。

1 月 21 日 　　贝克特拒绝爱尔兰文学院的提名建议。

2 月 10 日 　　删减后的《等待戈多》由费伯出版社出版。

2 月 27 日 　　贝克特开始翻译《无法称呼的人》。

4 月 　　《马龙之死》节选在《爱尔兰写作》上发表。

4 月 19 日 　　《等待戈多》在纽约的约翰·戈尔登剧院首演，导演是赫伯特·贝格霍夫。

5—6 月 　　贝克特为 8 月举行的马赛艺术节修改新剧本。

6 月 1 日 　　拒绝了西里尔·丘萨克要求写一篇歌颂萧伯纳的文章的请求。

6 月 14 日至　　在巴黎赫伯特托剧院重排《等待戈多》。
9 月 23 日

6 月 21 日 　　贝克特受邀为英国广播公司写广播剧。

6 月 25 日 　　在阿兰·博斯凯家认识了阿维格多·阿利卡。

7 月 　　为英国广播公司创作《跌倒的人》。

7 月 8 日 　　贝克特得知《终局》和《默剧》不会在马赛艺术节制作演出。

7 月 18—28 日 　　艾伦·施奈德在巴黎。

7 月 21 日 　　贝克特接受界墙出版社的建议，出版他的诗集的德语译本，并附上法语和英语原文。

7月26日	苏伊士运河被埃及收归国有。
8月	《等待戈多》发表于《戏剧艺术》杂志（纽约）。
8月11日	贝克特会见了哥伦比亚唱片公司的戈达德·利伯森，此人给他带来了《等待戈多》的试录带。
9月	让·瓦尔的《写作是蚀刻》在贝克特的协助下由作者翻译为英文，与马克·夏加尔（法国画家）的"《圣经》插图"一起发表在《神韵》上。
9月7日	《瓦特》节选在英国广播公司第三频道朗读。
9月27日	贝克特把《跌倒的人》寄给了英国广播公司。
10月	《马龙之死》由格罗夫出版社出版。《终局》在巴黎的作品剧院排练。
10月23日至11月10日	民众起义反对匈牙利共产党政府，苏联武装干涉镇压。
10月29日	苏伊士战争开始。英国、法国和以色列军队企图从埃及手中夺取运河的控制权，最终在国际压力下放弃。11月6日停火。
11月	《胆怯》发表在《新世界写作》上。
11月11日	约翰·考尔德出版社提议，在英国以单卷本的形式出版贝克特的三部长篇小说。
11月28日	贝克特与让·马丁和罗歇·布兰"预排"《终局》。

迈阿密

艾伦·施奈德

施奈德 =

迈阿密椰林剧场

巴黎　　　1956 年 1 月 3 日

衷心祝愿你们在迈阿密一举成功

萨姆[1]

电报；1 张，1 面；伯恩斯图书馆，施奈德－贝克特文献集；复印版，UCSD：施奈德。先前刊印：贝克特和施奈德，《作家受宠莫过于此》，第 8 页。

1. 贝克特在迈阿密《等待戈多》开幕日发的电报。艾伦·施奈德描述了观众们的反应、表演（几乎晚了一个小时才开始），以及发表在《入口》杂志上的评论，第232—233 页。

伦敦

西里尔·卢卡斯

1956 年 1 月 4 日 巴黎 15 区

快马街 6 号

亲爱的卢卡斯先生：

耽搁了这么久才回复您去年 11 月的来信，请您原谅。[1] 关于我在翻译工作中所处的位置，情况如下。

我的初衷是找个译者来翻译我所有用法语创作的作品，因为我自己很不情愿做这项工作。帕特里克·鲍尔斯翻译的《莫洛伊》很不错，但修订他的译本给我带来太多麻烦，以后还是我自己翻译更简单些。几个月前我译完了《马龙之死》，不久将由纽约格罗夫出版社出版。现在正在翻译《无法称呼的人》。这让我再一次觉得，还是自己翻译最简单，虽然我不打算现在就着手去做。我绝不是一位优秀的译者，我的英语很烂，但是只是碰巧用这种糟糕的英语写作，正好匹配我糟糕的法语。

致以诚挚的问候！

谨上

s/ 萨缪尔·贝克特

TLS；1 张，1 面；信封地址：英国伦敦西 2 区萨塞克斯大街 14 号，西里尔·卢卡斯先生收；邮戳：1956/1/4，巴黎；UoR, BIF, MS 5149。

1. 1955 年 11 月 28 日，卢卡斯写信给贝克特，感谢他 11 月 22 日的来信。他说："我注意到您最近让他人代为翻译《莫洛伊》。我不知道您是否愿意让我试试《马龙之死》或《无法称呼的人》，完全由你来定。"（UoR, BIF, MS 5149）

纽约，格罗夫出版社
巴尼·罗塞特

1955［1956］年1月6日　　　　　　　　　　　　巴黎15区
　　　　　　　　　　　　　　　　　　　　　　　快马街6号

亲爱的巴尼：

　　非常感谢你的问候，以及寄来的马克·吐温的书！[1]

　　附函已寄给都柏林派克剧院的总监，《等待戈多》正在那里上演。很快就会收到。[2]

　　今天，我让热罗姆·兰东写信给柯蒂斯·布朗，要他们立即从奥伯里应付给我们的总款项中拨10%给你，同时把应付给你的款项也结算一下，尽快付清。他正在处理。[3]

　　今天早上艾伦·施奈德从迈阿密发来一封电报，说那边反应不好。我想这是预料之中的，不要太放在心上。[4]

　　关于我翻译《马龙之死》的剩余欠款，我对你的核算没有异议，若是你方便的时候把这些钱给我，我会很高兴。

　　我正写一部更糟糕的戏剧，非常痛苦。

　　感谢你发来的封面。唯一遗憾的是你没有加上哈罗德·霍布森的名字。在伦敦我们欠他太多。我想现在已经太晚了。[5]

　　给洛莉以最亲切的问候。

　　　　你永远的朋友

　　　　　　　　　　　　　　　　　　　　　　s/萨姆

　　TLS；1张，1面；附TLcc，1张，1面，贝克特致艾伦·辛普森的信，1956年1月6日；格罗夫出版社，NSyU。日期判定：贝克特写给艾伦·辛普森的信，信中讨论了巴尼·罗塞特的《等待戈多》英译本版税欠款。先前刊印：贝克特和罗塞特，

《〈等待戈多〉书信集：持久的影响》，第12—13页。

1. 马克·吐温的《傻瓜威尔逊》1955年由格罗夫出版社出版，可能就是寄给贝克特的那本。

2. 贝克特附了1月6日写给都柏林派克剧院的艾伦·辛普森的信。（TCD，MS 10731/28）

3. 1月3日，凯蒂·布莱克写信给热罗姆·兰东，请贝克特说明罗塞特该得的份额以便他们能够直接支付给他；在1月6的信中，兰东将这封信转给了贝克特（IMEC，贝克特，第5箱，S.贝克特，书信1962—1968，柯蒂斯·布朗1957〔1952—1957〕）。

4.《等待戈多》在迈阿密的演出帷幕落下之前，观众的反响就已表现出来。"很多人第一幕结束后就离开了，"杰克·贝尔写道，"我从来没有见过这么优秀的演员为这么少的戏份这么努力，但什么也得不到。"（《城市哭泣者》，《迈阿密先驱报》，1956年1月5日：第2A版）。赫布·劳写道："崭新的椰林剧场红极一时，但昨晚的舞台演出却是一次彻头彻尾的失败。"（《剧院很火，但〈戈多〉不火》，《迈阿密日报》，1956年1月4日：第7B版）

1月5日，迈尔伯格从纽约撤回了该剧，并宣布迈阿密的演出将于1月14日结束（萨姆·佐洛托，《贝克特戏剧半路停演》，《纽约时报》，1956年1月6日：第20版）。

5. 贝克特指的是《等待戈多》平装版的封面。

哈罗德·霍布森的评论：见1955年8月18日的信，注3，以及1955年10月2日的信，注2。

迈阿密
艾伦·施奈德

1956年1月11日

巴黎15区

快马街6号

亲爱的艾伦：

今早收到了你的来信，非常感谢！你近来过得如此辛苦，事事不顺心，你一定快要崩溃了。[1] 我在这里很舒适。世俗的成败对我来说一点儿也不重要，事实上失败让我更加自在，从开始写作一直到最近几年，我一直都深深地呼吸着失败所带给我的生机。我不禁觉得，《戈多》的成功在很大程度上是由一种误解，或者说各种各样的误解造成的，也许在说出其实质这方面，你比任何人都要成功。即便是跟布兰，我也从来没有如此开诚布公地交谈过，可能是因为在那个时候，这样做是不可能的。[2] 一个新的演出在伦敦出现了问题，我跟奥伯里和霍尔说，如果他们按照我的方式去制作的话，一定没人去看剧。我并不是说你过多地受到我所说的话的影响，也不是说你制作的版本主要不是你自己的，或者别人的，但有可能的是，我们之间的交流使你坚定了对折中和虚饰的厌倦，但去看剧的人 90% 就是要看这些。我当然知道迈阿密人充满激情，而且他们的生活方式很难被说成是经常光顾电影院的那一类，因而他们的反应并不比一位新泽西牧羊人的反应重要到哪里去，我想他们的批评也不过如此。[3] 当然，情况如此复杂，再加上诸多不可知的因素，我不可能做出判断，但我想若是迈尔伯格坚持他的计划，而不是中途放弃，他也许就没什么理由可后悔了。[4] 我的纽约出版人罗塞特目前正着手该剧在百合花剧院的制作，卡帕尔博和蔡斯显然对此很感兴趣。[5] 但从你告诉我的来看，迈尔伯格保留了他的制作权，尽管他和奥伯里签的合同是在百老汇制作，所以我觉得常见的纠纷要来了。目前我所能说的，我所想要说的就是，这次迈阿密的惨败一点儿都没有困扰到我，或者说，它只是对你造成了困扰。我从未有过任何责怪你的想法。相反，我更要诚挚地感谢，你对该剧的信念和你一路付出的艰辛，在极其困难的情况下，按我们达成一致的那种方式把它呈现了出来，我向你表达我深情的友谊和尊重。

s/ 萨姆

萨姆·贝克特

522

我写了一部比较糟糕的作品，已经写完了第一幕（共两幕）的大意。

TLS；1 张，1 面；伯恩斯图书馆，施奈德－贝克特文献集。先前刊印：贝克特和施奈德，《作家受宠莫过于此》，第 8—10 页。

1. 施奈德写给贝克特的信还没有找到。但是施奈德在他 1 月 20 日写给桑顿·怀尔德的信中描述了制作和开幕的细节。在给伯特·拉尔和汤姆·尤厄尔的信中，他写道：

> 我有两个明星，他们是我的朋友，但真的没法与他们分享这部戏剧。伯特接受演这部剧的工作，但他给人的印象像个喜剧演员，汤米则是个滑稽演员的配角；当他发现情况并不是这样时，感到非常惊讶，并受到了伤害。汤米接受了这项工作，实现了伯特的技术和背景，但我觉得他们两人会找到合作的方式。他们没能找到，最终也没有找到。

《等待戈多》开幕当晚也是迈阿密椰林剧场的开张之夜；这部剧一直标榜"具有两大洲的笑感"。施奈德继续给怀尔德写道：

> 几乎所有的观众都是受邀而来，先是在剧院奢华的餐厅款待。到处站着穿水貂皮的人，许多都是闪光灯聚焦的社会名流。直到 9 点 20 分我们才终于把他们弄进剧院。坐下后，他们还在不停说话，甚至灯熄灭 5 分钟后都没能安静下来［……］好吧，演出也不太坏，但在幕间休息之前和期间，观众就纷纷走了出来。你知道的，他们不喜欢这部剧，甚至讨厌它。（UCSD，施奈德手稿 103/5/2）

2. 在写给怀尔德的同一封信中，施奈德详细叙述了他与贝克特关于《等待戈多》的谈话，当时他们两个共同出席了彼得·霍尔在伦敦的制作演出：

> 我们俩都做了大量的笔记，然后第二天就此做了讨论［……］在伦敦，尤其是看了该剧的演出之后，在我看来，他似乎平和了许多，完全变了［……］他开始开诚布公地谈论这部剧，并用最具启发性的、具体的术语来解释它。我们观看演出时，他会向我斜靠过来和我低声说"此处不对"，我感觉舞台上的人都可以听到，然后在第二天，他会用一些通常是戏剧常识的东西十分清晰地解释他是什么意思。（UCSD，施奈德手稿 103/5/2）

3. 沃尔特·温切尔严厉批评过这部剧，称它"太乏味""俗气"（《纽约的沃尔特·温切尔》，《每日镜报》，1956 年 1 月 6 日：第 10 版）。同样，一篇署名"拉里"的评论把它描述为"无趣"，"两个演员，漫无目的，无精打采，一个不可能的猜测游戏，无法让戏迷感兴趣"（《等待戈多》，1956 年 1 月 11 日：第 75 版）。

4. 迈尔伯格的初衷是在纽约开演之前，先在迈阿密进行为期两周的演出，然后在费城或波士顿演出一周（阿瑟·盖尔布，《贝克特的戏剧即将在百老汇上演》，《纽约时报》，1955 年 11 月 14 日：第 32 版）；贝克特知道他的计划是"波士顿—华盛顿—费城"（贝克特致巴尼·罗塞特的信，1956 年 1 月 17 日，NSyU）。到 1 月 6 日，纽约音乐盒剧院的表演已经取消，到 1 月 9 日，迈尔伯格宣布，他将重找演员，重排这部戏剧，只保留百老汇制作中的演员伯特·拉尔。（佐洛托，《贝克特戏剧半路停演》，《纽约时报》，1956 年 1 月 6 日：第 20 版；阿瑟·盖尔布，《戏剧节寻找艺术的领导者》，《纽约时报》，1956 年 1 月 9 日：第 20 版）

5. 百合花剧院有兴趣制作《等待戈多》：见 1955 年 8 月 18 日的信，注 4。

都柏林

亚历克·里德

1956 年 1 月 17 日　　　　　　　　　　　　　巴黎 15 区

快马街 6 号

亲爱的亚历克·里德[1]：

谢谢你的来信和文章。我觉得你的工作做得还不错，也充分理解了我的胡言乱语。[2] 文中的一些评论并非发生在我身上的唯一指责，但在你所能做的评论中，没有比这更直接了。我的小世界的问题就在于它没有边界。从审美方面来说，冒险是失败的形式（没有实现的声明就是无能）。我很高兴你看了标准剧院制作的《等待戈多》。我们在迈阿密华丽地失败了，所有的主要人物，以及他们的生活原型都成群散去。

祝你的妻子和你一切如意。

谨上

s/ 萨姆·贝克特

萨缪尔·贝克特

1.《腥象》和《论普鲁斯特》是在巴黎高师的时候写的,《徒劳无益》是在都柏林圣三一学院的时候写的。但这不重要。

2. 1941 年联系过,1942 年之后又有过接触。

3.《故事和无所谓的文本》。

4.《无法称呼的人》。

5. 乔伊斯写给科拉姆说,"生和死都足以让我兴奋"。一个非常中肯的评论。[3]

6. 建议:"一切都是虚无,哪一种虚无更像德谟克利特,诸如此类"。[4]

6A. 伪造的:也许更准确。

7." " 不确定的。[5]

8. 参见 4。

TLS;1 张,1 面;里德收藏。

1. 亚历克·里德(原名弗雷德里克·亚历山大·里德,1921—1986),毕业于都柏林圣三一学院,教师,戏剧评论家,后来写了文章《我竭尽所能:解读萨缪尔·贝克特的戏剧》(1968)。

2.《萨缪尔·贝克特》,亚历克·里德所写,用的是笔名迈克尔·乔治,贝克特对该文有过评论,发表于《爱尔兰闲谈和素描》第 65 卷第 5 期(1956 年 2 月),第 19、40 页。

3. 里德发表的论文采用了贝克特的建议和修改,编号为 1—5。

4. 里德写道:"在零、确切实体和无之间有着根本的区别,'无'是一个抽象的概念。"(第 19 页)

5. 里德写道:"就像在卡夫卡的作品中一样,越是有意阐明形式,内容和情感的不可知就越虚假;反之,形式越不稳定,越接近解体,情感和内容就越真实。"(第 19 页)

都柏林

谢默斯·奥沙利文

1956 年 1 月 21 日 　　　　　　　　　　　　　巴黎 15 区

　　　　　　　　　　　　　　　　　　　　　快马街 6 号

亲爱的谢默斯[1]：

　　对于您打算提名我为爱尔兰文学院的一员，我十分感激，也倍感荣幸。[2]

　　我不得不万分遗憾地告诉您，我不能接受这个会员资格。如果您因此认为我很不友好，或是蓄意傲慢无礼，我会很难过。我没法融入进去，也没有资格进入任何学会。

　　放弃加入由您主持的这个作家团体，放弃这项荣誉，或是放弃获得荣誉的机会，我的心情并不轻松。

　　请代我向斯泰拉致以最亲切的问候。[3]

　　向您致以最美好的祝愿！

　　　　您的朋友

　　　　　　　　　　　　　　　　　　　　　　　　　　　s/ 萨姆

　　　　　　　　　　　　　　　　　　　　　　　萨缪尔·贝克特

TLS；1 张，1 面；InU，斯塔基。

　　1. 谢默斯·奥沙利文（詹姆斯·斯塔基的笔名；1879—1958；见第一卷中"简介"），《都柏林杂志》的编辑。

　　2. 爱尔兰文学院成立于 1932 年。

　　3. 艺术家埃斯泰拉·所罗门斯（1882—1968；见第一卷中"简介"），嫁给谢默斯·奥沙利文。

都柏林

A. J. 利文撒尔

1956 年 1 月 26 日 巴黎 15 区

快马街 6 号

亲爱的康：

非常感谢《都柏林杂志》以及你昨日的来信。还要感谢你从加莱那边传来的消息。我非常喜欢你在《都柏林杂志》上发表的文章，也非常感激你在结尾处做出的评价。我看不出谁能比你更明白该剧特指爱尔兰。然而，如果丘萨克也是这样认为的，那就让他这样想好了。译本中有一些爱尔兰民族主义倾向，容易引起误导。我对拉迪的杂志很感兴趣，我觉它很值得发行，希望有更多这样的杂志。[1]

让我遗憾和尴尬的是，我不得不回复谢默斯·奥沙利文，称自己无法接受爱尔兰文学院成员身份。[2]我希望他不会生气，也不会认为我傲慢自负。一想到学院，我总是会觉得不舒服，想到爱尔兰便愈加难受。如果我接受并当选，我们都会后悔的。

我无法面对美国的情况。《等待戈多》在迈阿密惨败。（椰林剧场！）[3]现在的情况非常混乱，纽约的制作也没有明确下来。但我认为百老汇是演不成了。奥伯里想把标准剧院的演出带到纽约。我想他会遇到"公平"的麻烦，不管那是个什么。我这星期会在这儿见到他[4]。

你对《故事和无所谓的文本》的反应让我非常高兴，别名是《第一声和最后一声喘息》。对我来说，那恐怕是终点站。我正和另两位资深演员商谈，但对此没有信心，而且没有一点儿兴趣。很快就会拿到《马龙之死》的纽约校样，到时候我想我会坐在窗边继续翻译《无法称呼的

527

人》，偶尔看看窗外，indéfénestrable。[5]

被拉迪提到的那位挪威画家迪里克斯逗乐了。海登很了解他们，经常告诉我他们的情况。他儿子是个医生，同时也是蒙帕纳斯的一位业余画家，对所有人提供免费治疗。[6]

他们在赫伯特巷拥有了一个更好的"幸运儿"，这是个好消息。扮演弗拉第米尔的休·伯登先生也已经在伦敦被迫退出，因为患有坐骨神经痛，我想接替他角色的演员也应该还不错。[7]

祝你一路顺风。尽快来巴黎吧。

    谨上

s/ 萨姆

TLS；1张，1面；TxU：利文撒尔文献集。

1. A. J. 利文撒尔的《戏剧评论》包括对伦敦标准剧院和都柏林派克剧院制作的《等待戈多》的评论（《都柏林杂志》，第52—54页）。在文章结尾，作者评论道："我们一定要祝贺派克剧院俱乐部，它正在制作和演出的可能是本世纪最重要的戏剧。"（第53页）在评论弗拉第米尔和爱斯特拉贡的爱尔兰口音时，利文撒尔指出，"作者对人类的愿景一直充满期待，脑海中想的是世界性的，而非地方性的"（第52页），因而角色的名字来自不同的民族。利文撒尔记录下了那些认为这部剧有爱尔兰民族主义倾向的评论："有人提议将该剧翻译为爱尔兰语，这将有助于这里的人们对那种理论的普遍接受，这是可以理解的。"（第52页）

西里尔·丘萨克负责英语和盖尔语的剧本翻译：见1955年5月10日的信，注2。

《都柏林杂志》的同一期是利文撒尔编发的《已故的T. B. 拉德莫斯－布朗未发表的回忆录节选》（第30—51页）。

2. 谢默斯·奥沙利文：见1956年1月21日的信。

3. 与迈尔伯格有过沟通的罗塞特在他1月23日写给贝克特的信中解释说，"他可能会失去施奈德，后者可能会离开去做另一个项目"，还说"演员们流失了"（NSyU）。

4. 唐纳德·奥伯里1月16日写信给巴尼·罗塞特称，田纳西·威廉斯和其他人建议他把英文版的制作带到纽约去演出（NSyU）。罗塞特不同意，吵着要在外百老汇的百合花剧院制作（罗塞特致凯蒂·布莱克的信，1956年1月17日，NSyU）。

"公平"是一个专业演员联合会。

5. "indéfénestrable"（法语，"不扔出窗外"）。贝克特在"indéfenestrable"（法语，"甚至不足以被扔出去"）的第二个"e"中添加一个莫须有的口音。

6. 画家卡尔-爱德华·迪里克斯（1855—1930）的儿子迪勒·迪里克斯（1894—1976）是一位医生，住在蒙帕纳斯；虽然直到1932年才开始作画，迪勒·迪里克斯成了"秋季沙龙"的秘书，还在"独立设计沙龙"展出了自己的作品（埃马纽埃尔·贝内齐，《世界各国不同时期的画家、雕塑家、设计师和雕刻家批评和文献词典》，第三卷，第3版［巴黎：格林德书店出版社，1976，］第592—593页）。

7. 按照卡罗琳·斯威夫特的说法，派克剧院制作的版本有五个不同的演员先后扮演过"幸运儿"这一角色：克里斯·麦克马斯特（1925—1995）于1月2日接替多纳尔·唐纳利（1931—2010）；四周后布伦丹·马修斯（生卒年不详）接替了这个角色，之后是约翰·科里什（生卒年不详）和吉尔伯特·麦金泰尔（生卒年不详）（《一场又一场》，第187—188页）。

休·伯登离开了标准剧院的演出团队，其角色由替补演员演了两周，直到由威廉·斯夸尔（1916—1989）续演该角色。（《泰晤士报》，1955年12月1日：第8版；凯蒂·布莱克1955［1956］年1月3日致热罗姆·兰东的信，IMEC，贝克特，第5箱，S.贝克特，书信1962—1969，柯蒂斯·布朗1957［1952—1957］）

纽约，格罗夫出版社
巴尼·罗塞特

1956年2月2日　　　　　　　　　　　　　　　　　巴黎15区

　　　　　　　　　　　　　　　　　　　　　　　快马街6号

亲爱的巴尼：

　　谢谢你的信件、支票和剪报。

　　现在，迈尔伯格似乎下定了决心要在百老汇制作演出这部戏，他开始履行合同了。你和艾伦·施奈德都认为他犯了错误。你可能是对的。另一方面，事实也许会证明他是对的。无论在哪种情况下我们又能做些什么呢？什么也做不了。一想到将有一个新的演出导演，我自然感到很烦。还有更多令人厌烦的事儿，如来自未经授权下对剧本进行延伸的威胁，你在一封信中暗示过。出多少价格，我们都不能授权，对于由此带来的后果，我正要让奥伯里写信给迈尔伯格。我并非对微小的变化固执己见，从标准剧院的制作就能看得出，我觉得这些变化是必要的，但我拒绝剧本由一个专业的改编者进行改写。也许是一场虚惊。希望如此。[1]

奥伯里输出他的节目的想法来自他坚信迈尔伯格不会继续他的制作。我认为施奈德对伦敦制作的批评有点过分。[2]我不同意他的说法，但我看到迈尔伯格的制作有许多好的东西，演技也更精湛。戈戈是迄今为止我见过的最好的。[3]但我也当然想要一个原创的美国制作，反对任何从伦敦进口的倡议，这危及了它的本质。

我想你已经听说，《莫洛伊》的所有版本都在爱尔兰被禁了。[4]

我不喜欢这部新剧现在所带给我的东西。但对此我也无能为力。

问候洛莉。

你永远的朋友

s/ 萨姆

TLS；1 张，1 面；NSyU。

1. 贝克特 1 月 27 给罗塞特写了回信（NSyU）。

罗塞特在 1 月 13 日给贝克特的信中写道，一个正在写有关汤姆·尤厄尔故事的新闻记者向格罗夫出版社索要一部剧本："他说迈尔伯格办公室的人不让他看那封信，并说剧本会有所改变，是吗？？？？？？？"（NSyU）贝克特写给唐纳德·奥伯里的信没有找到。2 月 6 日，罗塞特写道："迈尔伯格曾在电话中告诉我，他认为现有译本质量很差，他想让桑顿·怀尔德重做。我认为这完全有可能，他会去安排重译，但我也认为，如果奥伯里写一封信的话，会阻止他未经你的允许去做任何事情。"（NSyU）

2. 罗塞特在 1 月 27 日写给贝克特的信中总结了他的讨论。施奈德认为，伦敦制作的"不如美国的标准"，"缺乏透明度"，而且"缺少一些元素，如抒情或幽默"（NSyU）。

3. 在伦敦的演出中，彼得·伍德索普扮演爱斯特拉贡；贝克特看到表演后，祝贺他，赞其"非常惊艳！"（诺尔森，《盛名之累》，第 376 页）。

4.《莫洛伊》1956 年 1 月 13 日在爱尔兰遭禁，禁止令于 1 月 20 日由官方正式发布于爱尔兰政府公报《爱尔兰政府》；该禁止令直到 1967 年才撤销。（凯·M. 鲍尔，都柏林出版物审查办公室；《〈每日见闻报〉公布 77 本禁书》，《爱尔兰时报》，1956 年 1 月 21 日：第 9 版）

纽约，格罗夫出版社
巴尼·罗塞特

1956 年 2 月 22 日   巴黎 15 区

                                                    快马街 6 号

亲爱的巴尼：

今早收到了你 17 日写给我的信。无论如何一定要平装版，我只买便宜的书。期待能收到书的校样。我选取了一部分，投给了《爱尔兰写作》——都柏林的一个季刊，准备这部分节选时，发现自己做了很多改动。若改动比往常要多，希望你不要介意。[1]也很期待《戈多》平价本的面世。我从费伯处听说，他们的删剪版卖得很火。[2]迈尔伯格、奥伯里或施奈德那里都还没什么消息。这周我将在这里见到凯蒂·布莱克。已完成的这部剧我非常不满意，尤其是第一幕[3]。先把它放一阵儿，着手翻译《无法称呼的人》。开始时译得很顺利，但现在如陷入了波涛汹涌的水中。[4]今夜，他们在庆祝《戈多》在都柏林派克剧院的第 100 场演出。伦敦版的制作也推进得很快，以迎接旅游季。

问候洛莉！

　　你永远的朋友

　　　　　　　　　　　s/萨姆

TLS；1 张，1 面；NSyU。

1. 贝克特指的是《莫洛伊》的平装本。

　　贝克特所说的节选指的是《马龙之死：来自作者翻译的〈马龙之死〉》，《爱尔兰写作》第 34 期（1956 春），第 29—35 页。

2. 格罗夫出版社出版了售价 1 美元的《等待戈多》平装版。

　　费伯首版（1955）的"出版说明"中这样写道："《等待戈多》从艺术剧院转到标准剧院演出时，删除了少量的文本内容，主要是为了满足官务大臣办公室的审查要求。现在的这个版本，用的是标准剧院制作该剧时所使用的版本。"（伦敦：费伯出版社，1955）

3. 阿德穆森将这个阶段的手稿描述为"C_1（OU）和 C_2（TCD）"（《终局》第一幕和第二幕，《萨缪尔·贝克特手稿》，第 51 页）。记录有《终局》第二幕草稿的一个笔记本，标注日期为"1956 年 2 月 16 日"（TCD, MS 4663；《都柏林圣三一学院目录增补》，第 187 页；S. E. 贡塔尔斯基的《萨缪尔·贝克特戏剧文本的意义解构》（布卢明顿：印第安纳大学出版社，1985，第 25—54 页）中亦可看到。

4. 此处提到的《无法称呼的人》的翻译先于现存的英译手稿。（TxU，贝克特文献集，作品 5.9：《无法称呼的人》"1957 年 2 月开始"；莱克编，《无义可索，符号不存》，第 62 页；阿德穆森，《萨缪尔·贝克特手稿》，第 86 页）

伦敦，费伯出版社
查尔斯·蒙蒂思

1956 年 2 月 27 日　　　　　　　　　　　　巴黎 15 区

　　　　　　　　　　　　　　　　　　　　　快马街 6 号

532

亲爱的蒙蒂思[1]先生：

非常感谢您的来信以及您寄来的《泰晤士报文学副刊》。请原谅我这么迟才给您回信。[2]

你们的《戈多》卖得不错，这是个好消息。我唯一的遗憾就是，它已经变得不完整。有些段落因为缺失而变得毫无意义。稍加重写就可以弥补。好了，就这样吧。[3]

恐怕我的回忆录不太可能写了。J'ai moins de souvenirs que si j'avais six mois. [4]

向您致以最美好的祝愿。

　　谨上

　　　　　　　　　　　　　　　　　　s/

　　　　　　　　　　　　　　　　萨缪尔·贝克特

TLS；1 张，1 面；费伯，17/50。

1. 查尔斯·蒙蒂思*（1921—1995），费伯出版社的编辑。

2. 乔［治］·萨［瑟兰］·弗雷泽（无签名，当时《泰晤士报文学副刊》上的所有评论皆如此），《他们也起了作用》，《泰晤士报文学副刊》第 2815 期（1956 年 2 月 10 日），第 84 页。首页刊登了伦敦制作的《等待戈多》的剧照。

3. 查尔斯·蒙蒂思 2 月 16 日写信给贝克特，告诉他《等待戈多》"卖得很快，人们对它充满了极大兴趣，到处都是关于它的评论"。（费伯，17/50）

费伯出版社出版的删减版：见 1956 年 2 月 22 日的信，注 2。

4. "J'ai moins de souvenirs que si j'avais six mois"（法语，"我记得的事比我六个月大时记住的还少"）。贝克特引用了波德莱尔的"我记得的事比我活到一千岁时还要多"，诗歌《忧郁》开头一句（《作品全集》，第一卷，第 73 页；《恶之花（完本）》，第 75 页）。

伦敦
罗贝尔·潘热

1956 年 3 月 8 日 [1]   巴黎

亲爱的罗贝尔·潘热:

　　谢谢您的来信。午夜出版社一定会处理这一切。在这样的事情上,一纸文书不值一钱,唯有信任最珍贵,而且在热罗姆手里是最妥帖的。可我没什么建议给您,我这一辈子总是犯愚蠢的错误。[1] 我在您的信中发现了马于的一些情况,很遗憾您没有更多的时间去做自己的事。但也许您一直都在努力做。我也一直在尽力做,在阵阵秋风中:六年了,一直都是如此。[2] 我经常待在乡下。持续的寒流冻死了我的雪松。想到我的含羞草,有点想哭。我在夏沃音乐厅听了菲舍尔-迪斯考演奏的《冬之旅》,非常精彩。[3] 我准备种三十棵金钟柏和一棵蓝柏;昨天我挖了十五个坑。我去了剧院很多次,只是为了证明自己在巴黎:《战斗人物》《底层》;莫克莱重新制作了《椅子》。[4] 6 月我兴许会去伦敦,去罗德板球场观看英国和澳大利亚对决的国际板球锦标赛。一定会去看看英国皇家植物园:您会喜欢它的。[5] 不要灰心,别让自己陷入绝望,为我们歌唱吧。

　　您的朋友

                                                    s/ 萨姆·贝克特

TLS;1 张,1 面;伯恩斯图书馆,潘热-贝克特书信。

　　1. 潘热的小说《狐狸与指南针》已经由伽利玛出版社出版,这本书为他以后的书

---

[1] 原信用法语写成。

534

奠定了基础。他接下来的一部小说《海盗格拉尔》由午夜出版社出版，潘热同意该出版社出版他之后的作品（［1955 年］9 月 28 日的信，注 3；罗贝尔·潘热，玛德莱娜·勒努阿尔，《罗贝尔·潘热的信：玛德莱娜·勒努阿尔访谈》［巴黎：贝尔丰出版社，1993］，第 245—246 页）。

2. "马于"是潘热小说《马于或材料》（1953）中的人物。

3. 迪特里希·菲舍尔－迪斯考于 2 月 27 日在夏沃音乐厅演奏了舒伯特的作品《冬之旅》（作品 89 号）。

4. 让·沃捷（1910—1992）创作的《战斗人物》（1955）中有两种声音和腔调；2 月 1 日起由让－路易·巴罗在小剧院制作演出。马克西姆·高尔基的戏剧《底层》由萨夏·皮托埃夫（1920—1990）导演，2 月 21 日在艺术剧院演出。雅克·莫克莱（1919—2001）导演并参演：欧仁·尤内斯库《椅子》的重演和尤内斯库的《阿尔玛即兴剧，或变色的牧羊人》于 2 月 15 日在香榭丽舍工作舍首演。

5. 英国与澳大利亚对决的国际板球锦标赛：见 1955 年 11 月 22 日的信，注 6。

纽约
帕梅拉·米切尔

1956 年 3 月 12 日　　　　　　　　　　　　　　　　巴黎 15 区

　　　　　　　　　　　　　　　　　　　　　　　　　快马街 6 号

帕姆：

　　这么长时间终于收到了你的来信，我很高兴。我发现写作越来越困难，即使是写信。除了在我乡下的住所蹒跚而行外，没什么好写的。过去的一整个月，天气寒冷得让人绝望，我想雪松肯定冻死了，虽然在发黄的针叶中依然可以寻到绿色的痕迹，让我盼着它能挺过来。最近一直在挖洞，栽种些新的东西，希望这周能种好——包括一棵蓝柏！已放弃种金钟柏，因为有人告诉我它一年最多长一英寸。我不知道你在南塔基特的那块地已经出售，现在理解了你该多么想念那块地。[1] 我又

535

写了一部两幕剧，但不太喜欢，可能会把它扔掉。[2] 除此之外什么都没做。那部哑剧尚未演出，但我希望今年，也许 8 月马赛艺术节时能够上演。[3]《戈多》在都柏林的演出即将结束，在伦敦的制作虽然缓慢，但也是积极地朝着制片人称为"旅游季"的时刻推进。[4]《戈多》在纽约的制作情况很混乱。我想迈尔伯格在 7 月之前会做一些什么来推进，而不是放弃他的权利和预付版税。[5] 罗塞特出了一本平价版；伦敦版（费伯出版社）据说卖得很好。6 月我会去伦敦看国际板球锦标赛。[6] 5 月可能去都柏林，但到时候我很可能会畏缩。已经为罗塞特校完了《马龙之死》，书可能很快就出版。看在上帝的分上，一本书也不要买，甚至不要读。到时我送你一本。天哪，我恨我自己的作品。已经开始翻译《无法称呼的人》，很可能有一天因为厌恶这部作品而放弃。真希望一个月有 50 天。18 000 天，并没有多少时间浪费在这些事上。在开始之前最好停下来。无论如何，没有什么好消息告诉你。只是安稳度日，一天 24 小时有 15 个小时都躺着。常常想起我们在一起时的短暂时光。寒冷中的安慰。原谅我这份糟糕的信。至少证明我还活着。希望很快能再收到你的来信。爱你！

萨姆

ALS；1 张，2 面；信封地址：美国纽约州纽约市 17 区东 48 街 229 号，帕梅拉·米切尔小姐收，左上角注明"航空邮件"；邮戳：1956/3/12，巴黎；UoR 5060。

1. 帕梅拉·米切尔在南塔基特的居住地址没有找到。从 20 世纪 20 年代起，米切尔一家有一个避暑山庄，一幢叫"石墙小屋"的住宅，位于罗得岛纳拉甘西特湾的康纳尼克港。米切尔从 1980 年起就住在那里，直至 2002 年去世（伊丽莎白·康奈利，《策展人评论》，《遗产》[詹姆斯敦历史学会] 2002 年春，第 6 页；罗斯玛丽·恩赖特，詹姆斯敦历史学会，2010 年 5 月 3 日；小林伍德·M. 厄斯金，2010 年 5 月 4 日）。

2. 正在创作中的剧作：见 1956 年 2 月 22 日的信，注 3。

3.《默剧》计划在 1956 年 8 月 4—14 日举办的马赛先锋艺术节演出，在勒柯布西耶设计的"光辉城市"的屋顶举行。

4. 派克剧院制作的《等待戈多》5月12日到17日被转移到更大的大门剧院演出（艾伦·辛普森，《贝克特和贝汉以及一家都柏林剧院》［伦敦：劳特利奇出版社，1962］，第86—88页）。

伦敦制作在标准剧院的演出一直持续到3月24日，与此同时，唐纳德·奥伯里试图找到另一家剧院继续演出（凯蒂·布莱克致巴尼·罗塞特的信，1956年3月13日，NSyU）。

5. 迈克尔·迈尔伯格持有的选择权要求每年在百老汇制作演出。

6. 国际板球锦标赛在伦敦罗德板球场举行：见1955年11月22日的信，注6。

纽约，格罗夫出版社
巴尼·罗塞特

1956年3月15日　　　　　　　　　　　　　　　　　　　巴黎15区

　　　　　　　　　　　　　　　　　　　　　　　　　　快马街6号

亲爱的巴尼：

　　谢谢你的来信，还有一并附上的《等待戈多》的美元以及《无法称呼的人》的合同。[1] 拙作《莫洛伊》《马龙之死》《等待戈多》《无法称呼的人》以及《故事和无所谓的文本》已经寄给你的下属雷克斯罗特了。我觉得他对法国版的《莫菲》不感兴趣，英文版目前还没有。[2]《等待戈多》在都柏林和伦敦马上就要结束了，过去几周的生意逐步下滑。奥伯里试图找到另一个剧院继续演出，他认为这是一个季节性的下滑。[3] 我刚刚读了《等待戈多》意大利语版的修订证明，埃诺迪出的译本不够好，但足够忠实。[4] 最近好几周我都没看过新剧，坦率地说，也没有继续翻译《无法称呼的人》。但我已经在"花园"里挖了56个大坑，准备种各种各样的植物，包括39棵金钟柏和1棵蓝柏。在巴黎停留了片刻，与一个来自都柏林的访客交谈，希望尽快回到充满氧气的乡下。[5] 我很喜欢新版的《等待戈多》，听说销量不错，十分高兴。由伦敦导演执导纽约制作的想法，我很喜欢。我在伦敦时跟他谈过，把笔记也给了他，我想他现在有能力做得更好。[6] 关于小说在英国的出版，与你最初的协商并不冲突，但由于《莫洛伊》的版权被灰背隼那帮人收购，随后转移给奥林匹亚出版社，在版权问题上会有一些困难。目前我们正试图从吉罗迪亚的出版社那里收回部分版权，因为他们对《瓦特》和《莫洛伊》的某些权利执行得较为糟糕。我知道兰东也在就英国出版事宜进行沟通。我从都柏林的一个朋友那里听说麦克米伦出版社也很感兴趣。只要你与兰东保持联系，一切都会好的，如果你想更详尽了解吉罗迪亚的出版社的业务情况，就直接问他。[7] 顺便提一下，我从《马龙之死》中节选了一部分交给了《爱尔兰写作》，那是一本都柏林的季刊，以前我也在上面发表过。[8]《等待戈多》在都柏林的版税情况是，他们会在该演出季结束时，在一周或三周内，一次性汇给你 10%。这些钱总数也不多，我想最多 80 或 90 英镑。我收到了德斯蒙德·史密斯先生的一封信，要我跟他解释这部戏。这一点加拿大人很奇怪。[9] 替我问候洛莉、彼得，祝愿格罗夫出版社的所有人一切顺利。

　　　　你永远的朋友

　　　　　　　　　　　　　　　　　　s/ 萨姆

　　我不太确定《戏剧艺术》杂志上的一篇文章是否会对你的销售有所帮助。但你觉得怎么做最好，就怎么做。[10]

　　TLS；1 张，1 面；NSyU。

　　1. 贝克特回复了罗塞特 3 月 8 日的来信，信中罗塞特指出，他将准备一份由贝克特担任《无法称呼的人》译者的合同（NSyU）。

2. 贝克特将《故事和无所谓的文本》写到了左边空白处。

罗塞特 3 月 8 日给贝克特写了一封信，称诗人、评论家兼文学翻译家肯尼思·雷克斯罗特（1905—1982）计划写一篇关于贝克特的文章，准备发表在《国家》杂志，并希望建立一个贝克特图书馆。在他的文章中，雷克斯罗特把《莫洛伊》称为"二战以来以任何语言发表的所有小说中最杰出的一部"（《一点都不相干》，《国家》第 182 卷第 15 期［1956 年 4 月 14 日］，第 325 页）。

3.《等待戈多》在伦敦和都柏林的制作：见 1956 年 3 月 12 日的信，注 4。奥伯里似乎并没有安排其他伦敦剧院继续制作演出。

4. 卡洛·弗鲁泰罗把《等待戈多》译为 *Aspettando Godot*，作为埃诺迪出版社的"戏剧书系"之一出版（都灵：埃诺迪出版社，1956）。

5. 在 3 月 15 日的信中，贝克特跟苏珊·曼宁提到，托马斯·麦克格里维正在巴黎，要逗留几天。（TxU，贝克特文献集）

6. 贝克特指的是《等待戈多》的平装本。

在他 3 月 8 日的信中，罗塞特问贝克特对彼得·霍尔导演的纽约版《等待戈多》的看法。

7. 热罗姆·兰东因《莫洛伊》，贝克特因《瓦特》的侵权，起诉奥林匹亚出版社的出版商吉罗迪亚。（兰东 1956 年 2 月 27 日致贝克特的信，IMEC，贝克特，第 1 箱，S. 贝克特，书信及其他 1950—1956；贝克特 1956 年 2 月 29 日致保罗·罗森菲尔德的信，IMEC，贝克特，第 6 箱，午夜出版社 / 奥林匹亚出版社）

那位称麦克米伦出版社有兴趣出版的都柏林的朋友是谁尚未确定。

8. 在《爱尔兰写作》上发表的《马龙之死》：见 1956 年 2 月 22 日的信，注 1。《爱尔兰写作》也发表了《瓦特》的节选（见 1951 年 8 月 4 日的信，注 3）。

9. 德斯蒙德·史密斯（生于 1927 年），原本是加拿大广播公司的一个新闻和时政电视节目制作者，后来在美国做电视制片人。他于 2 月 4 日之前写信给贝克特，咨询《等待戈多》在加拿大的制作权；贝克特建议他联系罗塞特，他于 2 月 4 日联系了罗塞特。

10. 在 3 月 8 日的信中，罗塞特提到，《戏剧艺术》杂志希望将《等待戈多》的全文转载刊登在其夏季的一期上（《等待戈多》［未删减完整版］，《戏剧艺术》第 40 卷第 8 期［1956 年 8 月］，第 36—61 页；虽然连续编号，但在这期发表的页码标注不正确）。

附言为手写。

多伦多

德斯蒙德·史密斯

1956 年 4 月 1 日

巴黎 15 区

快马街 6 号

亲爱的史密斯先生：

谢谢您 3 月 5 日的来信。[1]

我从罗塞特先生处了解到，迈尔伯格先生反对您先于纽约在加拿大制作《等待戈多》。听到这个消息我很难过。然而，您不会等太久。[2]

我恐怕没办法坐下来写一封信来"解释"该剧。我想由您寄来一份查询清单最简单了。对其中一些问题，我的回答可能涉及很多方面。大多数评论家的问题在于他们只见树木不见森林。试着从简单的入手来看待事物，等待、不知原因，不知何地、何时，或为了什么。如果有晦涩的细节，那么他们的解释绝不会是一个符号系统。这不是任何意义上的象征作品。以波卓为例，理解的关键不是他是谁，或他是什么，或他所代表的是什么，事实上，这一切都是未知的，因此一时会与戈多混淆起来。最根本的是，他不应被具体化。甚至可以说，连他自己都不知道自己是谁或是什么，在我看来，只有伟大内心已然破碎不堪的演员才能表演得令人满意。心智紊乱和身份错乱是这部戏剧不可或缺的元素，努力理清随之而来的晦涩，这似乎已经达到了蒙蔽大多数评论家，使其难以理解该剧最核心之纯粹的程度，他们的评论给我的印象是非常空洞。

在我看来，伦敦的演出有一些好的东西，特别是爱斯特拉贡和幸运儿两位扮演者的优秀表演，但背景布置是完全错误的，计时上也有问题，这都很重要，我的意思是，应该给予沉默以充分的价值。[3]

我确信作者的观点对演出导演而言是有害的。或许，对我来说是错

540

误的，但是其他人却很喜欢，您对作品的体验是纯粹而统一的，您试着把您的理解与其他完全不同的理念相结合。作者也不一定对。但是，如果您想冒险，把问卷调查一并寄给我，我会尽我所能回答。我至少可以帮您解决剧本中遇到的困难，如果您遇到过这样的困难的话。[4]

关于我下一部戏剧的版权，我甚至都不确定会有下一部。无论如何，您均须向我的出版人午夜出版社的热罗姆·兰东先生提出申请。他的地址是：巴黎6区贝尔纳－帕利西街7号，午夜出版社，热罗姆·兰东先生。

谨上

s/

萨缪尔·贝克特

TLS；1张，2面；由斯旺画廊出售，目前持有者未知。先前刊印：贝克特，《谁是戈多？》，《纽约客》，第136—137页。

1. 德斯蒙德·史密斯3月5日写给贝克特的信尚未找到。在伦敦看过这部戏后，史密斯觉得他可能会在多伦多的羽冠大剧院制作并演出《等待戈多》（德斯蒙德·史密斯，1995年9月27日）。

2.《等待戈多》4月19日在纽约的约翰·戈尔登剧院开幕。

3. 伦敦的演出：见1955年9月24日的信，注2，及1955年12月14日写给彼得·霍尔的信中有所提及。1955年9月12日转到标准剧院演出，贝克特在那里见到了艾伦·施奈德。

4. 由于关于是否制作该剧的讨论没有进展，史密斯也就没有给贝克特发调查问卷。

南希·丘纳德

1956年4月5日 [1]

巴黎15区

快马街6号

[1] 原信用法语写成。

亲爱的南希：

你的贺卡直接寄到了我这里，而不是通过一个 i migliori fabbri 安全送达。很高兴你看了这部戏剧，经过一波三折，你还是看了，但法国上演的版本更像是我想要的。我的翻译也没有什么了不起，我有一份法文版给你，已经给你寄出去了，虽然读剧本会有点乏味，但你会喜欢它的。[1] 我还有一本你编辑的《黑人文选》舒舒服服地躺在我的书架上，不像很多我曾经拥有过的书，甚至还有几本我的《腥象》。[2] 我现在住在塞纳－马恩省一间紧凑的平房里，我尽可能久地待在那里。但我一定会在 20 号左右到巴黎，希望你能抽出一晚来。那条狗比以往更迟钝，它的朋友们知道，如果它们起身离开，它是不会介意的。我希望我有一份你写的诺曼·道格拉斯传记，期待你的《乔治·摩尔回忆录》出版。如果你正在组织订阅你那本有关古代非洲的象牙的书，算我一份。[3]

爱你，亲爱的南希！

s/ 萨缪尔

TLS；1 张，1 面；TxU，丘纳德文献集。先前刊印：安妮·奇泽姆，《南希·丘纳德》（纽约：阿尔弗雷德·A. 克诺夫出版社，1979），第 305 页。

1. 南希·丘纳德（1896—1965；见第一卷中"简介"）。丘纳德寄给贝克特的卡片和信没有找到。也不知是谁把南希·丘纳德的卡片转交给了贝克特。

"i migliori fabbri"（意大利语，"最好的工匠"）。T. S. 艾略特在《荒原》的题献中对埃兹拉·庞德作评价时用到了这句话（"Il miglior fabbro"），贝克特在这里把这个表达改造了一下。而这个评价本身又出自但丁《炼狱篇》中圭多·吉尼泽利对阿尔诺·丹尼尔的钦佩之情（《神曲》，《炼狱篇》，第二十六歌，第 117 行）。

2. 贝克特参与了《南希·丘纳德编黑人文选：1931—1933》的翻译工作，南希·丘纳德编（伦敦：威沙特出版有限公司，1934）。丘纳德出版了贝克特的《腥象》（巴黎：时光出版社，1930）。

3. 南希·丘纳德撰写了诺曼·道格拉斯（1868—1952）的回忆录，《伟人：诺曼·道格拉斯回忆录，内含其信件节选，肯尼思·麦克弗森、哈罗德·阿伦、阿瑟·约翰逊、查尔斯·达夫和维克托·丘纳德的评价，以及塞西尔·伍尔夫的文献注记》（伦敦：塞克和沃尔伯格出版有限公司，1954）。丘纳德的著作《乔治·摩尔回忆录》（伦敦：哈特－戴维斯出版社，1956）其时尚未出版。

丘纳德曾做过一个关于"古代非洲的象牙"的项目，后成书为《象牙之路》，她打算参观"博物馆、画廊和私人收藏"；丘纳德收集了近七百页的笔记和手稿，但该项目没有完成（奇泽姆著，《南希·丘纳德》，第303—304页；TxU，丘纳德文献集）。

巴黎，奥林匹亚出版社
莫里斯·吉罗迪亚

1956 年 4 月 7 日 [1]   巴黎 15 区

                                                              快马街 6 号

先生：

我确认收到您 3 月 19 日的来信和装在里面的 5 000 法郎的支票。我想提醒您，在 1954 年 5 月 29 日的来信中，灰背隼杂志社告诉我，要支付一笔 15 000 法郎的费用，是《瓦特》豪华版成本 20% 的版税。您能考虑支付这笔费用吗？ 1

由于这部作品现已绝版，您能告诉我您打算什么时候再版吗？热罗姆·兰东告诉我，您说过最迟今年夏天就会再版。那样的话，我想我们之间应该直接签订一份合同。2

谨上

萨缪尔·贝克特

TLcc；1 张，1 面：附了贝克特致兰东的信，1956 年 4 月 7 日；IMEC，贝克特，

[1] 原信用法语写成。

第 6 箱，午夜出版社/奥林匹亚出版社。

1. 吉罗迪亚 3 月 19 日写给贝克特的信没有找到。这封信可能是 1954 年 5 月 29 日由亚历山大·特罗基代表"灰背隼丛书"编辑部写的；信中给出了支付《瓦特》版税的时间表，包括 30 本《瓦特》豪华版（McM，"灰背隼丛书"，第 1 卷第 22 册）。

2. 吉罗迪亚 5 月 2 日回复贝克特说，他打算夏天再版《瓦特》，出版日期和价格将取决于在英国和美国的销售，还说在这一切都明确后，需要准备一份再版合同（IMEC，贝克特，第 6 箱，午夜出版社/奥林匹亚出版社）。

纽约，格罗夫出版社
巴尼·罗塞特

1956 年 4 月 7 日   巴黎 15 区

                                                        快马街 6 号

亲爱的巴尼：

感谢你的来信，以及随函支票、剪报、墨西哥文件、合同和丹麦信件。还要感谢你寄来的关于《三便士歌剧》的文章。[1]我会告诉《爱尔兰写作》给你寄一份杂志。[2]我认为他们用英语写的那些书在英国是出版不了的，因为英国有某种官方的公共道德组织，所有的出版商都害怕受到与淫秽行为相关的威胁。[3]与吉罗迪亚的小冲突渐渐平息，最终承认了他的权利。我们之间进行过有关这个夏天重印《瓦特》的谈话。如果你愿意的话，可以将我以前写的《回声之骨》列在你的出版名单上，我这儿有十多本书。[4]我对墨西哥的那些照片印象深刻。整个过程似乎极不规范，他们似乎甚至没用波塞冬的译本。我会让兰东写信给他们，但我不觉得能改变他们多少。[5]日语的翻译和表演都悬而未决，看日语版的《等待戈多》会是一大解脱。[6]我还没有重新担起创作其他戏剧的重大担子，但《无法称呼的人》还是取得了一点进展。我所有的树都种在了冰冷的土地里，一想到它们的根部正在发生着什么，我就感到不寒而栗。过去的一周左右，我在巴黎带着侄女参加了一些体面的娱乐活动，今晚刚回到了西。[7] 对于约翰·戈尔登剧院演出的《等待戈多》，至多只是有点儿好奇，希望你和洛莉至少不会太失望。[8] 我给史密斯写信要一份审查清单，跟他说至少在我看来，作品中并没有什么象征，但如果有，我乐于改正。[9] 我觉得也许除了《胆怯》外，《徒劳无益》这个故事不值得费力，但你可以随意去做，怎么高兴怎么来。我自己并没有这部作品。派克剧院那里没有任何消息，因为他们完成了他们的巡演，如果他们演完了，应该很快就可以得到一笔小钱了。他们在大门剧院演了一个星期，这对他们的商业方式有什么影响，我没有听到过。[10] 我想标准剧院的制作也将进行巡回演出，但关于这点我也没有听到任何消息。祝你和洛莉和那帮年轻人一切顺利！

谨上

s/ 萨姆

TLS；1 张，1 面；NSyU。

1. 同 3 月 26 日的信一起，罗塞特寄给贝克特一份布鲁克斯·阿特金森撰写的评论，该文称赞了卡门·卡帕尔博制作的布莱希特的《三便士歌剧》，评论了百合花剧院空间的适宜性（NSyU；《歌曲和嘲讽：〈三便士歌剧〉风格的胜利》；《纽约时报》，1956 年 3 月 11 日：第 129 版）。罗塞特也寄了一篇专栏文章，该文宣布由迈尔伯格制作的《等待戈多》将在 4 月 16 日开演，由伯特·拉尔和 E.G. 马歇尔（1914—1998）担任主演，还宣告了赫伯特·贝格霍夫"可能"担任导演（萨姆·佐洛托，《〈决斗〉将在 4 月 4 日开演》，《纽约时报》，1956 年 3 月 13 日：第 39 版）。

萨尔瓦多·诺沃（1927—1975）导演了他自己翻译的《等待戈多》，并于 1955 年 6 月 28 日起在墨西哥城科约阿坎区有一百个座位的大歌剧院演出；演员有卡洛斯·安西拉（饰演弗拉第米尔）、马里奥·奥雷亚（饰演波卓）、劳尔·丹特斯（饰演幸运儿）、安东尼奥·帕西（饰演爱斯特拉贡），迪迪埃·亚历山大（饰演男孩）（《七月预览》，《墨西哥／本月》，1955 年 7 月，无页码；《至上报》，1955 年 6 月 28 日：第 22A 版，以及 1955 年 7 月 25 日：第 25A 版。国家艺术中心艺术图书馆文件协调员阿图罗·迪亚斯，以及墨西哥国家美术研究所鲁道夫·乌西戈利戏剧研究中心主任鲁道夫·奥夫雷贡［CITRU/INBA］）。

合同和丹麦人的信件尚未找到。

2. 在《爱尔兰写作》发表的《马龙之死》部分内容：见 1956 年 2 月 22 日的信，注 1。

3. 罗塞特在 3 月 26 日写给贝克特的信中说，哈米什·汉密尔顿拒绝了《马龙之死》，担心存在审查问题。

4.《回声之骨及其他沉积物》（1935）。

5. 波塞冬《等待戈多》译本：见 1954 年 8 月 19 日的信，注 3。拉卡皮亚剧场没有从格罗夫出版社或午夜出版社那里要求获得制作权。但正如贝克特后来写信给罗塞特所说："显然，在墨西哥的制作井然有序，与这里的戏剧家协会签订过合同，我刚好属于该组织中的一员。"（1956 年 4 月 19 日，NSyU）给贝克特寄的具体剧照尚未确定。

6.《等待戈多》由安堂信也（1927—2000）翻译成了日文（东京：白水社，1956）。

7. 卡罗琳·贝克特曾去过巴黎。

迈尔伯格在百老汇约翰·戈尔登剧院的制作按计划要在 4 月 16 日首演，但是，根据《纽约时报》上所刊登的广告（1956 年 4 月 8 日），该首演日期被推迟到了 4 月 19 日。

9. 德斯蒙德·史密斯。

10. 派克剧院制作的《等待戈多》在大门剧院上演：见 1956 年 3 月 12 日的信，注 4。派克剧院的巡演之旅于 3 月 18 日开始，先后在邓多克、纳文和德罗赫达演出，为期一周；之后于 4 月 1 日开始再次巡演，4 月 1 日先是在科克演出，随后在克朗梅尔、沃特福德和卡洛各演了"几天"（斯威夫特：《一场又一场》，第 196—201 页；辛普森，《贝克特和贝汉以及一家都柏林剧院》，第 88—92 页）。

丹麦，海勒鲁普
克里斯蒂安·卢兹维森

1956 年 4 月 23 日

巴黎 15 区
快马街 6 号

尊敬的卢兹维森先生：

　　谢谢您 4 月 19 日的来信。我很高兴，您作为译者和策划人所付出的所有辛劳并没有白费，它也给您带来了一些快乐和满足。向您表达衷心的感谢和祝贺。[1]

　　自从《自由》被宣称要出版之后，我改变了主意，决定不再按照其现有的样子制作或出版。[2]将来有一天，我可能会尝试修改它，但我觉得这种可能性不大。

　　您真是太好了，说要给我寄来奥胡斯剧院的照片。我很有兴趣看到它们。

　　向您致以最美好的祝愿。

　　　　谨上

s/

萨缪尔·贝克特

TLS；1 张，1 面；信封地址：丹麦海勒鲁普 C.V. E.克努特街 18 号 a，克里斯蒂安·卢兹维森收；邮戳：1965/4/23，拉费尔泰苏茹阿尔；卢兹维森收藏。

1. 克里斯蒂安·卢兹维森 *（1930—2019）是《等待戈多》丹麦语版的译者，译名为 *Vi venter på Godot*（菲登斯堡：舞台出版社，1957）；由于他的坚持，该剧于 4 月 10 日在丹麦奥胡斯剧院进行了首演。

2. 第一版的《马龙之死》（1951）预告了即将出版的几部贝克特作品："长篇小说《无法称呼的人》即将出版。《自由》（共三幕）"［第 4 页］。

丹麦，海勒鲁普

克里斯蒂安·卢兹维森

1956 年 5 月 1 日　　　　　　　　　　　　　　　　　巴黎

尊敬的卢兹维森先生：

感谢您寄来的剪报，也感谢您不辞辛劳地把《等待戈多》翻译出来。我很高兴这部戏在奥胡斯剧院大受欢迎。[1] 就让人们开怀大笑吧，然后提醒他们这不只是笑的事情，恐怕唯一可用的照片就是您提到的那张。如果需要的话，我随时可以从我的法国出版商那里拿到。[2]

祝一切顺利。

　　谨上

　　　　　　　　　　　　　　　　　萨缪尔·贝克特

ALS；1 张，1 面；信封地址：丹麦海勒鲁普 C.V.E. 克努特街 18 号 a，克里斯蒂安·卢兹维森收；邮戳：1956/5/2，巴黎；卢兹维森收藏。先前刊印：克里斯蒂安·卢兹维森著，《始于贝克特：我自己的戏剧史》，当代戏剧的问题（奥胡斯：叙事研究所，1997），第 41 页［复制和转录］。

1. 卢兹维森寄给贝克特的关于《等待戈多》在丹麦首演的剪报尚不明确。

2. 当时，有两张标准的贝克特照片：第一张出现在《莫洛伊》第一个平装版封底，由一位不愿透露姓名的摄影师于 1951 年拍摄（见 1951 年 4 月 10 日的信，注 2）；第二张由鲍里斯·利普尼茨基于 1956 年拍摄（弗朗索瓦-马里·巴尼耶，《萨缪尔·贝克特传》，作者肖像［巴黎：奇迹出版社，1997］，第 10—13 页）。

纽约

乔治·雷维

1955〔1956〕年5月15日   巴黎15区

亲爱的乔治：

很高兴有了你的消息。听到你婚姻生活的这种巨变，我也很难过。希望一切都在向最好的方向发展。[1]谢谢你邀请我去纽约，若去了那里，没有比你那里更好的容身之所了。但我不会去。Pas folle à ce point, la guêpe.[2]我突然感觉到我的耳朵、鼻子和喉咙一下子给堵上了，并伴有恐慌。我记得在波托拉皇家学校有个叫皮埃尔的男子，留着长长的、杂草一样的头发，和蔼可亲，你说的是这个人吗？[3]很高兴听到你的诗歌很成功。我以每本5先令的价格卖了30本《回声之骨》，卖给了著名的杰克·施瓦兹，就是被人们称为"大挖掘机"的那个人。我觉得这部分的款项应该归你，你下次来时我们再商定。我寄给巴尼更多的书，建议他以一美元一本的价格卖掉。[4]最近见到赫尔和布拉姆了，他们都在"五月沙龙"有不错的画作展出。妹妹托尼（雅各芭）的法语译本很出色。[5]我在伦敦见到麦卡尔平和他的妻子，就在他们返回东京的前一天晚上，他们当时正在英国大使馆做文化宣传。[6]我有时在"精英沙龙"会遇到海特。他有一幅不错的画在五月沙龙展出，他的妻子海伦也展出了一座很有震撼力的木雕作品。[7]

我亲爱的朋友，祝你一切顺利！

萨姆

ALS；1张，1面；TxU，雷维文献集。

1. 艾琳·赖斯·佩雷拉于1955年12月离开了雷维，1956年3月2日雷维夫妇

549

签署了离婚协议（贝罗，《艾琳·赖斯·佩雷拉传》，第237页）。

2. "Pas folle à ce point, la guêpe"（法语，"并不是因为我很愚蠢"）。

3. 来自波托拉皇家学校的皮埃尔的身份尚未确定。

4. 雷维的诗集，题名为《记忆的颜色》，由格罗夫出版社1955年出版；他的诗《向内》发表于《审美》期刊（1955年冬）第35卷第1期［，第30页］。

雷维于1935年出版了贝克特的诗集《回声之骨及其他沉积物》。

杰克·施瓦兹（生卒年不详），书籍和手稿经销商，以前是布鲁克林区的一位牙医，他以"能够不可思议地将作者从他们的文学材料中脱离出来"的能力为自己赢得了一个绰号，叫"大挖掘机"。（卡尔顿·莱克，《收藏家爱德、牙医杰克和贝克特：一个在得克萨斯州结束的故事》，《纽约时报》，1987年9月6日：第BR2版；尼古拉斯·A.巴斯贝恩，《温柔的疯狂：书籍收藏家、藏书狂和对书永恒的爱》［纽约：霍尔特出版社，1999］，第317页）

5. 在"五月沙龙"，布拉姆·范费尔德展示了《作品》（第180号），赫尔·范费尔德展示了《作品》（第191号）（第十二届"五月沙龙"，巴黎市立现代艺术博物馆，1956年5月5—27日［巴黎：五月沙龙，1956］）。

雅各芭·范费尔德的小说《大礼堂》，由麦迪·比斯翻译（巴黎：朱利亚尔出版社，1956）。

6. 从1953年到1960年，威廉·麦卡尔平和海伦·麦卡尔平夫妇住在东京；威廉在英国文化推广委员会工作，负责文化推广规划，帮助那些希望到英国学习的学生。两人都在电台做过讲座，并接待来日本巡演的艺术家(哈里·约翰逊，2006年1月29日)。

7. 斯坦利·威廉·海特在"五月沙龙"展出了两幅版画，《螺钉》（第23号）和《蹲着的女人》（第24号），以及一幅绘画《暴风雨》（第82号）。美国雕塑家海伦·菲利普斯（1913—1995；1940—1970为海特的妻子）展出了雕塑《生命之树》（第19号）以及两幅版画《处女座》（第31号）和《散步》（第32号）（第十二届"五月沙龙"［1956］；《81岁的雕塑家海伦·P.海特离世》，《纽约时报》，1995年2月1日：第D21版）。

纽约，格罗夫出版社

巴尼·罗塞特

1955［1956］年5月15日　　　　　　　　巴黎，确切地点为于西亲爱的巴尼：

感谢你寄来的剪报。没人告诉我这部戏进展如何，我是说票房收入。雷维在信里提到它已经续演了一个星期。有没有谈过秋天重新制作？附函令我费解，一个玩笑？请指教。[1]突然出现的紧急工作已经让我十分焦虑，要为8月的马赛艺术节准备一部哑剧和一部独幕剧（两幕压缩而成），我内心充满了恐慌和怀疑。对于这两个剧的创作，我毫无头绪。我几乎快要想出如何做了，但不完全能确定这样做，我觉得我就像马塞尔一样，在创作《追忆似水年华》接近尾声时，变得害怕去坐马车了。除了这糟糕的事之外，《等待戈多》还是令我愉快的，Gott hilfe mir, ich kann nicht anders。[2]收到来自美国的一份申请书，要求业余团队制作演出的授权，我想让凯蒂·布莱克去处理。[3]亲爱的巴尼，祝你和洛莉一切顺利！一切都会过去，希望你能很快写信给我。

s/ 萨姆

TLS；1张，1面；NSyU。日期判定：罗塞特于1956年5月18日写信给贝克特，回答了贝克特的问题（NSyU）。

1. 罗塞特给贝克特寄的是关于什么的评论还未确定；媒体对《等待戈多》的反响多种多样，包括布鲁克斯·阿特金森的《剧场：贝克特的〈等待戈多〉：戈尔登剧院的一个谜》（《纽约时报》，1956年4月20日：第21版），布鲁克斯·阿特金森的《〈等待戈多〉不是骗局：古怪的戏剧有话要说》（《纽约时报》，1956年4月29日：第129版）。

演出第一周票房收入就在《综艺》周刊刊登了（《〈戈多〉在百老汇一路攀升，15 300美元……》，1956年5月2日：第71版）。

这部戏的演出时间延长了两次，从5月12日到26日，然后再到5月30日，总共额外演出了十四场；6月9日结束演出（阿瑟·盖尔布，《科科小姐6月11日回到舞台》，《纽约时报》，1956年5月7日：第30版；［广告，］《纽约时报》，1956年5月30日：第11版；［广告，］《纽约时报》，1956年6月9日：第14版）。

罗塞特因为不打算给贝克特寄报纸而向他道歉（罗塞特致贝克特的信，1956年

5 月 18 日）。

2. 正在进展中的戏剧作品和《默剧》，马赛：见 1956 年 3 月 12 日的信，注 3。根据阿德穆森的描述，两幕剧压缩为一幕剧的手稿标记为 G，指的是《终局》。（OSU，英文手稿 29；《萨缪尔·贝克特手稿》，第 53 页）。

他渐渐明白，这么多年期望创作出来的文学作品一直都在他的内心中，在普鲁斯特的《追忆似水年华》最后几页，叙述者（马塞尔）非常焦虑，觉得自己可能活不了那么久来完成这部作品，他想象自己可能死于意外。贝克特可能记错了这次死亡事故，因为那是汽车事故，没有马车。叙述者想象自己即将英年早逝：

> 我知道我的脑子就像富含矿物质的矿场，里面有各种各样价格昂贵的矿石。但我应该抽出时间来开采它们吗？两个原因决定了我是唯一能做到这一点的人：我死了，那个唯一的工程师也会消失，只有他能够提取这些矿石——不只如此——以及整个岩层。但现在，当我离开这个聚会回家，所需要的只是一个将我的身体毁灭的碰撞的机会，一辆我乘坐的出租车与另外一辆车的碰撞，它迫使我开始思考生命从何时开始顷刻凋零，迫使我永远永远放弃当下脑海里的一些新想法，这些想法我还没来得及将其安全地置于书本中，它急切地接受了这脆弱的保护，来护佑它柔软的，颤抖的存在。（马塞尔·普鲁斯特，《追忆似水年华》，第六卷，《重现的时光》，安德烈亚斯·梅尔和特伦斯·基尔马丁译，D. J. 恩赖特修订［纽约：现代文库，1993］，第 514 页）

"Gott hilfe [helfe] mir, ich kann nicht anders"（德语，"上帝帮了我，不然我自己是做不到的"）。

3. 至于是谁向贝克特申请业余制作权，尚未可知。

纽约，格罗夫出版社

巴尼·罗塞特

1956 年 5 月 26 日   于金钟柏旁

亲爱的巴尼老友：

今天回复你 22 日的来信，在说其他事情之前，我得说，没有什么比下个月、这个月，或任何一个月在巴黎见到你更让我开心的了。希望能看到洛莉挽着你的胳膊，我用自己微薄的收入买上几瓶开胃酒，带你们去波比诺，晚餐我们就去那家从未令人失望的马克萨斯，畅饮博若莱和桑塞尔。所以务必尽快写信给我，并确认这个好消息。[1]

感谢你的来信、剪报、账户和《马龙之死》的封面，我很高兴。[2]那张照片现在在我的脑海中更清晰了，大大地增强了每个人的信心（不那么心烦了），毫无疑问，在预定的时间，我银行账户里的钱会多起来。

一直在拼命地工作，为 8 月马赛艺术节准备一晚上的热闹娱乐节目，节目将在勒柯布西耶的"光辉城市"的屋顶举行！届时将在那里演出一部哑剧，有两个版本，一个只有一位演员，另一个有两个，具体用哪个版本尚未确定，音乐是我堂弟创作的；接下来是（他满怀希望地说）一个长的独幕剧，是将你已经听到的两幕剧 zusammengeschmozzled。虽然后者尚未完全确定，但我正尽力把它做好，无论如何，反正没有放弃的可能。[3]不用说，《无法称呼的人》翻译起来也不容易。关于《等待戈多》的最新消息，赫伯特托剧院确定要重新制作演出该剧，演出时间可能在 6 月 15 日。除了波卓，其他都是原班人马，波卓的演员现在也正在积极寻找中。我听说（当然不是从奥伯里也不是从布莱克那里）英格兰各地都在期待它的到来。[4]此外，我收到了《爱尔兰写作》寄给我的一份杂志，我给编辑怀特写了信，提醒他把你的那份寄给你。[5]派克剧院一个字都没给我写过，更别说看到或是签收版税了，所以我必须尽快追问他们，我并不希望这样做。我把一篇用英语写的小短文《来自被抛弃的作品》寄给了都柏林另一家评论杂志，我会将这篇短文尽快通过适当的方式寄给你。[6]对《胆怯》的祝贺并不真诚，当然渣透-瘟得死出版社早已失去了对这部作品的所有权利。但我还是喜欢它所标注的那个日期。《斯梅拉迪娜的情书》是一个令人悲伤的旧故事，"写了很久，写得很不好"，对它你有何打算？对于你说的重新出版《乔治·摩尔回忆录》，我的建议是不出版，除非像迈尔伯格所说的"有钱可赚"。[7] 我想让你做的是，翻译特奥多尔·冯塔纳最打动人心、写得最好的小说《艾菲·布里斯特》，洛莉肯定知道这部小说，我知道它没有英文版，你手头是否有可用的一流译者。前几天我第四次读了这部小说，在熟悉的几处地方，又流下了泪水。[8]

其他的事，我们见面的时候再谈。如果你要来，提前告诉我，我把裤子上的杂草刷掉，买一件干净的衣服。

谨上

s/ 萨姆

TLS；1 张，1 面；伯恩斯图书馆，罗塞特－贝克特文献集。

1. 波比诺音乐厅兼剧院位于欢乐街 20 号，马克联萨斯群岛餐厅位于街对面。

2. 平装版《马龙之死》的封面设计由橙色、白色和黑色的图形构成。

3. 贝克特的《默剧》是一部只有一个演员的哑剧，而《默剧二》有两个演员。6 月 17 日的《星期日泰晤士报》将《默剧》描述为"一个激动的家伙在处理一些耐火材料制作的无生命物体时所遇到的困难"。文章指出：

> 那时有人问贝克特，他可否为这个节日提供一个剧本。起初贝克特说，他不可能及时让自己静下心来写出任何东西。但经过再三思考，他暂时放下他手头的工作，现在这位剧作家重新构思了一部剧，他对以两幕剧的形式呈现该剧不满意，于是将其改为一部独幕剧，持续大约一个小时。（《星期日泰晤士报》记者，《等待贝克特：两部新的作品》，1956 年 6 月 17 日：第 10 版）。

贝克特的戏剧在马赛的"光辉城市"上演。

"zusammengeschmozzled"是贝克特将德语"zusammen"（共同）和"geschmolzen"（混合）结合在一起而造出来的一个词，意思是"混合在一起"或"组合在一起"。

4. 赫伯特托剧院原班人马在 6 月 14 日到 9 月 23 日重新制作演出了《等待戈多》

（除了最初由阿尔贝·雷米替换罗歇·布兰来饰演波卓）。

由标准剧院制作的《等待戈多》被宣布将在哈罗、剑桥、布莱克浦、伯恩茅斯和布莱顿巡演（《〈等待戈多〉的巡演开始》，《泰晤士报》，1956年5月17日：第3版）。

5.《爱尔兰写作》杂志上《马龙之死》的节选部分：见1956年2月22日的信，注1。贝克特写给肖恩·J.怀特的信尚未找到。

6.《来自被抛弃的作品》发表在《圣三一学院新闻》第3卷第17期，1956年6月7日，第4版。

7. 罗塞特对发表在《新世界写作》上的《胆怯》很感兴趣，这篇作品选自查托-温德斯出版社1934年出版的《徒劳无益》。罗塞特在5月22日写给贝克特的信中指出，他的员工正在把《斯梅拉迪娜的情书》打出来，这是出自《徒劳无益》的另一个故事，发表于《零点文集》，戎弥斯克里斯·霍蒂斯编，第8辑，（纽约：零度出版社，1956，）第56—61页。

在这封信中，罗塞特写道："我们一直思考是否重新出版《乔治·摩尔回忆录》。可能出两卷，一卷是小说《湖》，另一卷是小说集《未开垦的田野》。你有什么意见？"

8. 洛莉·罗塞特是德国人。

都柏林
西里尔·丘萨克

1956年6月1日 巴黎

亲爱的西里尔·丘萨克：

你要我用法语为你的纪念性节目写一个赞扬乔治·萧伯纳的纪念性短文。[1]

这个要求对我来说太高了。

我不会用法语为国王街写东西。

我并不是暗示萧伯纳不是一个伟大的剧作家,无论在国内是什么情况。

我要做的是给难以撼动的《苹果车》加点儿《鹰井边》或《圣泉》,

或《朱诺》，使其止步不前。[2]

　　对不起。

s/ 萨缪尔·贝克特

　　? TLS；1 张，1 面；发表于《安德洛克勒斯和狮子》的节目单中（见以下注1）。

　　1. 在都柏林的欢乐剧场推出萧伯纳的《安德洛克勒斯和狮子》（1956 年 7 月 2—7 日），该剧由丘萨克制作，纪念萧伯纳一百周年诞辰。
　　2. 威廉·B. 叶芝的《鹰井边》（1916）；约翰·米林顿·辛格的《圣泉》（1905）；肖恩·奥凯西的《朱诺和孔雀》（1924）。

都柏林
托马斯·麦克格里维

1956 年 6 月 4 日　　　　　　　　　　　　　　　马恩河畔于西

亲爱的汤姆：

　　非常感谢您从荷兰寄来的卡片。[1]原谅我这么久才给您回信。我最近忙得不可开交，很恐慌，一直在为 8 月份的马赛艺术节准备一场先锋艺术的"盛宴"——哑剧的音乐由约翰·贝克特创作，另加一个较长的独幕剧。为了那一刻的到来，我已经做了我能做的一切，本以为现在可以休息片刻了，但不幸的是，明天又要辛苦地返回巴黎，因为《戈多》下周要在赫伯特托剧院重演，除了布兰没有参演之外，其余都是原班人马，但我只想安静地待在这里，享受清新的空气。我希望十来天能回来。马赛艺术节的事情变得越来越难以实现，对即将到来的几个月，我很是担心。但我也对自己说，如果没有这些东西鞭策我，我只会很快养成闲散的习性。

我希望您的会议比您预料的要好，也希望您的方式更加清晰。苏珊娜和我经常想起我们一起度过的那晚，同时期待在不久的将来有更多机会在一起，苏珊娜在上周的一次演唱会遇到了米哈洛维奇和莫妮克，我们很可能在这个星期与他们用餐。他下星期六将在香榭丽舍剧院演出一场歌剧，我们一定会去参加。[2] 自您离开后，我好像都没去过音乐会。

两周前，莫里斯·辛克莱和他的妻儿都在这里，身体都很健康。拉尔夫·丘萨克预计本周末来访。他们似乎住在斯派拉瑟德斯酒店。他给了我一大包手稿来读，有些不错的东西，但很凌乱。[3] 我的美国出版商也将于本周到巴黎。乔治·雷维寄来了一封信，宣布和佩雷拉离婚，并邀请我和他一起去纽约住一段时间。感谢上帝，我真不想去那里。

我怀着比以往更崇敬的心情把《安德洛玛刻》又读了一遍，对它的理解更深了，至少更了解当代戏剧。[4]

我从西里尔·丘萨克那里听说，利亚姆·奥布莱恩把《戈多》翻译成了爱尔兰语。对此我感到既意外又高兴。[5]

有三封吉恩的来信等着我回复，但今天只能回一封。他们的状态似乎都很好，尽管财务管理还是一如既往地模糊不清。过了很久才收到艾伦的信。[6] 南希·丘纳德给了我一本她写的关于道格拉斯的书。我觉得我们不会相处很好。她对劳伦斯和阿尔丁顿很刻薄。[7]

苏珊娜太累了，但身体状况还好。她让我转达对您的爱。我也爱您。向杰克·B.叶芝表达深情的问候。[8]

希望很快能收到您的来信。

永远爱您

萨姆

ALS；2 张，2 面；TCD，MS 10402/199。

1. 托马斯·麦克格里维寄给贝克特的贺卡尚未找到。

2. 马塞尔·米哈洛维奇(1898—1985)和他的妻子——钢琴家莫妮克·哈斯(1906—1987)都是托马斯·麦克格里维的朋友。米哈洛维奇创作的歌剧《淮德拉》（1949）于 6 月 9 日周六在香榭丽舍剧院演出，贝克特把"Mihalovici"（米哈洛维奇）写成了"Mihailovia"。

3. 莫里斯·辛克莱和米米·辛克莱与他们的孩子弗兰克和安妮一起，住在日内瓦。拉尔夫·丘萨克和南希·辛克莱其时住在法国南部的斯派拉瑟德斯酒店。丘萨克的手稿此处指的是他的著作《华彩乐段：远足》（1958）的手稿。

4. 贝克特 1948 年 6 月和托马斯·麦克格里维出席了拉辛的《安德洛玛刻》的演出（见［1948 年］7 月 8 日的信，注 5）。

5. 西里尔·丘萨克写给贝克特的信没有找到。利亚姆·奥布莱恩（1888—1974）是爱尔兰戈尔韦大学学院的罗曼语教授，他将《等待戈多》翻译成了盖尔语，题名为"Ag fanacht le Godó"（NLI，阿比剧院剧本，TMS）。

6. 吉恩·贝克特。
艾伦·汤普森写给贝克特的信没有找到。

7. 在《伟人：诺曼·道格拉斯回忆录》中，南希·丘纳德记录了自己的回忆，摘录了道格拉斯的书信部分，以及道格拉斯的朋友对他的回忆。道格拉斯曾对 D. H. 劳伦斯的风格做过评论："发散是他很多作品的一个缺陷。"（第 47 页）在该书出版的一封写给丘纳德的信中，查尔斯·达夫回忆说，道格拉斯曾经说过，劳伦斯"从青春期的萌动起，就是一个永远都长不大的孩子，自始至终都是一个失意的男生，说服了自己，也劝说着许许多多其他人！——他是在一个未知的领域开拓的天才"（第 247 页）。

丘纳德在美国一家未披露名称的杂志上再次发表了道格拉斯写给她的一封信，信中道格拉斯反驳了阿尔丁顿在他的著作《为生活而生活》中发表的言论；在该信中，他也批评了阿尔丁顿在另一部著作中对他的讽刺性描述（第 176—177 页）。丘纳德讲述了她同阿尔丁顿就版税支付所进行的一次交谈（第 97 页）。

8. 杰克·B. 叶芝。

南希·丘纳德

1956 年 6 月 6 日 巴黎

亲爱的南希：

非常感谢你寄来的《诺曼叔叔》，我迫不及待地读了，我想说书中关于你的比关于他的要多。[1]

本周末应该会见到德斯蒙德·瑞安和拉尔夫·丘萨克，因为他们会顺路经过你那里，所以一定要他们捎给你两本《回声之骨及其他沉积物》。[2]

刚刚成功地修好了我坚韧不拔的旧锄草机。"长时间的沉默之后，似乎变……弱了"。为马赛节准备的独幕剧结果真是惨不忍睹。[3]在这之前，还有场《戈多》下周要在赫伯特托剧院重新演出。希望明年 11 月能在乡下休养，看看窗外飘落的树叶。

伟大的厄乌尔瑟继续做着他的那些把戏。一想到他住在布莱顿，我有时会在街上停下来，不可思议地大笑。[4]

爱你

萨缪尔

ALS：1 张，1 面；TxU，丘纳德文献集。

1. 丘纳德，《伟人：诺曼·道格拉斯回忆录》。

2. 德斯蒙德·瑞安和拉尔夫·丘萨克前往法国南部；丘纳德曾问贝克特，他手头有没有《回声之骨及其他沉积物》。

3. 贝克特指的是《终局》，其中一些话出自但丁的《地狱篇》第一歌第 63 行："似乎因长久的沉默而声音变弱。"（但丁：《神曲》，第一部《地狱篇》）

4. 贝克特指的是书稿经销商杰克·施瓦茨，他住在东萨塞克斯的布莱顿。

巴黎

尼诺·弗兰克

1956 年 6 月 17 日 [1]   巴黎 15 区

                                                         快马街 6 号

亲爱的尼诺·弗兰克：

您充满善意的信带给我极大的快乐。[1] 诚挚地感谢！

夹克那一幕与文本一致，而文本在巴比伦剧院表演之前已经在书店销售一空。我现在无能为力。[2]

很高兴您恢复得这么好。我正准备哪天回乡下去，但未来的几个月会经常去巴黎。真高兴能再看到您们两个。假期有何打算？这几天我一有空就会给您打电话。

祝一切顺利

萨姆·贝克特

ALS；1 张，1 面；TxU，贝克特文献集。

1. 尼诺·弗兰克（1904—1988），文学和电影评论家，与乔伊斯一起把《安娜·利维娅·普鲁拉贝尔》译成意大利语。他写给贝克特的信没有找到。

2. 贝克特所指的场景是《等待戈多》第二幕，爱斯特拉贡在睡觉，弗拉第米尔拿了他的外套，并把它盖在了爱斯特拉贡的肩膀上（《等待戈多》，1952，第 119 页）。

---

[1] 原信用法语写成。

纽约
艾伦·施奈德

1956 年 6 月 21 日   巴黎

亲爱的艾伦：

非常感谢你的来信。非常期待 7 月底你的到来。[1] 我收到了迈尔伯格的一封信，他宣布 10 月重新开幕。对这个制作我不太清楚。排除其他诸多可能性，很多似乎都有可能发生。重演将于第二周在赫伯特托剧院进行，一家非常不错的剧院。虽然启动慢，但现在正在改善。[2]

最终写完了另外一部剧，独幕，长度我想有一小时十五分钟。相当艰难，来回不停地修改，主要依赖文本本身的力量艰难进行，比《戈多》更加非人性。目前，我强烈地感到，至少要一年才会将其翻译成其他语言，因为《戈多》以及所有的误解使我很累。[3] 我现在正在上次所栽进去的某个地方附近的一条沟里，想爬上去。所有的翻译和愚蠢的大惊小怪，都快让我活不下去了。希望你对《邦蒂富尔之旅》感到满意。[4] 你的成功会带给我更多的快乐。给你最好的祝福，艾伦。希望很快能见面。

谨上

s/ 萨姆

TLS；1 张，1 面；伯恩斯图书馆，施奈德－贝克特文献集。先前刊印：贝克特和施奈德，《作家受宠莫过于此》，第 11 页。

1. 施奈德写给贝克特的信还没有找到。施奈德将在 7 月 20 日看《等待戈多》，并于 7 月 23 日和贝克特一起吃饭（WHS，艾伦·施奈德，系列 7，第 2 箱）。
2. 迈克尔·迈尔伯格 6 月 8 日写信给贝克特说："如果可能的话，我们希望你能出席我们的秋季首演，可能会在 1956 年 10 月 15 日。"（NSyU）没有找到贝克特的回复。

在赫伯特托剧院的重新排演被哈罗德·霍布森描述为"权威性的",他写道:"《等待戈多》令人难忘,就像是一把匕首插进了肋骨。看了表演几个小时之后,内心依然充满伤痛"(《一个启示》,《星期日泰晤士报》,1956 年 7 月 15 日:第 4 版)。

3.《终局》。

4. 由施奈德导演了霍顿·富特创作的《邦蒂富尔之旅》,并于 7 月 4 日在伦敦艺术剧院俱乐部进行了首演。

巴黎
莫里斯·纳多

<u>1956 年 6 月 25 日</u>,周一 [1]

亲爱的朋友:

情况甚至比我想象的还要糟糕。[1]

我们得找别的东西。[2]

祝一切如意!尽快回信。

萨姆·贝克特

ALS;1 张,1 面;信内附有《自由》的打字版手稿;纳多。

1. 贝克特是指从 1947 年《自由》的打字稿,这是附在信里的。

2. 纳多曾询问过《新文学》杂志,贝克特后来在那上面发表了戏剧作品(莫里斯·纳多,2010 年 7 月 12 日)。

---

[1] 原信用法语写成

都柏林圣三一学院

H. O. 怀特

［1956 年］7 月 2 日   巴黎

亲爱的 H. O.：

感谢你 6 月 11 日的来信，请原谅我没有及时答复你。你的想法我仔仔细细地考虑过了。电影版被扼杀在了摇篮里，如果有一个以利亚神躺在尸体边，我就不会在那里靠它牟利了。《圣三一学院新闻》用他们那些说不出口的段落和学究式断句对我的文本做了很多改动。我要求他们要么不印刷，要么按原有的样式印刷，而且最重要的是要把样稿给我。好吧，我想我应该习惯让他们不经过我的同意就改进我的戏剧文本，还有那些教养良好的年轻编辑添加的可怕分号，mais ce n'est pas ça qui vous encourage à recommencer。[2] 亨利·里士满给我写了一封不错的信，问我能否允许他在 11 月份社会剧院演出之前进行表演，我告诉他，抱歉我不得不拒绝。[3] 期待 9 月见到你。那天，在碰见马吕斯之前，我在绿骑士桥躲雨抽烟时，与康偶然相遇，希望我们还有机会一起待一段时间。出发前，就让我们的旧发动机暂时关闭，夜里与年轻人的（康的）思想在一起徜徉，是件多么美好的事啊！[4]

谨上

s/ 萨姆

TLS；1 张，1 面；信封地址：爱尔兰都柏林圣三一学院，H. O. 怀特教授收；邮戳：1956/7/2，拉费尔泰苏茹阿尔；都柏林圣三一学院，MS 3777/14。日期判定：依据邮戳。

1. 贝克特早期对电影积极性很高（见 1936 年 3 月 2 日致谢尔盖·爱森斯坦的信），电影让他感到了新奇的声音以及技术色彩要"淹没"黑白无声电影的可能性（见 1936

年 2 月 6 日致托马斯·麦格里维的信）。

2.《来自被抛弃的作品》：见 1956 年 5 月 26 日的信，注 6。

"Mais ce n'est pas ça qui vous encourage à recommencer"（法语，"但它不是那种会鼓励你去再做一次的事情"）。

3. 弗朗西斯·亨利·阿瑟·里士满（1936—2017），都柏林圣三一学院现代语言专业的一个学生，之前也是波托拉皇家学校的学生。他回忆了贝克特热情洋溢的回信，但他没有保留这封信（弗朗西斯·亨利·阿瑟·里士满，2010 年 3 月）。

4. 贝克特回忆了他与 A. J. 利文撒尔共进晚餐的时刻（见 1955 年 11 月 22 日的信，注 8）。"绿骑士桥"指的是"新桥"。贝克特的典故是指西岱岛峡角的绿色广场，有一座桥横穿这个广场。

南希·丘纳德

1956 年 7 月 4 日   巴拿马[1]

亲爱的南希：

　　原谅我现在才回复你 6 月 20 日的来信。一直忙于一件接一件的蠢事。现在看来，在马赛艺术节期间演出新剧似乎不太可能，官宣的是马赛艺术节从 8 月 4 日到 8 月 14 日。无法从组织者那里得到任何明确的表态，演员也没有合同，没有关于戏剧和设备的信息，因此很有可能新剧被取消了，我想我们应当将它撤下来。唯一可能的是哑剧单独演出。但我并不希望如此。哑剧还在佛罗伦萨，本周末不会回来，留给我们的时间太少了。事实上，如果整个节日都被取消，或者至少是戏剧环节，我不会感到惊讶。从我的角度来看，哑剧和话剧完整地于 10 月或 11 月在巴黎表演要好得多，我认为这是很有可能的。会让你知道事情的结果。[2]

　　施瓦兹变得相当讨厌，他很快会把他的"厕纸"寄来让我题词。但他是那种你不能真惹恼的花花公子。[3] 很高兴你与拉尔夫和德斯蒙德的聚会非常愉悦。[4] 见到了英国广播公司电视台的巴里，他对哑剧很感兴趣（为什么不呢），有人告诉我吉尔古德的第三频道想要一部剧。我从来没有考虑过广播剧这种技术，但在夜深人静的时候，有了一点灵感——到处都是翻滚声、沉重的脚步声、吭哧声和喘息声，这是否会产生什么好结果，未为可知。[5]

在巴黎劳累了三周后，我回来了，感觉就像是一根根很小的针在一个旧垫子上尖叫。过去两天没收到什么邮件，邮递员去阿尔及利亚作战了，没有人接替他的工作。Vive la pagaille! [6]

人生中第一次吃新鲜菠萝，非常享受。有消息告诉你。刚刚看了佩莱斯愚蠢的作品《我的朋友亨利·米勒》。参考了洛温费尔斯和萨姆·帕特南的文章。得知米勒已经 70 岁了，我很吃惊。[7]《等待戈多》意大利文版由埃诺迪出版社发行，译者序写得很糟糕。[8]

爱你

s/ 萨缪尔

TLS；1 张，1 面；TxU，丘纳德文献集。先前刊印：莱克编，《无义可索，符号不存》，第 93、97 页。

1. 原文写的是 "Paname"，法国俚语，指巴黎。

2. 这是在马赛举办的第一届先锋艺术节，7 月 6 日，由国务秘书贝尔纳·肖舒瓦宣布，以庆祝勒柯布西耶设计的"光辉城市"的重建。届时将会有关于绘画、戏剧、电影、建筑、舞蹈、音乐的讲座还会有表演节目。整个节日的组织和戏剧的剧务供应都由法国导演雅克·鲍里雷（1928—2011）安排。唯一的戏剧表演（重复演五场）由两组剧目组成，一组是欧仁·尤内斯库的《待婚的少女》和《烈日炎炎》，另一组是让·塔迪厄的《窗口》《夜之祭》《莫伊先生》和《奏鸣曲与三位先生》。（迈克尔·科尔万，《先锋艺术节：马赛、南特和巴黎 1956—1960》[巴黎：索莫吉艺术出版社，2004]，第 35、103、105、116—117 页）

3. 杰克·施瓦兹经常要求贝克特在他从贝克特那里买到的手稿上签名，并对贝克特不愿意出手的部分手稿做了校正本（比如，为施瓦兹制作了《等待戈多》的校正本，莱克编，《无义可索，符号不存》，第66页）。

4. 拉尔夫·丘萨克和德斯蒙德·瑞安以及他们访问丘纳德的计划：见1956年6月6日的信，注2。

5. 1952年英国广播公司广播剧与英国广播公司电视剧成为两个独立部门。瓦尔·吉尔古德（1900—1981）继续担任广播剧的负责人，迈克尔·巴里（1910—1988）则成为电视剧的负责人。当巴尼表达了对贝克特哑剧的兴趣时，吉尔古德也表达了对贝克特广播剧的兴趣。

塞西莉亚·里夫斯（原姓亨特，与吉利结婚，1907—1996）在英国广播公司巴黎办事处工作，有人要求她联系贝克特：她在6月21日给（有声）广播剧的负责人写了一封信：

> 我已经给贝克特写了信，问他是否愿意为第三频道写一部戏剧，是否也给我们一个《游戏结束》之类的剧本。你知道，他性格难以捉摸，大部分时间都不在巴黎，和我们联系的德斯蒙德·瑞安已经去了南方。
>
> 不过，他暗示我们，他原本打算在马赛艺术节演出的哑剧作品《渴》，可以考虑给电视剧部门，所以我想他之前对电台怀有的敌意正在改善。（BBC WAC，R CONT I/ 萨缪尔·贝克特编剧 /I［1953—1962］）

"游戏结束"是里夫斯给出的一个近似贝克特作品的标题。

贝克特7月4日回复里夫斯，提到了他与迈克尔·巴里的谈话："我非常想为第三频道创作一个广播剧，但我很怀疑我为这种媒介工作的能力。然而令我惊讶的是，我们谈话后，我有了一个想法，但是否会产生什么好结果，未为可知。"（BBC WAC，RCONT I/ 萨缪尔·贝克特编剧 /I［1953—1962］）

6. "Vive la pagaille"（法语，"混乱和困惑"）。

7. 阿尔弗雷德·佩莱斯：《我的朋友亨利·米勒：私人传记》（伦敦：N. 斯皮尔曼出版社，1955）；《我的朋友亨利·米勒》英文版，安妮·贝马杜译（巴黎：勒内·朱利亚尔出版社，1956）。

萨缪尔·帕特南；沃尔特·洛温费尔斯（1897—1976）。亨利·米勒当时实际上是65岁。

8.《等待戈多》意大利语版（*Aspettando Godot*），卡洛·弗鲁泰罗译。

伦敦

艾丹·希金斯先生

1956 年 7 月 6 日　　　　　　　　　　　　　马恩河畔于西

亲爱的艾丹：

很高兴收到你的来信，也听说了你的计划。我认为马赛的事结束了，希望如此。也许这部剧 10 月在巴黎上演，在合适的剧院和合适时间来准备。[1] 我对新版《莫菲》一无所知。美国人希望出版《论普鲁斯特》，我还在犹豫。会将《马龙之死》寄给你。[2] 我想你被困在伦敦会很高兴。奇怪的是你们一有假期就去爱尔兰度假。记得在怀特洛克的白色岩石上替我撒泡尿，向悬崖壁的花岗岩投以冷眼。从来没有这么悲惨过，甚至在香吉尔也没有过，没有解决的办法，无法实现，只想走到海里，再也不回来。[3] 要我为第三频道写一部广播剧，我跃跃欲试，从布莱顿路到福斯洛站，然后回来，拖着双脚，呼吸短促，车轮和诅咒，怀有小马驹的老马毫无生机，被村民鞭打，魔鬼在沟里被撕碎——儿时的记忆。很可能创作不出什么来。[4] 试着让某个人读一读，让两个人感觉出一些意义，对此你一定会很疲倦，让这一切结束吧。给我画一条从这里到伊戈客栈或基利尼村酒吧的路线，若是用心，可能会在那里碰到惠兰，或者画一条从这里到危险的罗林斯顿的银塔西酒吧的路线，那里曾经是亲爱的老乔丹——布雷路最漂亮的酒吧。[5]

记得替我向吉尔问好。[6]

　　　　你永远的朋友

　　　　　　　　　　　　　　　　　　萨姆

ACS；1 张，2 面；信封地址：英国伦敦西北 3 区贝尔塞斯巷 18 号 a，艾丹·希金斯先生收；邮戳：1956/7/6，巴黎；TxU，贝克特文献集。

1. 马赛先锋艺术节：见1956年3月12日的信，注3，及1956年7月4日的信，注2。

2.《莫菲》直到1958年才由格罗夫出版社出版。罗塞特曾问过他们是否可以出版《论普鲁斯特》。现在已经有了《马龙之死》的英文版（格罗夫出版社，1956）。

3. 希金斯已经开始在伦敦着手约翰·赖特的傀儡戏，为一个为期两年的巡演排练，演出将在南斯拉夫、德国、荷兰，然后是非洲举行。离开伦敦开始巡演之前，希金斯从7月20日起到爱尔兰度假（希金斯致阿兰·厄谢尔的信，1956年5月2日，TCD，MSS 9331-9041/1512）。

怀特洛克在基利尼海滨，在那里有一片露出地面的岩石，现出基利尼山的花岗岩。香吉尔是基利尼湾南部另一处向外延伸的海滨。

"投以冷眼"出自威廉·B.叶芝《在布尔本山下》的最后一节；这句话被刻在其于德拉姆克利夫墓园的墓碑上。

4. 贝克特童年时的家乡——库尔德里纳，位于福克斯罗克郊区的布莱顿路；福克斯罗克站在哈库尔特街，有一条直达都柏林的铁路，离库尔德里纳西面不到1英里路程。

5. 伊戈客栈位于贝里布拉克。基利尼村"德鲁伊之椅"酒吧就在通往基利尼山的路上。贝克特可能指的是肖恩·奥费朗（原名约翰·弗朗西斯·惠兰，1900—1991），他住在吉尔莫赫诺格村（见贝克特致托马斯·麦格里维的信，1936年1月16日，注4）。乔丹酒吧位于基利尼村附近的罗林斯顿的布雷路上，现在这里是银塔西酒吧。

6. 吉尔·希金斯（原姓安德斯，生于1930年）。

法兰克福，S. 菲舍尔出版社
赫尔穆特·卡斯塔涅

1956年7月14日 [1]

巴黎15区
快马街6号

尊敬的先生：

谢谢您 7 月 9 日的来信。

是的，我最新的那部独幕剧之前有一个相当短的哑剧，也是我创作的，计划在下月举行的马赛艺术节被搬上舞台。[1]

不幸的是，这次演出被迫取消了，安排得太晚，我们无法做好准备。我想 10 月或 11 月会在巴黎上演这部剧。

经过几次排练之后，我应该拿到剧本的定稿——标题仍然未定。不用说，一旦午夜出版社出版此剧，我会尽快给您寄去。

我利用这个机会与您谈谈卡尔－弗朗茨·连布克。您会想起他的，他就是那个曾经在吕特林豪森监狱将《戈多》搬上舞台的人。目前他正在伍珀塔尔排练演出，打算下月在法兰克福的教会集会演出几场。

我非常希望他将这个项目进行到底，我指望菲舍尔出版社能好心地为他提供他所需要的便利。[2]

我也想给他 200（两百）RM 的资助。没有获得授权之前，我不能把钱直接从巴黎的外汇管理局寄给他，这可能需要很长时间，而且结果也不确定。所以我一直在想，如果有可能，由您寄给他这笔钱，当然是从我现在或将来在您那儿的版税收入中支出。如果您不想牵涉其中，直接告诉我。我完全理解。但倘若您觉得可行，就去做，您这是帮了我和连布克一个大忙。他的地址：伍珀塔尔－巴门，布罗姆贝格尔街 71 号，卡尔－弗朗茨·连布克收。[3]

我也很想再次见到您。我希望有一天您能来巴黎。

　　　　谨上

　　　　　　　　　　s/

　　　　　　　　萨缪尔·贝克特

TLS；1 张，1 面；S. 菲舍尔出版社。

1. 赫尔穆特·卡斯塔涅（生卒年不详），此人直到 1956 年 9 月都是菲舍尔出版社戏剧部的负责人，他于 7 月 9 日写信给贝克特："在德国，人们已经知晓一部独幕剧正准备在马赛艺术节上演出。所以您终究还是为戏剧写了一些东西！"（S. 菲舍尔出版社档案）卡斯塔涅请贝克特寄给他一份剧本，还问他是否愿意让 S. 菲舍尔出版社出版该剧。

2. 卡尔－弗朗茨·连布克将《等待戈多》翻译成了德语：*Man wartet auf Godot*，并在吕特林豪森监狱制作表演：见 1954 年 10 月 14 日的信，注 1。

福音教会集会，一年一度的基督教新教俗众大会，鼓励教区信徒通过演出、工作室展示、会议的方式交流思想。这一活动将于 8 月 8—12 日在法兰克福举行。

贝克特将英文单词"facilities"（便利）法语化为"facilités"。法语当时没有这样的通用词。

3. 赫尔穆特·卡斯塔涅的秘书尤塔·赖格斯 7 月 19 日证实 S. 菲舍尔出版社已安排 200 马克（DM，不是贝克特所说的 RM）寄给了连布克，并从贝克特的账户扣除；同时，贝克特已同意连布克德语译本由"伍珀塔尔公路剧团"进行几场表演。德意志福音教会集会的节目单第八项（施塔赫博士，柏林福音中央档案，1988 年 8 月；汉斯·弗赖塔格，1996 年 2 月 6 日）。

德国威斯巴登，界墙出版社
马克斯·尼德迈尔

1956 年 7 月 21 日 [1]   巴黎 15 区

                                                              快马街 6 号

尊敬的先生：

感谢您 17 日的来信，同时感谢您寄来阿尔布雷希特·法布里的文章。[1]

我完全同意您提出的条件。

毋庸置疑，您可以自由选择译者。我应该像卡尔－弗朗茨·连布克

---

[1] 原信用法语写成。

一样，受托写一些简单的诗，我也可以立刻与艾尔玛·托普霍芬一起工作了，但越来越不明确。[2]

如果您愿意，我也许会有两三首诗给您，加到您已经拥有的那些诗歌中。[3]

最后我要说，看到这个小集子出现在您的书中，我是多么高兴啊。

　　谨上

s/

萨缪尔·贝克特

TLS；1 张，1 面；PSt，阿利森－谢利文献集。

1. 马克斯·尼德迈尔是界墙出版社的社长，他提出要出版贝克特的一本诗集，每首诗保持原来创作时的语言，并在同一页的侧面附上该诗的德语译文。起初，尼德迈尔通过艾尔玛·托普霍芬同贝克特谈这个计划，艾尔玛·托普霍芬曾在 1955 年 11 月 21 日跟贝克特说："他原则上不反对出版这本诗集。"（马尔巴赫：德国文学档案馆，界墙出版社文献集，托普霍芬）

尼德迈尔寄给贝克特的文章是阿尔布雷希特·法布里（1911—1998）写的哪篇文章，并不清楚；界墙出版社后来出版了法布里的《变奏曲：散文》（1959）。

2. 尼德迈尔的确采纳了贝克特的建议，采用了由卡尔－弗朗茨·连布克翻译的一些诗，在 7 月 25 日的信中，他请贝克特和艾尔玛·托普霍芬选择连布克翻译的诗歌（马尔巴赫：德国文学档案馆，席勒国家博物馆）。

最初托普霍芬拒绝翻译英文诗，所以伊娃·黑塞（1925—2020）被邀请翻译这些诗作；伊娃·黑塞因为翻译了 20 世纪美国诗人的诗作而出名。由连布克导演的《等待戈多》并未在威斯巴登演出，因为他挪用了所招募年轻演员的基金。当尼德迈尔后来注意到这件事，连布克的翻译立即停止了。（尼德迈尔致托普霍芬的信，1956 年 9 月 26 日，马尔巴赫：德国文学档案馆，界墙出版社文献集，托普霍芬）

3.《诗集》包含了贝克特创作的三组诗：一些出自《回声之骨及其他沉积物》，写于 1933—1935 年（这部分归在《渐弱》中），一些写于 1937—1939 年，还有一些写于 1948—1949 年。

伦敦

罗西卡·科林

1956 年 7 月 26 日 　　　　　　　　　　　　　巴黎 15 区

快马街 6 号

亲爱的科林女士：

感谢您 7 月 20 日的来信。

我不愿出现在名人录中。

几个月前，我与盲文组织进行了交流，顺理成章地授权他们来做《戈多》（为此还签署了一个表格），我想同时授权他们所谓的通用权限。[1]

向您致以最美好的祝愿！

谨上

s/

萨缪尔·贝克特

TLS；1 张，1 面；罗西卡·科林收藏。

1. 科林在她 7 月 20 日的信件中向贝克特称，费伯出版社已经主动与圣邓斯坦（一个成立于 1915 年的盲文组织，专门为盲人提供书籍，后来成立了盲人培训中心）接洽，希望印制《等待戈多》盲文版。

爱尔兰都柏林

托马斯·麦克格里维

1956 年 7 月 30 日 马恩河畔于西

亲爱的汤姆：

　　我早就应该给您写信了。您知道是怎么回事。我被各种愚蠢的要求和信件压得脱不开身，其中大多数信件，我觉得不得不回复。现在一看到纸和笔，我就心生痛恨。准备赫伯特托剧院重演《等待戈多》一事也让我筋疲力尽，还要为马赛艺术节创作新剧，而最后却演不了，组织者安排太晚，没时间进行充分的排练。有一个小哑剧，最好能在巴黎进行首演，我不知道什么时候，也不知道具体在哪里演。我们尽可能住在乡下，但我总是不得不到巴黎看这个那个。幸运的是，有一趟很不错的火车往返于我的住处和巴黎之间，早上去，晚上就可以回来，一整天待在巴黎。但是不会再有安静平和的日子了。杰克·B. 叶芝及时回复了我写给他的信，他的信写得很感人，是用眼泪写成的，感觉像是永别。尼尔写信告诉我，他感觉很痛苦。这些年来您和他相处得很好，没有人能像他一样拥有您这样的朋友。[1]

　　真的没什么有趣的事要告诉您。我们两个关系一直都很好，因为苏珊娜把她自己和我照顾得很好，我不值得她这样付出。我的美国出版商给了我们一个非常漂亮的电子音乐留声机，还有一堆唱片。[2]我们希望这周去购买苏泽演唱的《诗人之恋》和菲舍尔-迪斯考演唱的《冬之旅》。苏珊娜对《我不会抱怨》《我在睡梦中哭泣》非常着迷。[3]我希望画廊的情况并不太艰难，希望您在休假时能来巴黎跟我们待上一段时间。德国人正在出版我的诗歌，原文是用英语和法语写的，配上德语翻译。我不太热心，但厌倦了对一切说不。我也让纽约的出版商做海豚版《论普

573

鲁斯特》，该书的版权已经从我的老朋友渣透-瘟得死出版社回到了我手里。我正在翻译《无法称呼的人》，但这是一个不可能完成的任务。爱尔兰没有什么消息，除了吉恩和家里人的来信，似乎他们都很好。爱德华通过了圣科伦巴学院的入学考试，成绩很好。[4] 抱歉我变成这样一个非常乏味的家伙。我们俩都很爱您!

萨姆

ALS；1 张，2 面；TCD，MS 10402/200。

1. 这里提到的几封信（贝克特写给叶芝的信、叶芝写给蒙哥马利的信，以及叶芝写给贝克特的信）都没有找到。贝克特给蒙哥马利回了信，并告诉他一些消息："给杰克写了一个悲伤的便条，希望这不是永别。对，汤姆就是个奇迹。"（1956 年 7 月 23 日，NLI，登记号 6475，第 5 组，第 d 盒）。

2. 巴尼·罗塞特的礼物是一台留声机，由巴黎的迪克勒泰-汤姆森公司生产。

3. 法国男中音热拉尔·苏泽（1918—2004）于 1956 年录制了罗伯特·舒曼的单声乐套曲《诗人之恋》（作品 48 号），录在了"转身/沃克斯"唱片上（THS 611116）：包括《我不会抱怨》《我在睡梦中哭泣》。菲舍尔-迪斯考在 1955 年录制了舒伯特的《冬之旅》。

4. 吉恩·贝克特；爱德华·贝克特。都柏林圣科伦巴学院，位于都柏林郡拉斯法纳姆，是一所很有名的公学。

纽约，格罗夫出版社
巴尼·罗塞特

1956 年 8 月 1 日   巴黎

亲爱的巴尼：

很高兴收到你 7 月 25 日的来信。当然，在朗读节目上我会尽力帮助你。[1]关于朗读文本的选择，你想让我提建议吗？我很高兴由你选择。但对我早期写的东西要慎重。以《莫菲》为例，我认为写得最好的一章是关于莫菲的内心独白，"智性之爱等"，然而，我不会介入这方面的事，除非你问我。关于法语的一些朗读材料，我联系了马丁和布兰，建议前者录制幸运儿的演讲，后者从《无法称呼的人》或是《无所谓的文本》中选取一段文字。他们俩都会很高兴这样做，毫无疑问，即便是没有报酬，如果有必要，我觉得应该支付他们一些报酬。[2]我想着自己录英语和法语各一篇小短文。我想我至少要把它做好，如果做得太差，就不拿出手了。这对乔伊斯来说很合适，因为他的声音受过很好的训练，很好听，但要是碰到我这样的沙哑低沉声，你也会犹豫。[3]在磁带录音机上录音并不难，布兰和马丁对此很了解。但9月的第一周之前不能录。我看到朗读直到10月23日才开播，应该有足够的时间。关于你的演讲，我并不担心，你能做得和任何人一样好，而且就关于我的事来说会做得更好。不用说，我可以毫无保留地给你提供任何帮助或信息。至于未出版的作品，恐怕真的没有什么，除非你的意思是可以从我正在翻译的《无法称呼的人》中选取一段（？）。我记得现在有一个相当新的英语文本《来自被抛弃的作品》，不久前才刊登在一本都柏林圣三一学院的杂志上。我可能把杂志放在乡下了，下星期寄给你。我可能会选择它作为我自己朗读的内容。这篇作品我觉得还不错，再者，你可能会看到在某个美国期刊上刊登了这部作品。我想我们应该先把《终局》放一段时间，直到巴黎的表演结束。告诉诗歌中心我有多高兴，有多荣幸。写信告诉你对以上我所说的事情的反应，特别是录音文本的选择，以及我应该支付多少美元给布兰和马丁。

你想出版《论普鲁斯特》，真是太好了。我不确定你是否慎重考虑过。这是一件很不成熟的事。我们需要大致的出版日期。如果你能通知与我接洽的出版商，告诉他们你正在做这本书，我将十分感激。出版社的名字我已经给你了，我已经告诉他们你可能会与他们联系。[4]

周日或周一将会见到迈尔伯格，在他从尼斯到伦敦的途中。不知何故我并不期待。见到了艾伦·施奈德（他在迈阿密恢复得不错，还带来了关于"第一香蕉"拉尔的妙趣横生的故事），我和他以及他的妻子一起度过了一个愉快的夜晚。他为最近那部新艺术剧院的剧目所做的宣传非常不错，好像叫"邦蒂富尔"，或是"重回邦蒂富尔"？施奈德似乎对你非常有 graw。[5]今早一直在为新的弗拉第米尔扮演者排练，此人叫舍瓦利耶，是自从在赫伯特托剧院首演以来所换的第三个演员了，就是他在三年前创造了《椅子》中小朗克里这个形象。我想他会演好的。我们也有了第三个波卓，第二个男孩，他不得不穿着长裤演，因为他是罗圈腿。每次当他台词记错的时候，他的酒鬼父亲就会急急忙忙跑过来，用酒瓶打他，像"猪狗"一样地尖叫。[6]我正在缓慢而艰难地为第三频道创作剧本，如果我不小心，可能会出来点儿什么东西。哑剧和短剧在什么时间、什么地点演出目前还没有确定。我了解到《戈多》计划在这里一直演到 9 月的最后一周。很高兴国内的情况解决得让你俩都很满意。界墙出版社三种语言出版的诗集也正在运作中。菲舍尔做了件非常漂亮的事，允许刑满释放人员下月在法兰克福教会集会表演《戈多》。[7]天气十分寒冷，也很潮湿，消防员去里维埃拉休年假了，直到 8 月底才会有热水。我感觉自己跟厄舍古屋一样老。[8]留声机需要涂油膏润滑了。这周我们收到了《冬之旅》和《诗人之恋》。[9]这就是我们的境况。我俩祝你和洛莉一切都好。永远爱你的

s/ 萨姆

TLS；1 张，2 面；伯恩斯图书馆，罗塞特－贝克特文献集。AN AH 右上角空白处：阿尔文·爱波斯坦，纽约市 34 区印第安路 25 号，威廉斯 2-2743。

1. 罗塞特 7 月 25 日写给贝克特的信尚未找到。信中所提议的朗读会将于 10 月 23 日在纽约 92 街希伯来男女青年会诗歌中心举行。

2. 贝克特建议朗读《莫菲》第 6 章。不清楚让·马丁和罗歇·布兰的法语朗读是否实现。从《等待戈多》中选取的朗读部分是由阿尔文·爱泼斯坦（1925—2018）和百老汇演员 E.G. 马歇尔共同演绎的（《星期二，〈等待戈多〉的戏剧性朗读和评论》，《"Y"公报》第 53 卷第 3 期，1956 年 10 月 17 日：第 1 版）。

3. 贝克特关于录制一个英语和一个法语文本的建议很可能没了下文。

4. 贝克特是指来自"灯塔出版社和纽约大学出版社的询问，双方都想做一个美国版的《论普鲁斯特》"（贝克特致巴尼·罗塞特的信，1956 年 7 月 8 日，伯恩斯图书馆，罗塞特－贝克特文献集）。

5. 琼·施奈德（原名为尤金尼娅·穆克勒，生于 1923 年）。

艾伦·施奈德制作了霍顿·富特的《邦蒂富尔之旅》，他与贝克特在巴黎度过了一晚：见 1956 年 6 月 21 日的信，注 4 和注 1。对戏剧的批判性接受，施奈德指出，"肯尼思·泰南和哈罗德·霍布森给了我们一个讨人喜欢的段落"（《入口》，第 238 页）。

"graw"（盖尔语，"好感"）。

6. 保罗·舍瓦利耶（生卒年不详）在赫伯特托剧院重新排演的《等待戈多》中，是第三位扮演弗拉第米尔的演员（第一位是吕西安·兰堡，第二位是让－马里·塞罗）。阿尔贝·雷米是第一位波卓，然后是罗歇·布兰，接着是让·博洛（1920—1962）。男孩是由迪迪埃·布永（1947—2014）扮演，表演时穿着短裤；扮演这个角色的第二位演员尚未确定（热纳维耶芙·拉图尔，2010 年 6 月 2 日；玛丽昂·特里夸尔对达妮埃尔·马蒂厄－布永的采访，2010 年 6 月 2 日和 17 日；安托万·安德里厄－吉特朗库尔和塞尔日·布永，《雅克·埃尔贝托的无限精彩（1886—1970）：为生活服务的剧场和艺术编年史》[巴黎：巴黎图书馆/赫伯特托基金会，2006]，第 245 页）。

贝克特把"舍瓦利耶"的原文 Chevalier 写成了"Chevallier"。尤内斯库的《椅子》，朗克里剧院（1952 年 4 月 22 日首演）。

7. 界墙出版社的建议：见 1956 年 7 月 21 日的信，注 1。

S. 菲舍尔出版社的许可：见 1956 年 7 月 14 日的信，注 3。

8. 贝克特提到了埃德加·爱伦·坡的短篇小说《厄舍古屋的倒塌》（1839）。

9. 罗塞特送的礼物是一台留声机，贝克特打算买这些唱片：见 1956 年 7 月 30 日的信，注 2 和注 3。

伦敦，柯蒂斯·布朗
凯蒂·布莱克

1956 年 8 月 10 日

巴黎 15 区
快马街 6 号

亲爱的凯蒂：

感谢你的来信。我觉得你收到的信息不准确。没有必要再制作一个《戈多》的"表演版"。费伯出版社并未出版完整的文本（我很委屈）。他们的版本尊重了官务大臣办公室的所有删减。这个版本被标准剧院制作时采用，其版本是表演版。主日学校都可以演出的版本，不用担心被起诉。在我的要求下，出版商的注释（书中第 5 页）清楚地说明这一点。[1]

祝你一切顺利。

你永远的朋友

s/ 萨缪尔·贝克特

TLS；1 张，1 面；IMEC，贝克特，第 5 箱，S.贝克特，书信 1962—1968，柯蒂斯·布朗 1957［1952—1957］。

1.凯蒂·布莱克 8 月 1 日写信给贝克特，说萨缪尔·弗兰奇准备出版"表演版"："如果爱好者想制作这部戏，这个文本是必不可少的，因为费伯出版社出版了完整文本，没有官务大臣的删减。因此没有人可以逃脱被起诉的风险来制作费伯版！"（IMEC，贝克特，第 5 箱，S.贝克特，书信 1962—1968，柯蒂斯·布朗 1957［1952—1957］）

纽约，格罗夫出版社

巴尼·罗塞特

[1956 年] 8 月 30 日 　　　　　　　　巴黎，确切地点为于西

亲爱的巴尼：

虽然一直埋头苦干，但还是试着有条理地回复你的上一封信。

朗读建议：

《徒劳无益》	《但丁与龙虾》，或许还有比这更好的。
《论普鲁斯特》	比如说第 1—7 页，先暂停，然后继续莱奥帕尔迪。
《莫菲》	智性之爱
《回声之骨》	最初的一阵痉挛
《莫洛伊》	第一部分的结尾
《马龙之死》	开头部分
《无法称呼的人》	如果布兰没有录，那么从我未出版的译文中提取。我会将 3 首法语诗以及《来自被抛弃的作品》，以独立封面的形式一起寄给爱泼斯坦。
《等待戈多》	如果马丁不录，那也许就没什么了。
《瓦特》	第三部分的开头
《无所谓的文本》	如果我不录，那就没什么了。

当然，这些仅仅是建议，你完全可以自由地取舍。[1]

不要对我们的录音寄予太大期望。布兰还是不在，马丁去了柏林，我在于西，一想到整个事情就觉得很糟糕，很害怕。

TCD 指的是都柏林圣三一学院。他们做了一大堆文本。[2]

个人简历尚可。[3]

感谢你的账目。我以为全都转给兰东了，他整个 8 月都不在。没有人直接来找过我。

多谢你寄来的宣传册。你当然让我骄傲。[4]

我见到了哥伦比亚唱片公司的利伯森，他将《戈多》的制作录音给了我。作为录音，尤其是第一幕，我觉得相当不错，其中波卓表现太出色了。声音元素（手指在钢琴琴键上的旋律通过麦克风放大）几乎没有令人不舒服，或许除了第一幕的结尾。第二幕的改动让我有些不舒服，尤其是这一幕开头。我认为弗拉第米尔很死板，一点都不能与爱泼斯坦在激昂的长篇演说时卓越的技巧性表演保持一致。男孩的表现我觉得很好。[5] 我与迈尔伯格（一个很好的人）以及他的女友度过了一个相当郁闷的晚上。我向他提到我觉得《戈多》让清一色的黑人演员来演会很有趣。他说他也有同样的想法，但不敢告诉我，怕我不喜欢。他说 10 月的重演将会采用戈尔登的演员，如果拉尔还在的话。前几天，他给我写了一封信，他说拉尔不方便来，他已经和其他人签了音乐制作合约，他与所有黑人表演的准备进展很顺利，这让我很满意，无论对错，我很满意。[6]

《终局》，或者不管它叫什么，已经重新打字，并提交给了赫伯特托剧院。我们认为他不会接受。即便他接受了，今年年底前也不会上演了，因为赫伯特托已经宣布要制作意大利版的《戈多》，并一直演到至少 9 月底。如果赫伯特托不接受，那么在拉斯帕伊大道的法语联盟有一家 500 个座位的剧场，可以和他们商谈。哑剧以及它对舞台的要求都十分复杂。如果我自己做，一有机会，我就通知你，我希望是下个月。据说，我们在马赛艺术节是演不了了。[7] 我同迈尔伯格谈了《终局》，他还要手稿。我暂时不打算给他。还有来自德国从柏林席勒和施特鲁克斯剧院的询问（后者是格林德根斯在杜塞尔多夫的继任者，两三年前在柏林电影节上把《戈多》搞得一团糟）。[8]

得知你居无定所，也不快乐，我很心疼。保守治疗的麻烦在于它已经成了生活的全部。但我没有更好的建议。至少你还有彼得·迈克尔和一个网球场。[9]

广播电台第三频道的剧本写作没有太大进展。没有兴趣。

多亏了你，利伯森也给我带来了《安娜·利维娅》的录音，我很高兴能拥有它。我与他下星期一有约，他返回时路过巴黎，但我现在很不愿意回巴黎，可能会取消行程。[10]

亲爱的巴尼，我们俩祝你一切顺利，过得快乐。

s/ 萨姆

瑞士苏黎世大学尼克劳斯·格斯纳写的那篇关于我的德语论文《语言的易错之处》写得很不错，但有失偏颇。如果你感兴趣的话，我肯定他会很乐意寄给你的。直接写信给他。[11]

TLS；2张，2面；NSyU。

1. 诗歌中心朗读计划是在10月23日：见1956年8月1日的信，注2。
《但丁和龙虾》，收录于《徒劳无益》，第9—22页。
《论普鲁斯特》，第1—7页。
"最初的一阵痉挛"为《怨曲之一》的第一行，收录于《回声之骨及其他沉积物》［第12—15页］。
三首法语诗具体是哪三首尚未确定。
朗读的最终脚本没有找到。
2. 贝克特指的是《来自被抛弃的作品》的出版（见1956年5月26日的信，注6）。
3. 罗塞特的简历没有找到。
4. 由格罗夫出版社关于新近出版物的特别宣传手册尚未确定。
5. 戈达德·利伯森*（1911—1977），哥伦比亚唱片公司总裁（初任期为1956—1966年，1973—1975年连任），于8月11日在巴黎会见了贝克特（1956年8月8日贝克特致利伯森的信，CtY，吉尔摩，MSS 69）。他带来了他和百老汇的演员们制作的《等待戈多》的试录带，其中库尔特·卡扎（1913—1979）扮演波卓，E. G. 马歇尔扮演弗拉第米尔，阿尔文·爱泼斯坦扮演幸运儿，鲁奇诺·索利托·德·索利斯（生于

1944 年）扮演男孩（编号 Columbia O2L-238 ［1956］；再发行编号 Caedmon TRS 352 ［1971］：1956 年 8 月 8 日利伯森致贝克特的信，CtY，吉尔摩，MSS 69）。

利伯森写过关于他添加到录音中的那些声音：

> 在我看来，在录制《等待戈多》的过程中，在另一个方面，时不时地会出现要求通过视觉手段来维持舞台上营造的情绪或气氛……我采用了虚拟的声音，这些声音多少有些抽象，是我在我们尊敬的工程师弗雷德·普劳特先生的技术支持下做出来的。（唱片套复制品，Columbia O2L-238）

6. 迈克尔·迈尔伯格的朋友身份尚未确定。迈尔伯格关于 10 月以百老汇原班演员重新排演《等待戈多》的计划不得不改变，因为伯特·拉尔签署了一份为期两年的表演合同，要在一个音乐剧版的《大酒店》中扮演角色（萨姆·佐洛托，《伯特·拉尔签约〈大酒店〉》，《纽约时报》，1956 年 8 月 10 日：第 10 版）。

7. 雅克·赫伯特托（原名安德烈·达维耶尔，1886—1970）以自己的名字来命名并管理剧院；他正在考虑成功重演《等待戈多》之后，制作演出贝克特的下一部新戏。《默剧》需要足够的垂直高度，演员需要在一条承重绳上吊着悬空或升降。

西尔维奥·焦瓦尼内蒂（1901—1962）创作的《深渊》（1948），由朱塞佩·阿蒂内利翻译为《墙外》，1956 年 9 月 27 日至 10 月 22 日在赫伯特托剧院演出。

8. 在 8 月 16 日的一封信中，艾尔玛·托普霍芬应贝克特的请求，告知热罗姆·兰东，柏林席勒剧院的阿尔贝特·贝斯勒和杜塞尔多夫剧院的导演卡尔-海因茨·施特鲁克斯对制作《终局》（午夜出版社）很感兴趣。施特鲁克斯于 1953 年在柏林席勒剧院导演了《等待戈多》；1955 年他接替古斯塔夫·格林德根斯，成了杜塞尔多夫剧院的总经理。

9. 彼得·迈克尔，巴尼·罗塞特的儿子。罗塞特在汉普顿拥有一个网球场。

10. 利伯森带给贝克特的《安娜·利维娅·普鲁拉贝尔》的录音是 1951 年录制的（来自乔伊斯在英国剑桥正语研究所的录制，1929）；它包括詹姆斯·乔伊斯协会 1951 年在纽约哥谭镇布克玛举行的会议上的发言（詹姆斯·乔伊斯协会会议，会议记录 ［FP/93/4，1955］；达明·基思，2010 年 4 月 12 日）。

贝克特 8 月 31 日写信给利伯森，称他不能"赴约"（CtY，吉尔摩，MSS 69）。

11. 尼克劳斯·格斯纳的论文《语言的易错之处：萨缪尔·贝克特戏剧语言研究》（苏黎世：法律出版社，1957）。罗塞特索要论文复本，格斯纳于 9 月 17 日寄给了他（NSyU）。

附言是手写的。

巴黎

阿维格多·阿利卡

1956 年 9 月 4 日 [1]   于西

亲爱的AA：¹

　　谢谢您的来信。²那部剧能和您有那样深厚的感情，我很感动。标题对我来说仍然是个麻烦。我觉得我必须避免"终"这个字。³

　　兰东上个月都不在巴黎，关于您的计划，我没有机会跟他聊更多。但此前我已经跟他说过这事儿。现在他回来了，您可以去拜访他，向他提到我。打他午夜出版社的电话，BAB 34.97。⁴

　　我真的很累，想在乡下待一段时间。但这是不可能的，我想下周我会在巴黎。我会和您联系。我很想看看您的工作。

　　祝您一切顺利！

　　　　　　　　　　　　　　　　　　　　　　　　s/

　　　　　　　　　　　　　　　　　　　　萨姆·贝克特

我没有您的电话号码［。］

谢谢您从北方寄来的贺卡。⁵

　　TLS；1 张，1 面；阿利卡。先前刊印：传真和转录，阿提克，《究竟如何》，第 8—9 页。

　　1. 贝克特 6 月 25 日在阿兰·博斯凯家吃晚饭时认识了画家阿维格多·阿利卡*（AA, 1929—2010），那是在赫伯特托剧院看完《等待戈多》演出之后的几天；演出后，阿利卡曾激动地说，在咖啡馆坐在他旁边的人，竟然是该剧的作者。在 7 月 2 日写给阿兰·博斯凯的一封信中，贝克特写他"很高兴遇到了阿维格多·阿利卡，受益匪浅"

_____

[1] 原信用法语写成。

（该信被巴黎的 G. 莫森出售；当前所有者不明）。

2. 阿利卡写给贝克特的信尚未找到。

3. 当阿利卡到于西拜访贝克特时，贝克特给他看了后来命名为《终局》的手稿。

4. 当年早些时候，阿利卡的第一个经销商为他在伦敦弗朗西斯·马蒂森画廊举办了画展。阿利卡向马蒂森提议用贝克特的《无所谓的文本》来制作一本书和蚀刻版画展，贝克特跟兰东谈过这个计划。这个计划后来无果，根据阿利卡的说法，主要是因为他自己的拖延（2009 年 10 月 10 日）。

5. 附言是手写的。

纽约

戈达德·利伯森

1956 年 9 月 7 日   马恩河畔于西

尊敬的利伯森先生：

非常感谢您的来信。听到斯特拉文斯基对我的戏剧感兴趣，我非常高兴。11 月路过巴黎时，我一定会与他取得联系。[1]

我期待能拿到《戈多》的完整录音。我认为海关方面不会有什么困难。[2]

希望您很快就能再次来巴黎。届时，如果我能为您提供任何服务，请随时来找我。

代我问候您太太，再次感谢您的好意。[3]

    谨上

                                                    萨姆·贝克特
                                                    巴黎15区
                                                    快马街6号

ALS；1 张，2 面；CtY，吉尔摩，MS 69。

1. 利伯森写给贝克特的信还没有找到。罗伯特·克拉夫特，斯特拉文斯基的私人助理和助理指挥，称自己把贝克特 1950 年写的关于乔伊斯的文章给了斯特拉文斯基，这位作曲家在观看 1957 年纽约重新制作演出的《等待戈多》之前，很认真地读过法语版的剧本（罗伯特·克拉夫特，1997 年 11 月 24 日）。

9 月 13 日，利伯森写信给斯特拉文斯基，引用了贝克特来信中的一句话："我已经按你的吩咐告诉他，你将待在雅典娜广场［……］如果你不巧改变了计划，请通知我，以便我写信给他。"（保罗·扎赫尔基金会，斯特拉文斯基）

2.《等待戈多》的完整录音：见［1956 年］8 月 30 日的信，注 5。

3. 布里吉塔·利伯森（原姓哈特维希，1917—2003），芭蕾舞和音乐剧演员，艺名叫薇拉·佐里纳。

巴黎

阿维格多·阿利卡

［1956 年 9 月 19 日］周三[1]

亲爱的阿利卡：

我在巴黎一直待到周六。周五，也就是后天下午四点 1，我会在您住处不远的泽耶啤酒店。希望您能过来，给我看看您的作品。如果时间对您合适，不需要确认。

给您最美好的祝愿！

萨姆·贝克特

ALS，气递邮件；1 张，2 面；信封地址：巴黎 14 区阿莱西亚别墅 10 号，阿维格多·阿利卡先生收；邮戳：1956/9/19，巴黎；阿利卡。日期判定：根据邮戳。

---

[1] 原信用法语写成。

1. 泽耶啤酒店位于巴黎 14 区的曼恩大道 234 号。1938 年 1 月 6 日贝克特就是在准备离开这个地方的时候被人刺伤的（见 1938 年 1 月 12 日致托马斯·麦格里维的信）。

巴黎
罗贝尔·潘热

1956 年 9 月 23 日 [1]   于西

亲爱的朋友：

我们刚刚收到您的信，它在我的信箱里放了一周，我才拿到。所以我不知道我们一起度过的那个晚上，您已经读过《哈姆》了，您一定觉得它写得很奇怪，所以我没有谈到它。我很高兴，真的很高兴，它给了您快乐，最重要的是它让您笑了。我正在加长我那台老旧的道路清扫机的扫帚：这是我最后的机会。

给您我们俩最好的祝福

萨姆·贝克特

APCS；1 张，1 面；信封地址：巴黎 7 区大学街 4 号，罗贝尔·潘热先生收；邮戳：1956/9/24，拉费尔泰苏茹阿尔；伯恩斯图书馆，潘热－贝克特书信。

1.《哈姆》是贝克特最后定名为《终局》的戏剧当时的标题。贝克特和潘热可能之前已在 8 月 26 日（周日）或 9 月第二周的某一天见过面。

---

[1] 原信用法语写成。

586

纽约，格罗夫出版社

巴尼·罗塞特

1956 年 9 月 23 日   巴黎 15 区

快马街 6 号

亲爱的巴尼：

感谢你这个月 11 日和 17 日的来信。

我不同意将《等待戈多》拍成电影。我本来想将美国的电视制作权给你或是迈尔伯格。如果有疑问，写信给兰东。所有的合同和类似的东西都由他来负责，这早就不是我处理的事了。

感谢你寄来的剪报。被剪报上亲切的言语感动。[1]

你考虑出一版《莫菲》，对此我感到很高兴。我认为劳特利奇出版社没有进一步出版的权利。跟他们签订的合同原件我给弄丢了。我现在住在乡下，但我回来的时候会找一找，也会咨询博尔达斯公司，现在版权移交给了午夜出版社。但无论如何，劳特利奇出版社的版权可能已经是 20 年前的了，过了这么长时间，而且也未能重印，现在已经失效了。[2]

这个星期我应该可以完成为英国广播公司写的广播剧。在适当的时候，你会收到一份复本。《来自被抛弃的作品》是用英语写的（绝大部分如此！）。[3] 我的新剧最后很可能只是牵强地叫作《哈姆》，赫伯特托剧院接受这部剧，还有另外一部哑剧。《等待戈多》的演出今天结束。从下周起，赫伯特托剧院制作的意大利语版开演，似乎不可能演太长时间。然后，可能在 11 月上旬，我们希望哑剧和《哈姆》能进行演出。事情一旦定下来，排演也顺利推进时，我会尽快告诉你。马丁可能扮演克劳夫，布兰可能扮演哈姆。法语版在同时制作。[4]

如果你觉得《腥象》还不错的话，想办法为之呐喊吧。[5]

　　你的好友

s/ 萨姆

据我所知，澳大利亚的制作权还有效，柯蒂斯·布朗将会承担制作。

TLS；1 张，1 面；NSyU。

　　1. 罗塞特可能将以下资料寄给了贝克特：阿瑟·盖尔布，《〈等待戈多〉带领黑人演员回归》，《纽约时报》，1956 年 9 月 13 日：第 40 版；《今日图书》，《纽约时报》，1956 年 9 月 15 日：第 28 版；威廉·巴雷，《真爱永存》，《纽约时报》，1956 年 9 月 16 日：BR 3 版。

　　2. 贝克特将法语词"rééditer"英语化为"reedit"以表示再版或重新发行。

　　3.《跌倒的人》。《来自被抛弃的作品》。

　　4. 让·马丁饰演克劳夫；罗歇·布兰扮演哈姆。意大利戏剧：见［1956 年］8 月 30 日的信，注 7。

　　5. 罗塞特问贝克特是否想把《腥象》列入在纽约 92 街希伯来男女青年会诗歌中心举行的朗读计划中。

纽约
戈达德·利伯森

1956 年 9 月 23 日　　　　　　　　　　　　　　　　　巴黎 15 区

快马街 6 号

尊敬的利伯森先生：

　　非常感谢您的来信和附件。[1]您们给我寄来如此真实的剪报，真是太好了。但您没有必要这么麻烦，因为格罗夫出版社一直以来都为我提供这些。

您想对我们的巴黎会面做任何声明，完全由您。从您的角度来看，可能觉得我会对此有异议，这是很微妙的，但我绝对没有。我感到不平等的是咨询并"解释"我的作品。

您也可以引用我的话，我说我很欣赏您把音乐元素引入您《戈多》的录音中时所陈述的理由，并认为您成功地做到了，而且拿捏得很准确。[2]

谢谢您给斯特拉文斯基写了信。最简单的就是让他提前知道，他什么时候在什么地方方便见我。非常欢迎他来我这里。[3]

此刻，我觉得即使是黑人版的《戈多》也不能对纽约的胃口，一想到这个我就非常高兴。但这是不可靠的，因为我做事越冲动，做成的可能性就越小。

替我问候您夫人！

　　谨上

s/

萨缪尔·贝克特

TLS；1 张，1 面；CtY，吉尔摩，MS69。

1. 利伯森 9 月 17 日写信给贝克特（CtY，吉尔摩，MSS 69）。不知利伯森信中附了什么内容，可能是 1956 年 9 月 23 日写给罗塞特的信中（注 1）提到的一篇评论。

2. 利伯森写给贝克特的信："我还被问到为什么想在《等待戈多》中加入音乐，您知道的，这是一种尝试，也是抽象的，而非字面意义上解决问题的一种方法。"（1956 年 9 月 17 日，CtY，吉尔摩，MSS 69）

3. 利伯森写给斯特拉文斯基的信：见 1956 年 9 月 7 日的信，注 1。

伦敦，英国广播公司
约翰·莫里斯

1956 年 9 月 27 日　　　　　　　　　　　　　巴黎 15 区
　　　　　　　　　　　　　　　　　　　　　　快马街 6 号

亲爱的莫里斯先生：

　　这里是我们在巴黎谈到的那个剧本。[1]

　　它对 bruitage 品质要求很高，这点也许光看文本是不太清楚的。[2]

　　如果您对第三频道的剧本感兴趣的话，我可以给您一个简单说明。[3]

　　向您致以最美好的祝愿，

　　　　谨上

　　　　　　　　　　　　　　s/

　　　　　　　　　　　　萨缪尔·贝克特

　　TLS；1 张，1 面；BBC WAC，RCONT I/ 萨缪尔·贝克特 / 编剧 / 文件 I（1953—1962）；草稿，UoR，BIF，MS 1227/7/7/1，3 右页。

　　1. 查尔斯·约翰·莫里斯*（1895—1980），英国广播公司第三频道的负责人，7 月 18 日在巴黎遇见贝克特（约翰·莫里斯致贝克特的信，1956 年 7 月 11 日，BBC WAC，RCONT I/ 萨缪尔·贝克特 / 编剧 / 文件 I[1953—1962]）。贝克特将《跌倒的人》的剧本同这封信一起寄给了莫里斯。

　　2. "briutage"（法语，"音效"）。在《跌倒的人》的音效中有动物的声音、鸟的鸣叫、脚步声、音乐选段，以及汽车、火车和雨的声音。

　　3. 莫里斯对广播剧满腔热情，但在 10 月 5 日回复贝克特的信中，他请贝克特评价关于他对音效问题的想法。在 10 月 18 日的信中，贝克特表示会继续关注：

　　　　我发现很难把我对音效的想法写下来。我不知道我所说的是不是值得说。我觉得可能只是如同让一个门外汉就收音机如何使用做出说明。此刻，我认为最好能保持平和的情绪。当前我们最好见个面，或者在录制前去见见音效师，

与其好好谈谈。（BBC WAC, RCONT I／萨缪尔·贝克特／编剧／文件 I［1953—1962］）

莫里斯第二天写信给贝克特，称《跌倒的人》的制作人唐纳德·麦克温尼*（1920—1987）将于 10 月 22 日在巴黎与贝克特见面，并讨论这部广播剧（BBC WAC, RCONT I／萨缪尔·贝克特／编剧／文件 I［1953—1962］）。

纽约
帕梅拉·米切尔

1956 年 9 月 28 日　　　　　　　　　　　　　　　　　巴黎 15 区
　　　　　　　　　　　　　　　　　　　　　　　　　　快马街 6 号

帕姆：

　　这么长时间之后又有了你的消息，真是太好了。你的工作听起来不是很令人兴奋。最近哈罗德的情况怎么样？你没有回来的机会吗？[1] 我想你对我的消息比我对你的评论更感兴趣。没什么可说的，痴迷于过去的老路，奔走于巴黎和于西之间，我此刻就在途中，我希望写得越来越多，尽管它往往是致命的，尤其是在痉挛中书写。我在户外有很多事情可干，但我却做得很糟糕，总感觉到没有能力做好。这出新戏会尽可能写完，以便开始排练。它有 2 幕 3 个版本，最后要整合为一个较长的独幕剧，无论如何也得一个多小时。你知道，A 和 B 就是现在的哈姆和克劳夫，他们受到了一对垂暮老夫妻达比和琼的帮助，这对老夫妻都失去了双腿，住在垃圾桶里。这就是命运。标题还不确定，可能就是《哈姆》了——标签而已，像小说那样。[2] 我不知道怎么去评价它，比如，我曾经想，现在还继续想，从最好想到最坏。真的不知道，直至开始认真听它，看它，当然，即使这样，我还不知道，它会在哪里，或在什么时候才能演出，很有可能是在赫伯特托剧院演出，位于巴蒂尼奥勒大道的蒙马特，很可能是在圣诞节前开演，但至今没有签署制作演出合同。《戈多》整个夏天都在这家剧院演出，上星期日刚刚结束。《哈姆》将会受到哑剧的支撑，我想你知道那部哑剧——一个持续20分钟的事件，一个舞者以及各种物件从天空降下（飞下），还有我堂弟约翰·贝克特创作的音乐相配。我希望一切都会在下个月确定下来，排演也会在下个月启动。我认为现在不是翻译这个剧本的时候，事实上，我觉得根本不适合出口。罗歇·布兰将担任《哈姆》的导演，让·马丁（曾饰演过幸运儿）将一定是饰演克劳夫的合适人选。我也完成了给英国广播公司第三频道的广播稿，该稿是他们邀请我写的，但我不确定他们是否会接受它，直接是用英语写的。现在除了重新投入翻译《无法称呼的人》的战斗，没什么其他事了。[3] 罗塞特来巴黎了，我经常可以见到他。迈尔伯格也是如此，我和他在一起待过一个晚上，哥伦比亚唱片公司的利伯森把百老汇制作的《戈多》的录音带给了我，我非常喜欢。一想到迈尔伯格在11月要制作黑人版的《戈多》，我就感到很高兴，但恐怕也不会改变我，也不会毁掉我。我感到自己再也离不开法兰西岛了。但是，无论我做什么，都是冲动而突然的，所以我现在的感觉并不意味着什么。我不想让你忘记我，但我认为忘记我对你来说是最好的。我要完蛋了，非常确定，他们已经在判决我的路上了，为我量好了墓地的尺寸。我希望你快乐，你具备拥有幸福的所有条件——在我看来是这样的。所有我渴望的疯狂之事，所有我知道的悲伤之事。

我是一个快乐的通信者。

爱你

萨姆

ALS；2 张，2 面；信封地址：美国纽约州纽约市 17 区东 48 街 229 号，帕梅拉·米切尔收；邮戳：1956/9/28，拉费尔泰苏茹阿尔；UoR，BIF，MS 5060。

1. 米切尔当时在哥伦比亚大学医院工作，在为特殊手术募捐；她第一次见到贝克特之前，一直为戏剧制作人哈罗德·L. 奥拉姆工作。

2. 此处指的是贝克特最终定名为《终局》的戏剧，贝克特第一次提到的这两个角色最后定名为耐尔和纳格。达比和琼是一对典型的恩爱的老夫妻。

3. 关于翻译《无法称呼的人》，贝克特称其为"一种折磨，一无所获的事情"（贝克特致雅各芭·范费尔德的信，1956 年 9 月 27 日，BNF 19794/42）。

纽约
艾伦·施奈德

1956 年 10 月 15 日　　　　　　　　　　　　巴黎 15 区

快马街 6 号

亲爱的艾伦：

　　谢谢你从莫伊拉的废墟中寄来的贺卡，作为圣三一学院"学蜇奖"获得者，我在那里曾吃了不少大牛排，是由那些摆着烤架的人兜售的，同时也感谢你随信一起寄来的照片和剪报。迈阿密的人对我很友善，尤其是尤厄尔。令人高兴的是，《邦蒂富尔之旅》在奥林匹亚进展非常顺利。我想知道你是不是探访过海豚，我听说糟糕透了。[1]

　　我还没有无知到同意圆形剧院的建议，也不觉得戈多需要一个非常封闭的剧院。但如果我可以随意这样做的话，我会很高兴把它给你。所以你想要的一切——所有的！——从迈克尔·迈尔伯格到罗塞特，都没有问题。[2]

　　我喜欢迈尔伯格。他很有魅力。我们一起度过了一个不怎么样的晚上，就在那个以肮脏著名的拉贝鲁斯餐厅。³一想到全部由黑人制作的《戈多》，我就很高兴，盼望着能很快看到它。我还遇到了哥伦比亚唱片公司的利伯森，《戈多》的录音已经完成。他也是一个令人愉快的人。

已经与布兰、马丁（幸运儿）开始排演那部新的戏剧作品［。］很长的一部独幕剧，我觉得大概持续了一个半小时。我们希望在赫伯特托剧院演出，但目前还没定下来。乏味的哑剧紧随其后，作为最后的机会。⁴我现在坚决反对翻译该剧。我渴望看到现实，渴望知道我是否在某一条道路上踏地而行，还是陷入泥沼。

祝肿胀的脚和圆形舞台剧院好运！⁵希望你俩很快回到巴黎。⁶

你永远的朋友

s/ 萨姆

TLS；1 张，1 面；伯恩斯图书馆，施奈德-贝克特文献集。先前刊印：贝克特和施奈德，《作家受宠莫过于此》，第 11—12 页。

1. 施奈德已经在都柏林，为 8 月 20 日到 25 日在奥林匹亚剧院演出的《邦蒂富尔之旅》做准备。在 9 月 16 日写给桑顿·怀尔德的信中，他写了这部剧的接受情况："他们说，我们的制作和演出与阿比剧院辉煌时期的相比也毫不逊色。"（CtY，拜内克，YCAL MSS 108，系列一 /54/1515/ 施奈德）

施奈德住在三一街 15 号莫伊拉酒店餐厅里（施奈德，《入口》，第 239 页）。施奈德写给贝克特的信、寄的照片和剪报都没找到，但这些照片似乎包括迈阿密制作的《等待戈多》的剧照，在这个制作中汤姆·尤厄尔扮演的是弗拉第米尔。

海豚酒店餐厅，位于埃塞克斯街。

2. 施奈德写信给桑顿·怀尔德讲述了他对"开放舞台"（1956 年夏天在欧洲他的古根海姆奖研究项目讨论的重点问题）可能越来越感兴趣。

看到布莱希特公司或米兰的皮加罗剧院［……］他们忽视了小剧院的舞台，虽然没有破坏它们。他们"以另外一种方式打开，生理上和心理上；一种特殊的剧场之地［……］从中飞出来，来到观众面前［……］柏林人剧团的工作一直让我不堪重负。（1956 年 9 月 16 日，CtY，拜内克，YCAL MSS 108，系

列 — /50/ 施奈德；施奈德，《入口》，第238页）

施奈德即将参与同圆形舞台剧院的合作（见以下注5），该剧院给他提供了一个机会，让其担任导演（施奈德，《入口》，第239页）。

此处指的是迈克尔·迈尔伯格和巴尼·罗塞特，贝克特在"所有的"后面加了手写的感叹号。

3. 拉贝鲁斯餐厅位于巴黎6区大奥古斯丁码头51号，于1776年开业。

4.《默剧》暂定名为《渴》（科恩，《贝克特经典》，第218页）。

5. 施奈德打算导演的是沃尔特·科尔从《俄狄浦斯王》中节选的部分，是为12月的电视节目《综合节目》制作的（施奈德，《入口》，第242页）。施奈德也在华盛顿特区的圆形舞台剧院导演阿瑟·米勒的新剧《桥头风景》，11月7日上演。

6. 贝克特在巴黎时，碰到了艾伦·施奈德的妻子琼，他们在7月23日共进了晚餐。

南希·丘纳德

1956年10月17日   巴黎

亲爱的南希：

《腥象》今天寄回给你了，已经正式签署了。[1]

很高兴你很享受旅行，也很高兴你喜欢拉尔夫。我订购了你的《乔治·摩尔回忆录》。[2] 在这里，我们很难找到一个剧院来制作我的新剧。[3] 你不得不挥舞百万法郎的钞票，我们即使可以也不会有这么多钱。可我们总有一天会找到的。

我想看一下你关于乔伊斯的笔记。[4]

我发现诗里有一点小错误，但我不想更正。"那是？谁？哈尔斯？"正确的说法应该是"那是谁？哈尔斯？"。[5]

    爱你

                                           萨缪尔

ALS；1 张，1 面；TxU，丘纳德。

1. 贝克特的诗《腥象》由丘纳德的时光出版社于 1930 年出版。

2. 通过贝克特，丘纳德见到了拉尔夫·丘萨克（见 1956 年 6 月 6 日的信，注 2）。丘纳德，《乔治·摩尔回忆录》。

3. 赫伯特托剧院拒绝了《终局》和《默剧》。

4. 丘纳德关于乔伊斯的笔记可能与她 1956 年尝试写的一部自传有关；她对乔伊斯 1930—1931 年的回忆都记录在安妮·奇泽姆写的传记中（《南希·丘纳德》，第 306—307 页；第 148 页）。

5. 贝克特指的是《腥象》第 27 行。这一修改可以从贝克特对一首诗的注释中看得出，该稿本由乔治·贝尔蒙拥有。

都柏林
A.J. 利文撒尔和艾思娜·利文撒尔

1956 年 10 月 18 日   巴黎 / 于西

亲爱的康和艾思娜：

很高兴你们安全到达，希望很快就能听到你们家的锅架上挂满了应有的庄严和欢乐。[1]

前一段时间，我收到了麦克多纳寄给我的便条，邀请我和他 11：45 到 12：15 之间在福斯塔夫吃午饭。因为我住在乡下，可能不能按时到达，也不能及时通知他，那天中午快 12 点的时候我打电话给福斯塔夫，酒吧里没人。5 分钟后，仍然没有人。又过了 5 分钟，仍然没有人。我跟他们描述了我要找的人，留了一个口信给他，让他打电话到于西来。没有电话打来。我想我可以得出这样的结论：（1）他出现了，但没有得到我的信息，或（2）他出现了，得到了我的消息，但不想打电话，或（3）他根本就没有出现。我为这纠葛而抱歉，也为再次错过他而遗憾。如果

596

你见到他，麻烦你跟他解释一下，并 lui faire mes amitiés。[2]

我们没能得到在赫伯特托剧院演出新剧的机会，现在正在寻找别的地方。可能的地方有作品剧院、马里尼小剧场和香榭丽舍工作室。[3] 我已经开始和布兰以及马丁排演这部戏剧。真是很艰苦的工作。我又添加了两段，约 10 分钟，一段是垃圾箱里生活的老夫妇，另外一段是在结束之前为哈姆和克劳夫所增加。[4] 观众对潘顿街新水门剧院俱乐部演出的喜剧描述得很有趣，我听说了，也想试试在他们那里表演，为此我必须尽早把剧本翻译出来。[5]

我和 H. O. 的侄子埃里克·基翁以及漫画家罗兰 [罗纳德] ·瑟尔一起，就着桑塞尔白葡萄酒和福乐里红葡萄酒，在马吕斯餐厅吃了一顿非常愉快的午餐。你应该想不到我会为《笨拙》杂志工作，而且还这么愉快吧。[6]

肖恩寄来的便条，我想你已经看过了。[7]

广播电台第三频道已经接受了广播剧的剧本，他们还要求写更多的广播剧本。也许将有可能与约翰进行某种形式的合作。[8]

不知道要给你什么结婚礼物，所以我附上了支票。请原谅我的俗气。我认为这是最明智的做法。再次表达我对你们的祝福，voeux de bonheur。

用捐款后剩下的钱为我买本南希·丘纳德写的关于乔治·摩尔的书（忘记了是哪家出版社出版的），给我寄过来。剩下的零钱（若还有的话）给鲍尔吧。[9]

爱你俩，希望很快能收到你们的来信。

萨姆

ALS；1 张，2 面；TxU，利文撒尔文献集。

1. 艾思娜·麦卡锡和 A. J. 利文撒尔于 8 月 25 日结婚，然后回家了。贝克特借用法国人可能常用的表达"安置了一个温暖的家"（pendu la crémaillére），并将其英语化了。

2. 多纳·麦克多纳（1912—1968），三本诗集的作者，戏剧《像拉里一样开心》（1946）的合作者，同伦诺克斯·鲁宾逊（1886—1958；见第一卷中"简介"）合作出版了《牛津爱尔兰诗选：17—20世纪》（1958）。

福斯塔夫，一个酒吧，位于巴黎14区蒙帕纳斯街42号。"lui faire mes amitiés"（法语，"替我问候他"）。

3. 作品剧院位于巴黎9区克利希街55号。马里尼小剧场是马里尼剧院的一个工作室（1953年到1956年承包给法国雷诺-巴罗公司），位于巴黎8区（拉图尔和克拉沃主编，《巴黎的剧院》，第170页）。香榭丽舍工作室，位于巴黎8区蒙田大道15号。

4.《终局》脚本中增加的两段文字，一段是为耐尔和纳格所加，另一段在结束部分，为哈姆和克劳夫所加，在手稿的笔记本"ET6 56"中都有记录（UoR，BIF，MS 1227/7/7/1：玛丽·布莱登，朱利安·加克福斯和彼得·米尔斯主编，《贝克特在雷丁大学：雷丁大学贝克特手稿集编目》[雷丁：白骑士出版社和贝克特国际基金会，1998]，第35—36页）。

在贝克特的信件中，这是第一次将"哈姆"拼写为"Hamm"，以前的拼写都是"Haam"，该剧以前暂定的标题的确是《哈姆》。这个名称的变化和其他人物命名如克劳夫、耐尔、纳格，第一次出现在阿德穆森所谓的《终局》第七稿中（OSU，英文手稿29，未标注日期；阿德穆森：《萨缪尔·贝克特手稿》，第52页）。

5. 新水门剧院，这里曾经是喜剧剧院所在的位置，位于伦敦西区的潘顿街，不寻常处在于它是一个有850个座位的大厅，官务大臣办公室给予其免除审查的权限。唐纳德·奥伯里是董事之一。（大英图书馆剧院档案项目，凯特·哈里斯对安东尼·菲尔德的采访，2007年3月14日；www.bl.uk/projects/theatrearchive/field.html，2008年11月21日查询）

6. "福乐里"是博若莱红葡萄酒的一个产区。

埃里克·基翁（1904—1963），《笨拙》杂志的戏剧评论家；罗纳德·瑟尔（1920—2011），《笨拙》的一位漫画家，一起与贝克特在桑切斯·马吕斯餐厅共进午餐，其间，贝克特提到了基翁的叔叔，即都柏林圣三一学院教授H. O. 怀特。罗纳德·瑟尔在餐间为贝克特画了一幅肖像，后被印在《麦克马斯特大学图书馆研究新闻》杂志封面上（[1973年10月]24日），罗素·戴维斯的书《罗纳德·瑟尔传》也使用了这画像，（伦敦：辛克莱·史蒂文森出版社，1990，）第121页；原图在麦克马斯特大学图书馆，萨缪尔·贝克特文献集。

7. 肖恩·奥沙利文写给贝克特的便条没有找到。

8. 约翰·贝克特。

9. "voeux de bonheur"（法语，"祝你们幸福"）。

鲍尔捐赠会：1953 年 8 月 6 日的信中提到了一个这样的纪念。贝克特想要的是南希·丘纳德的《乔治·摩尔回忆录》。

都柏林

托马斯·麦克格里维

1956 年 10 月 18 日　　　　　　　　　　　　　　　　　　　　于西

亲爱的汤姆：

　　这么快给我回信，而且是满怀深情，您真是太好了。我觉得自己成了一个越来越阴郁、越来越沉默的酒鬼，总是耿耿于怀，没有想过马斯顿的复仇，不知道老朋友都是怎么忍受它的。[1] 自我疏离，隐遁尘世，如此走过这么多年多么不易。您走后，我碰到了让·马丁，他要去苏黎世与巴罗公司合作。之后，经过巴黎荣军院、弗朗索瓦·沙维尔大教堂，以及可怕的勒古布街，沿着熟悉而令人悲伤的路，长途跋涉回到了家。[2] 昨晚到达，会小住一周。没能让赫伯特托剧院排演我的新剧，现在得找别的地方了——香榭丽舍工作室、马里尼小剧场、作品剧院之类。戏剧导演希望您一手带上剧本，另一手带上数百万法郎的钞票来，现在似乎成了惯例。就《戈多》而言，尽管我们有 750 000 法郎的国家补助，现在只不过是一部令人忧郁的、粗野不雅的剧，一部深奥难懂的哑剧，nos beaux yeux。我的出版商无疑有能力，也有信心在别的什么地方取得成功。[3] 一架新的埃拉尔牌钢琴今天到了，可以取代我们的法兰克福牌旧钢琴了，苏珊娜很高兴。[4] 一切都湿透了滴着水，现在没有明确的工作要做，在这深深的寂寞和空虚中，生活似乎没有太多意义。我应该继续翻译《无法称呼的人》，但需要很大的勇气。很高兴您来的时候受到了令人愉悦的接待，也很高兴您从婴儿身上获得这样的乐趣。苏珊娜会经常盯着路边小摊，寻找有趣的毛线鞋。我希望很快能听到电影版的制作顺利结束，以及有关索引的好消息。华莱士和希基离开之后，我忘了询问他们的近况，记得把我最亲切的问候带给他们。[5] 把我的爱带给艾伦、尼尔和杰克·B.叶芝。叶芝如一盏明灯，从未远离我。[6]

亲爱的汤姆，我们俩永远爱您，不要离开得太久。

s/ 萨姆

TLS；1 张，1 面；TCD，MS 10402/201。

1. 虽然贝克特指的是由约翰·马斯顿创作的《安东尼奥的复仇》（1600），但是这个短语"……阴郁……沉默的酒鬼"出自乔治·法夸尔的《完美计谋》（见 1955 年 10 月 13 日的信，注 1）。

2. 让·马丁参演乔治·谢哈德的戏剧《瓦斯科的历史》，该剧 10 月 1 日在巴黎的萨拉·贝纳尔剧院首演，10 月 15 日在苏黎世剧院演出。

贝克特描述了他从荣军院机场站步行回到自己的公寓，途中经过圣弗朗索瓦·沙维尔大教堂。

3.《等待戈多》获得的拨款：见 1951 年 8 月 4 日的信，注 7。

"nos beaux yeux"（法语，"我们甜蜜的自我"）。

热罗姆·兰东希望在制作演出这部戏剧的同时，出版剧本。

4. 贝克特指一架埃拉尔牌钢琴取代了一架德国钢琴（法兰克福牌）（爱德华·贝克特访谈）。

5. 指麦克格里维的外甥女伊丽莎白与其丈夫尼古拉斯·瑞安的儿子罗伯特（生于 1956 年）。

托马斯·麦克格里维于 1957 年初，从菲茨威廉广场 24 号搬到了圣斯蒂芬绿地 94 号。

1956 年，麦克格里维出版了《意大利画派作品目录》（都柏林：文书局，1956）；1957 年，他出版了《17 世纪荷兰绘画》（库拉索出版社，1957）（利娅·本

600

森，图书馆和档案馆，NGI，2010 年 4 月 22 日）。

华莱士是国家美术馆的工作人员，他的身份没有得到进一步的确定。

蒂姆·希基，曾在爱尔兰国家美术馆工作，1952 年 10 月与其子文森特（卒于1981 年）参观了巴黎。应麦克格里维之请，贝克特带他们参观了巴黎。贝克特 1952年 10 月 7 日在给麦克格里维的信中写道：

> 星期日，我在航站楼见到了他们，并带他们到了酒店［……］。星期日下午，我们走了很久，穿过卢森堡公园，去了圣母院，穿过西岱岛、卢浮宫、杜伊勒里宫和香榭丽舍大道。希基有点 bouleversé。昨天我们一起吃了午饭，去了卢浮宫，在那儿待了几个小时。他们自己明天会再去那里。我们一起在穹顶餐厅吃了饭，然后去看了图片展。今天早上他们做了次环巴黎之旅。我打电话给他们所在的酒店，我们又在一起吃了午餐，下午和晚上他们自行安排。他们对那个地方很熟悉（特别是文森特），可以自己乘坐地铁。今早，他们可能会随同一个团到凡尔赛宫短途旅行。我每天都见到他们，如果他们需要我，他们有我的地址。我喜欢希基，能帮他们是我的荣幸，似乎也没有任何麻烦。（TCD，MS 10402/185）

"bouleversé"（法语，"不知所措"）。

蒂姆·希基写信给麦克格里维："贝克特先生是一个天使。我永远不会忘记他。他带我们逛了整个卢浮宫，事实上，他带我们游了整座城市。他不仅告诉我们这座城市的历史，还教我们法语［……］我永远不能，永远不能够报答他所做的一切，他使我们在这里的逗留非常愉快和有趣。"（［1952 年］10 月 7 日，TCD，MS 10402/184）

6. 艾伦·汤普森，尼尔·蒙哥马利，杰克·B. 叶芝。

印第安纳州布卢明顿，印第安纳大学出版社
伊迪丝·格林伯格

1956 年 10 月 20 日　　　　　　　　　　　　　　　巴黎 15 区
　　　　　　　　　　　　　　　　　　　　　　　　快马街 6 号

亲爱的格林伯格小姐：

谢谢您 10 月 11 日的来信。

我最近工作太忙，完全看不出有任何修改《墨西哥诗选》译本的可能性。[1]

这项翻译是由联合国教科文组织 1950 年（我想）春天批准的。巴埃萨先生极力推荐我做，我跟着他做。

当然，它不完美，就像所有的翻译一样。但这是我能做到的最好的了。[2]

我尊重你们所有的校对员，但是在任何情况下，恐怕我无法同意发表任何一篇由我署名但同时又"由杰拉尔德·布雷南修订"的文章。[3]

因此我建议：

（1）用我的签名版，您要做好准备不再接受任何更正。

（2）用由修订者修订和签名的版本——<u>无论多么小的修正</u>。

（3）如果他们认为合适，我会把我的酬金中与文本相应的部分退还给联合国教科文组织的出版机构。目前，尽管这部分酬金在提交时已被批准，却并不能令人满意。[4]

如果是六年前问我这次修订，当时这项翻译工作在我的脑海中还是很清晰的，而只要文学的苦差事还是我的主要职业，就不会有困难出现。

我本应两年前给您写这封信的，很抱歉没有这么做。我还以为有一天我会有闲暇，有勇气再去全面回看这部过去的译作。

我希望您能理解我的立场，不要以为我不讲理。

一两天内我会将手稿以航空挂号邮件寄给您。

　　谨上

　　　　　　　　　　　　　　　　s/

　　　　　　　　　　　　　　　萨缪尔·贝克特

TLS；1 张，1 面；IUP；复本，InU，IUP MSS II，第 12 盒。

1. 伊迪丝·格林伯格 10 月 11 日写信给贝克特，提醒他，她在 1954 年写过一封信给他，要求他对《墨西哥诗选》的译文进行修订（见贝克特致伊迪丝·格林伯格的信，1954 年 11 月 18 日，注 1）："您当时写信给我说，您工作太忙，1955 秋天之前没法对这份译稿做任何修改，鉴于此，我们同意您继续拿着我们唯一——份手稿复件（复写本），直到修改工作结束"（IUP；复本，InU，IUP MSS II，第 12 盒）。

2. 里卡多·巴埃萨，联合国教科文组织项目总监（见 [1950 年] 2 月 27 日的信，注 5）。

3. 杰拉尔德·布雷南（原名爱德华·菲茨杰拉德·布雷南，1894—1987），作家、西班牙语言学者。

4.《墨西哥诗选》最终于 1958 年由印第安纳大学出版社出版，贝克特为译者；封底有他的声明："我要感谢杰拉尔德·布雷南先生，他阅读了所有的手稿，并提出了一些有用的建议。"校对过的手稿存于得克萨斯大学奥斯汀分校人文研究中心（莱克主编，《无义可索，符号不存》，第 110 页）。亦见 UoR，BIF，MS 2926，贝克特的翻译笔记。

法兰克福，S. 菲舍尔出版社
斯特凡尼·洪青格尔

1956 年 10 月 20 日 [1]

巴黎 15 区
快马街 6 号

尊敬的洪青格尔先生：

谢谢您 10 月 16 日的来信。[1]

事实上，我已经完成了另一个剧本，一个相当长的独幕剧，持续至少一个半小时。但要经过几次排练后，我才能确定最后的文本。希望排练很快开始，不久您就会拿到一份手稿。

---

[1] 原信用法语写成。

在巴黎，这部戏剧将安排在一部不长的"默剧"之后，这部无词剧只有一个角色，也是我写的，音乐由我的堂弟约翰·贝克特创作，大约持续 20 分钟。

我希望午夜出版社已将那些您跟我要的照片寄给了您。如果没有，请告诉我，我会提醒他们。

谨上

s/

萨缪尔·贝克特

TLS；1 张，1 面；S. 菲舍尔出版社。

1. 斯特凡尼·洪青格尔 *（原姓克雷默，1913—2006）9 月 14 日写信给贝克特，说她从 9 月 1 日起接替了赫尔穆特·卡斯塔涅在 S. 菲舍尔出版社的工作；她向贝克特要他的照片。

贝克特在此信中弄错了洪青格尔的性别，而他在 1956 年 9 月 20 日致热罗姆·兰东的信中还让兰东寄一张"菲舍尔刚来的那个小伙子"的照片给他（IMEC，贝克特，第 1 箱，S. 贝克特，书信 1950—1956）。

伦敦
玛丽·哈钦森

1956 年 11 月 7 [6] 日　　　　　　　　　　　　　　　　巴黎

亲爱的玛丽：

请你一定原谅我，这么久都没写信感谢你的来信和笔记。对我来说，作为一个朋友，我能说的不多，作为一个写信人，能说的就更少。

我饶有兴趣地阅读了你的笔记，我的作品对你有如此不一般的影响，我非常感动。我对于自己写的几乎所有的东西，即便不是十分厌恶，也是越来越不喜欢，而且完全难以忍受回头去看，或是深入去阅读。若是什么地方有些奇怪的真实的话，那也是《莫菲》中提到的阿伯德拉人，比如赫林克斯的"一文不值之类"。我想这些都应该给予关注，可以写一篇评论。但我自己真的不知道——par quel bout le prendre，而且我帮不了任何人。[2]

我在读南希的《乔治·摩尔回忆录》，发现参考文献中提到了"哈奇"和你。[3]

《终局》和《默剧》在巴黎作品剧院制作演出，明年 1 月可能就要面对观众的嘘声了。我已经为第三频道写了一部广播剧，也将在明年 1 月播出。

我很久没有见过乔治了，他没有把他自己写的书寄给我。Tant pis，我不得不自己买一本。[4]

希望在氢或铀或是其他什么东西将我们除掉之前你能收到这封信。

你永远的朋友

萨姆

ALS；1 张，1 面；信封地址：英格兰伦敦西 2 区海德公园广场 21 号，哈钦森夫人收；邮戳：1956/11/6，巴黎；TxU，哈钦森文献集。

1. 玛丽·哈钦森写给贝克特的信没有找到。
2. 贝克特删除了"一切"，改为"几乎所有的东西"。
玛丽·哈钦森在她的信中与《新政治家和国家》的编辑讨论了《莫洛伊》，她毫不掩饰对贝克特的钦佩："在我看来，正是通过对整个结构中的诸多变化的精湛把控和独到运用，萨缪尔·贝克特证明了自己是一个具有独特品质和力量的艺术家。"（《萨缪尔·贝克特》，《新政治家和国家》第 52 期 [1956 年 1 月 21 日]，第 74 页）
虽然有哈钦森夫人写的关于贝克特作品的笔记，但这些笔记都只是关于后期作品的（TxU，《哈钦森文集》）。贝克特指的是"实在之物让位于或者添加到'虚空'

时降临的积极的平静。在阿伯德拉人的狂笑中，没有什么比这更真实"[1]（《莫菲》，格罗夫出版社，第246页）。赫林克斯，《一文不值》：见周六［1949年4月30日或之后，5月26日前］的信，注5。

"par quel bout le prendre"（法语，"从哪里开始"）。

3. 南希·丘纳德描述了乔治·摩尔与玛丽和她的丈夫圣约翰·哈钦森（1884—1942）的友谊（《乔治·摩尔回忆录》）。

4. 乔治·迪蒂，《不可思议的博物馆》（巴黎：若泽·科尔蒂出版社，1956）。

"Tant pis"（法语，"太糟糕了"）。

南希·丘纳德

1956年11月7日 巴黎

亲爱的南希：

很高兴你收到了《腥象》，也为你户外短途旅行高兴。[1]此刻我没有不安，因为我们很快就要在作品剧院开始排练《终局》和《默剧》了，表演大概在明年1月，这将是一项糟糕的工作。我一个晚上都在读你的《乔治·摩尔回忆录》，被它深深地吸引，也很愉悦，就像阅读你的《伟人：诺曼·道格拉斯回忆录》。但比起《乔治·摩尔回忆录》，我更感兴趣的是你。我喜欢"淑女不动"这个故事。Eppur si muovono.[2]我觉得你和乔伊斯在富凯酒店那顿不愉快的晚餐就像是沙利文、比彻姆和你母亲一样平常。乔伊斯告诉我的是，你告诉他们你守约了，见没有人就走了。很高兴听到你又回忆起更多的事情，也没有人要束缚你，quasi una fantasia，所以你最好做，因为comme personne。[3]我想再读读你的《视差》，回味一下巴特西和附近在风中飞行的海鸥，但我的书架上没有。

[1] 译文引自萨缪尔·贝克特著，曹波、姚忠译《莫菲》（长沙：湖南文艺出版社，2016）第261—262页。阿伯德拉人（Abderite）指古希腊"大笑哲学家"德谟克利特。

如果你有多余的，有空时寄给我吧。[4] 这么长时间了，GE那里没有一点消息。[5] 广播电台第三频道已拿到了广播剧的脚本，1月份对外广播。牙疼一直疼到软腭，这已经成了我的生活。收到了拉尔夫的信，他的血压很高，一只脚还患了痛风，一滴酒都不允许喝。一天下午天快黑的时候，我去拜访德斯蒙德，发现他舒适地躺在床上喝白兰地。[6] 种下了一株铜色的梧桐树，八株红山楂树和一株黎巴嫩雪松。[7] 在氢和铀毁灭我们之前，我们快乐地在南方摇曳，同时尽可能频繁地写信，意气风发地表达你曾经拥有的那种深情。

s/ 萨姆

TLS；1张，1面；TxU，丘纳德文献集。

1. 贝克特在《腥象》上签了名，于10月17日寄给了丘纳德（见注1）。她计划去罗马旅游（奇泽姆，《南希·丘纳德》，第307页）。

2. 贝克特指的是丘纳德的书《乔治·摩尔回忆录》和《伟人：诺曼·道格拉斯回忆录》。丘纳德讲述一个女子的故事，为了重新赢得她的丈夫的爱，她从"法国妓女"那里得到了一些建议："回来后，她开始把听来的那些付诸实践，结果她的丈夫告诉她，'多拉，淑女们从来不动'"（《乔治·摩尔回忆录》，第38—39页）。

"Eppur si muovono"（意大利语，"但她们的确在动"）。贝克特引用了伽利略的名言"它们（星空）在动。"

3. 乔伊斯希望丘纳德"利用她对母亲的影响，使托马斯·比彻姆爵士去听听爱尔兰歌手奥沙利文的演唱，并使他受聘到伦敦去唱歌剧"（奇泽姆，《南希·丘纳德》，第148页）。托马斯·比彻姆先生创立了皇家爱乐乐团。乔伊斯对约翰·弗朗西斯·奥沙利文（1878—1955）所表现出的良苦用心可以从南希·丘纳德的回忆中得知，乔伊斯曾暗示会让她出版自己的一些作品，以此来回报她的帮助。奥沙利文是一位来自科克的男高音，曾在法国学习，在巴黎歌剧院演唱。丘纳德让乔伊斯一直在富凯酒店门口等着，在另外一件事上也让乔伊斯空等一场。（奇泽姆，《南希·丘纳德》，第148页；埃尔曼，《詹姆斯·乔伊斯（最新修订版）》，第625—626页）丘纳德夫人（原名莫德·爱丽丝·伯克，雅号"翡翠"，1872—1948）。

1956年10月底，丘纳德开始创作关于作家和艺术家的回忆录（奇泽姆，《南希·丘纳德》，第305—307页）。"quasi una fantasia"（法语，"几乎是幻想"），用于描述贝多芬的 C 大调第十四号《钢琴奏鸣曲》。

　　"comme personne"（法语，"没有人能"）。

　　4."在堤围上，我数着灰色海鸥 / 随着风，在一股怒潮之上"（南希·丘纳德，《视差》［伦敦：霍加斯出版社，1925］，第 11 页）。贝克特对意象的热情：见周四［？1930 年 7 月 17 日］致托马斯·麦格里维的信，注 7。

　　5."GE"是 Great Extractor 的首字母缩写，意思是"大挖掘机"，即杰克·施瓦兹：见 1955［1956］年 5 月 15 日的信，注 4。

　　6.拉尔夫·丘萨克；德斯蒙德·瑞安。

　　7.贝克特把这些树种在了于西。他把"梧桐树"和他的诗联系在一起："拉长的影子背后，梧桐树正在哭泣。"（《回声之骨及其他沉积物》［，第 22—23 页］）

巴黎，午夜出版社
热罗姆·兰东

1956 年 11 月 11 日 [1]　　　　　　　　　　　　　　　　　　巴黎

亲爱的热罗姆：

　　附上伦敦约翰·考尔德出版社寄来的一封有趣的信。1

　　他们建议将《莫洛伊》《马龙之死》和《无法称呼的人》分册出版。

　　一个梦想，能治我的风湿病。

　　我已经回复了，尽我所能解释《莫洛伊》存在的所有问题，并要求他们从现在起与午夜出版社联系。同时，就英国的版权如何经营这一话题而言，若您能给他们解释，那就太好了，您比我解释得更好。2

　　昨天同罗歇和让一起工作，罗歇现在真是太出色了。3

　　祝一切顺利，尽快给我写信。

　　　　　　　　　　　　　　　　　　　　　　　　　　s/ 萨姆

---

[1]　原信用法语写成。

TLS；1 张，1 面；信内附件：伦敦约翰·考尔德出版社的帕梅拉·里昂 1956 年 11 月 8 日致贝克特的信（TLS；1 张，1 面）；IMEC，贝克特，第 1 箱，S. 贝克特，书信及其他 1950—1956。

1. 帕梅拉·里昂 11 月 8 日写信给贝克特表示，约翰·考尔德出版社已经收到一份从格罗夫出版社寄来的《马龙之死》，愿意出版"完整的三部曲，以一册的形式"（InU，考尔德；IMEC，贝克特，第 1 箱，S. 贝克特，书信及其他 1950—1956）。

2. 热罗姆·兰东 11 月 13 日写信给约翰·考尔德（1927—2018）："若《莫洛伊》《马龙之死》和《无法称呼的人》能够由您在大不列颠以单册的形式出版，我们彼此都会很高兴。事实上，这将是理想的解决方案。"（IMEC，贝克特，第 1 箱，S. 贝克特，书信及其他 1950—1956）

3. 罗歇·布兰和让·马丁。

纽约
戈达德·利伯森

1956 年 11 月 13 日   巴黎 15 区
                                                         快马街 6 号

尊敬的利伯森先生：

昨日收到三套《等待戈多》的录音带。向您的慷慨表达我最诚挚的谢意。[1]

我已写信给住在雅典广场的伊戈尔·斯特拉文斯基，但我不确定他是否在巴黎。[2]

您可能会有兴趣知道，我们已开始在作品剧院排练我的新戏《终局》，可能明年 1 月开幕。

代我问候您太太。

谨上

萨缪尔·贝克特

TLS；1 张，1 面；CtY。吉尔摩，MSS 69。

1.《等待戈多》的录音：见 1956 年 9 月 7 日的信，注 2。

2. 贝克特写给斯特拉文斯基的信被退回（贝克特致利伯森的信，1956 年 12 月 10 日，CtY，吉尔摩，MSS 69）。

利伯森 12 月 3 日向贝克特证实，斯特拉文斯基病了，在慕尼黑住院到 11 月 17 日；他于 11 月 22 日从慕尼黑来到罗马，所以并没有按原计划来巴黎（见 1956 年 9 月 7 日的信，注 1；CtY，吉尔摩，MSS 69；薇拉·斯特拉文斯基，《亲爱的巴布什金：薇拉·斯特拉文斯基和伊戈尔·斯特拉文斯基之间的通信，1921—1954 年》；《薇拉·斯特拉文斯基的日记摘录，1922—1971 年》，罗伯特·克拉夫特主编［伦敦：泰晤士与哈德逊出版社，1985］，第 184 页）。

巴黎
欧仁·尤内斯库

1956 年 11 月 15 日 [1]

巴黎 15 区
快马街 6 号

亲爱的尤内斯库：

谢谢您的便条。[1]

如果我的哑剧可以同《椅子》一起在皇家宫廷剧院演出，我会很开心。我收到了迪瓦恩写的便条，纯属偶然。[2]

兰东一定告诉您了，情况有点复杂。[3]

---

[1]　原信用法语写成。

我们何时能见面？我打算离开巴黎几天。下周一，也就是 19 号 7 点在蒙帕纳斯的圆顶酒吧见面如何？如果您认为合适，就不要麻烦确认了。

替我表达对您夫人的敬意。[4]

祝一切如愿！

s/

萨缪尔·贝克特

TLS；1 张，1 面；尤内斯库在背面写有便条［拉丁词汇］；BNF，尤内斯库 COL-166。

1. 欧仁·尤内斯库写给贝克特的便条未找到。

尤内斯库 11 月 12 写信给乔治·迪瓦恩 *（1910—1966），即英格兰舞台公司伦敦皇家宫廷剧院的董事，商讨贝克特"哑剧"《默剧》与其话剧《椅子》连场演出的可能性。他在信中提到，他刚刚给贝克特写了一封信，要求见他，以便讨论此事。

2. 见迪瓦恩 11 月 14 日给贝克特写的信（TxU，英格兰舞台公司收藏）。

3. 在 11 月 12 日的一封信中，尤内斯库跟乔治·迪瓦恩说，就在该剧与《终局》在巴黎上演之前，热罗姆·兰东对在伦敦制作哑剧犹豫不决，他认为哑剧要同由贝克特创作的另一部戏剧一起在伦敦演出（TxU，英格兰舞台公司收藏）。

4. 罗迪卡·尤内斯库（原姓布里莱亚务，1910—2004）。

伦敦，英国广播公司
约翰·莫里斯

1956 年 11 月 16 日

巴黎 15 区
快马街 6 号

亲爱的莫里斯先生：

非常感谢您的来信。见到了唐纳德·麦克温尼，我很高兴。他对声

611

音的看法和我一致，我确信他会做得很好。真希望能为第三频道做点别的什么事，很可能是与我跟您提过的我那位堂弟约翰·贝克特一起来做。此刻，新剧和哑剧让我忙得不可开交，大概明年 1 月在作品剧院开演。

　　向您致以最美好的祝愿！

　　　您永远的朋友

s/ 萨缪尔·贝克特

　　TLS；1 张，1 面；另有人用墨水书写 AN："办公室之间，（1）霍姆先生，（2）斯托克斯先生，（3）第三频道的负责人传阅"；BBC WAC，RCONT I/ 萨缪尔·贝克特 / 编剧 /I（1953—1962）。

巴黎

罗贝尔·潘热

1956 年 11 月 23 日 [1]　　　　　　　　　　　　　　　　　　巴黎

亲爱的朋友：

　　我们有星期四晚上《安魂曲》的票。1

　　如果您有空，也想来，下星期一来和我们共进晚餐吧。

　　今天见到了纳多。他正在忙于《跌倒的人》的出版工作。可能明年 2 月发行。一有时间，我就会把文本给您准备好。2

　　给您我们俩最美好的祝福！

s/ 萨缪尔·贝克特

　　TLS；1 张，1 面；伯恩斯图书馆，潘热－贝克特书信。

---

[1]　原信用法语写成。

1. 贝克特看的《修女安魂曲》是根据威廉·福克纳的《修女安魂曲》改编的舞台剧，由阿尔贝·加缪改编，在巴黎8区的马蒂兰剧院演出。

2. 贝克特12月9日把《跌倒的人》的打字稿寄给了罗贝尔·潘热，目的是和他在《新文学》杂志合作翻译发表（伯恩斯图书馆，潘热-贝克特书信）。

伦敦，英国广播公司
唐纳德·麦克温尼

1956 年 11 月 28 日   巴黎 15 区
                                                    快马街 6 号

尊敬的麦克温尼先生：

剧本第 1 页有一处几不可察的细微改动，但我知道您会纵容我做此改动。请将"独自一人待在那座令人发疯的旧房子里"改成"独自一人待在那座破败的旧房子里"。[1]

有任何消息，请写信告诉我。

谨上

s/

萨缪尔·贝克特

TLS；1 张，1 面；邮戳日期：1956 年 11 月 9 日：BBC WAC, RCONT I/ 萨缪尔·贝克特/编剧/I（1953—1962）。

1. 贝克特此处指的是鲁尼夫人在《跌倒的人》中的出场台词。麦克温尼在 11 月 30 日回复贝克特的信中，他表示同意改动（BBC WAC, RCONT I / 萨缪尔·贝克特/编剧/I〔1953—1962〕）。

伦敦
理查德·劳德

1956 年 11 月 28 日　　　　　　　　　　　　　巴黎 15 区

快马街 6 号

亲爱的RR：

　　谢谢你的来信。如果手头有《论普鲁斯特》的话，我可能会找出你所引用的那段的出处，但我没有。我想可能是弗朗切斯科·德·桑克蒂斯，但我不确定。如果确定了，会告诉你。[1]我想格罗夫出版社会出版这个旧 corvée，渣透－瘟得死出版社已经宣布放弃了所有权利——c'est la moinde des choses。[2]听说你要开始自由职业了，我很高兴，只要不是教学，做什么都可以。尤内斯库很不错。前几天我看见他了。谈到了迪瓦恩在皇家宫廷剧院制作《椅子》的同时，也在做我的《默剧》，我希望能顺利进行。[3]你读过齐奥朗的书吗？我只是读过他最新的《存在的诱惑》，到处都是精彩片段。必须重读他的第一部作品《解体概要》。[4]我们谈了独幕剧的最终版本，新剧的标题确定为《终局》。还有，我堂弟约翰·贝克特为《默剧》创作了音乐，这些都可能会在明年 1 月的头两个星期在作品剧院演出，除非克罗默兰克的《冷和热》以出乎意料的速度上演，这部剧目前也在那里制作。我已经与布兰和马丁开始了预先排练，到目前为止，排练结果相当糟糕。[5]我为英国广播公司第三频道做了一个很长的英语广播剧，明年 1 月放送。[6]我肯定会在这里，至少要待到圣诞节，盼望能见到你。我不知道阿尔诺的《告白》。[7]没有为第三频道写的广播剧《跌倒的人》的脚本，出自《大卫的赞美诗》第 115 章，特别适合广播，至少我希望如此。[8]布兰也有"gaucher contrarié"，说他从未将它克服。[9]

祝你一路顺风！

　　谨上

萨姆·贝克特

TLS；1 张，1 面；信封地址：英国伦敦西南 3 区奥克利街 13 号，理查德·劳德先生收；邮戳：不清晰，巴黎；斯莫伦斯收藏。

1. 美国电影评论家理查德·劳德*（RR，1929—1989）询问贝克特《论普鲁斯特》中引文的出处（第 59—60 页）："缺乏力量杀死现实的人，就会缺乏力量去创造它。"贝克特正确地辨认出作者是弗朗切斯科·德·桑克蒂斯（1817—1883）（《意大利文学史》，卷二，尼古洛·加洛编［都灵：朱利奥·埃诺迪出版社，1958］，第 188 页）。

2. 格罗夫版《论普鲁斯特》：见 1956 年 7 月 30 日的信；1956 年 8 月 1 日的信，注 4。

　　"corvée"（法语，"工作、任务"）。伦敦的查托－温德斯出版社。"c'est la moindre des choses"（法语，"他们至少能做到这些"）。

3. 不知道欧仁·尤内斯库和劳德如何成了朋友，但劳德住在伦敦的唐纳德·沃森的家里，此人是尤内斯库的译者，所以他们肯定见过面（让-伊夫·莫克，1996 年 6 月 19 日）。

4. 埃米尔·米歇尔·齐奥朗的《存在的诱惑》（1956）；《解体概要》（1949）。

5. 《冷和热，或多姆先生的想法》（1934），是费尔南·克罗默兰克（1885—1970）创作的一部闹剧，11 月 20 日在作品剧院演出，由作者担任导演。

6. "放送"（emission）系借用法语习语用法以表"广播"之意。

7. 乔治·阿尔诺（亨利·吉拉尔的笔名，1917—1987）写了剧本《最甜蜜的告白》（1953 年上演；1954 年出版）。

8. "上帝扶持一切跌倒的人，鼓舞一切被强压而低头的人"（《赞美诗》第 145 章第 14 节）。贝克特将诗篇编号错认为第 115 章。

9. "gaucher contrarié"（法语，"左撇子的烦恼"）。

伦敦，柯蒂斯·布朗有限公司
凯蒂·布莱克

[1956 年 11 月 28 日之后]

亲爱的凯蒂：

　　谢谢你 28 日的来信。我非常赞同你将《椅子》和哑剧一起制作演出，这两部在一起演出时间会相对短一点。更何况，如果将《椅子》和《终局》一起演——将会持续一个半小时还要多——时间可能太长了。最重要的是，如果我认为这种想法值得尝试的话，那我几个月做完翻译的可能性就不大了。必须先考虑到这一点。解决方案可能会需要尤内斯库增加一幕，或是我增加很短的一幕——如果迪瓦恩喜欢《默剧》——那我就得努力并且暂时放下我那些恼人的事情。布兰、马丁和我每天下午都在作品剧院的休息室里排练，克罗默兰克所设计的丰富、可怕的、不可变的舞台场景布置让戏台变得无法使用。[1]

　　没有任何消息吗？

　　一切顺利

　　　　你永远的朋友

　　AL 草稿；1 张，1 面；信封背面：柯蒂斯·布朗有限公司的凯蒂·布莱克致信贝克特，1956 年 11 月 28 日（TLS；1 张，1 面）；费森菲尔德收藏。

　　1. 克罗默兰克在作品剧院演出的剧目是《冷和热，或多姆先生的想法》。

616

纽约，格罗夫出版社

巴尼·罗塞特

1956 年 12 月 1 日

于西

巴黎 15 区

快马街 6 号

亲爱的巴尼：

你这么不快乐，我很难过，但是变成其他人是很难实现的，哪怕只是几分钟的时间。当然，在兴奋剂、工作、音乐或其他诸如此类东西的帮助下，也许可以实现。看在这些事情的分上，务必坚持到底。假如你找到了你想要的人，一切就会好的。[1] 这些都是愚蠢的话，但不像他们所说的那样愚蠢。

感谢你的支票以及你朗读的事，感谢你所做的一切。[2] 我有几本《跌倒的人》（根据英国广播公司脚本制作），大概明年 1 月播出，我打算送一本给你，下星期和《来自被抛弃的作品》一起寄给你。[3] 我已经把《终局》（以前名为《哈姆》）的完稿和哑剧《默剧》给了兰东，这本书将在几周后面世，之前没有送给你是因为我觉得不值得送。伦敦和德国都有人来信询问这本书的情况。哑剧（适用于柯蒂斯·布朗有限公司）在任何时候都是可授权的，但短期内见到这幕剧的英文版是不大可能的，如果真会有的话。[4] 我们正在作品剧院的休息室里竭尽全力地排练，大概明年 1 月 10 日首演。由于出演哑剧的一位来自比利时属刚果的演员的缺席，在 12 月的最后一周之前，我们的排练将无法顺利进行，所以最后三周将是一个地狱式的集中排练。[5] 桑德斯一分钱也没有寄给我，但她可能寄给了兰东，我下个星期会问他。[6] 这部剧进入正轨后，我就有较长一段时间不过问此事，就会有充足的时间进行《无法称呼的人》

的翻译工作了。[7]对于《论普鲁斯特》和《莫菲》，我很乐意为你签名，要多少签多少。[8]我收到了几本《新世界写作》，上面刊登了我的作品《胆怯》，很遗憾他们没有标注创作日期，也许你会提醒《常青评论》的人，让他们在出版《但丁和龙虾》时能注意到这一点。我记得，这个作品第一次出版是在1930年，当时由爱德华·泰特斯刊登在他自己在蒙帕纳斯主办的杂志《此季》上。[9]这里的一切都让我感到厌倦和沮丧，包括所有这些混乱的排练，感觉是在浪费精力，期待有那么一个时刻，我可以再次全力以赴地去做，看看有没有任何孤独的碎片，值得将它们粘合在一起。这里的一切都是处于一个汽油短缺的混乱状态，恐怕我们会因为集中供热而被困在这里的乡下，虽然我们有足够的燃料留给最糟糕的冬季。[10]很高兴在这里能够听到加拿大广播。希望迈尔伯格会下定决心让纽约的制作演出成功，不管他起用黑人演员还是白人演员。哥伦比亚唱片公司很大方地给我寄了3套《戈多》的录音。C'est assez bien fait mais je trouve que ça ne donne pas grand'chose.[11]告诉洛莉，我不喜欢被人感谢，尤其是寄书的事，不过，没关系，她只是做了正确的事。你不愿意写信，我能理解。但是，在这地狱般的一年即将结束前，出于善意地写上几行，会让你总是满怀深情的作者振作起来。

s/ 萨姆

TLS；1张，1面；伯恩斯图书馆，罗塞特－贝克特文献集。

1. 巴尼·罗塞特和洛莉·罗塞特一年后离婚了。

2. 贝克特此处所指的是罗塞特10月23日在位于纽约92街希伯来男女青年会的诗歌中心朗读了贝克特的作品，在信中"朗读"的后面，贝克特插入了"感谢你所做的一切"，是用打字机打的。罗塞特对于这次朗读的相关描述尚未找到。

3. 贝克特已经给罗塞特寄了《来自被抛弃的作品》的打字文稿（见1956年9月23日的信，注3）。

4. S.菲舍尔出版社有兴趣出版这部剧：见1956年7月14日的信；乔治·迪瓦恩

和皇家宫廷剧院有兴趣制作这部剧和哑剧：见 1956 年 11 月 15 日［和 1956 年 11 月 28 日后］信。

在信纸上端的边缘空白处，贝克特用手写了"以前名为《哈姆》"，并用一条线把它圈了起来，指向有"《终局》"的一行。

凯蒂·布莱克 11 月 30 日给乔治·迪瓦恩寄了《默剧》的剧本。（TxU，英格兰舞台公司收藏）来自柏林和杜塞尔多夫的询问信已经收到（见［1956 年］8 月 30 的信，及注 8）。

信中"适用于柯蒂斯·布朗有限公司"这几个词是由贝克特用手写在信纸左侧的空白处，并用一条线把它圈起来，将它与信中同样圈起来的"哑剧"一词用一条线连了起来。

5. 德里克·门德尔随现代舞公司"弗朗西斯和多米尼克"在非洲巡演，他们访问了安哥拉、法属刚果和比利时属刚果（德里克·门德尔）。

6. 玛丽昂·桑德斯是午夜出版社在纽约的代理人，《莫洛伊》和《等待戈多》在美国的版税收入都由她收取［罗塞特 1956 年 12 月 17 日致热罗姆·兰东的信，IMEC，贝克特，第 1 箱，S.贝克特，《莫菲》卷宗 1956—1957］。罗塞特 12 月 7 日写信给桑德斯说，他曾于 8 月 8 日将版税寄给她了，但贝克特还没有收到（IMEC，贝克特，第 1 箱，S.贝克特，书信及其他 1950—1956）。

7. 虽然贝克特已经开始翻译《无法称呼的人》，但他说这是一个"可怕的结果"（贝克特致艾丹·希金斯的信，1956 年 11 月 23 日，TxU，贝克特文献集）。

8.《论普鲁斯特》和《莫菲》直到 1958 年才由格罗夫出版社出版。

9.《胆怯》被收录在贝克特的作品《徒劳无益》中，后来单独发表在《新世界写作》第 5 卷第 10 期（1956 年 11 月）第 22—32 页（见 1956 年 5 月 26 日的信，注 7）。贝克特要求标注创作这篇故事的日期（见 1956 年 5 月 26 日的信）。

《但丁和龙虾》，同样出自《徒劳无益》，出现在《常青评论》上（第 1 卷第 1 期［1957 年 12 月］，第 24—36 页）。没有提及该故事最早发表在《此季》上，也没有标注创作日期。

10. 欧洲当时正在经历石油短缺，部分原因是苏伊士危机：欧洲经济合作组织建立了"石油工业急救组"对"成员国之间的供应"进行分配（《欧洲石油供应的未来》，《泰晤士报》，1956 年 12 月 1 日：第 50 版）。汽油配给预计将持续数月。贝克特将"gasoline"（汽油）误写为"gasolene"。

11. 柯蒂斯·布朗有限公司的劳伦斯·哈蒙德于 11 月 15 日给罗塞特写了一封信，信中说，加拿大广播公司希望广播《等待戈多》（NSyU）。

此处贝克特指的是迈尔伯格的提议，后者打算在纽约与一个黑人演员团队重新制作并演出《等待戈多》。

戈达德·利伯森将哥伦比亚唱片公司录制的《等待戈多》寄给了贝克特（见1956 年 11 月 13 日的信）。

"C'est assez bien fait mais je trouve que ça ne donne pas grand'chose"（法语，"做得不错，但还是不够好，我觉得寄得不够多"）。

伦敦，皇家宫廷剧院
乔治·迪瓦恩

1956 年 12 月 5 日   巴黎 15 区
                                                                          快马街 6 号

亲爱的迪瓦恩先生：

谢谢你 12 月 3 日的来信。

很高兴你喜欢哑剧。我意识到将哑剧和《椅子》一起表演时间可能有点太短了。我绞尽脑汁，想要再创作一部 20 多分钟的现代法语戏剧，无果而终。尤内斯库肯定会在某处有一小段，或为此再创作一小段。当然，我可以设法再创作一个哑剧。这取决于你计划在什么时候演出这个节目。但是，如果那样安排的话，或许有太多的沉默，太多的贝克特风格的戏份。因此，应该优先考虑让尤内斯库再创作一个短剧。[1] 或者你会考虑叶芝的"四舞剧"中的一部？例如《鹰井边》，该剧充满了诗意。[2]

谨上

                                                                          s/

                                                                          贝克特

TLS；1 张，1 面；TxU，英格兰舞台公司收藏。

1. 迪瓦恩在 12 月 3 日写信给贝克特，表示很喜欢《默剧》，但补充说："现在的问题是要再找到一个持续大约 20 至 25 分钟的剧目，以便与《椅子》组成一个完整的演出。你有什么好的想法——最好是法国现代戏剧。"（TxU，英格兰舞台公司）

2. 威廉·B. 叶芝的"四舞剧"（1921），包括《鹰井边》《艾默尔唯一的嫉妒》《做梦的骨头》和《耶稣受难》。

雅各芭·范费尔德

<u>1956 年 12 月 15 日</u> [1] 巴黎

亲爱的托尼：

我想说的是巴黎，但我来乡下已经两天了，而且还会再待两天。在丢了你巴黎的地址后，我就再也没能马上回复你的来信了。我在这里找到你的地址……你在那边的生活听起来似乎并不美妙。在罗马，我谁也不认识。曾认识一位爱尔兰大使，但他走了。[1] 你那篇关于快乐的人的长篇大论写得确实不错。但有人认为自己是幸福的人？我最近与布兰和马丁进行了大量的排练。我们本来应该可以按原计划于明年 1 月 15 日在作品剧院公演。但是现在已经被推迟到了 2 月 20 日。进展不是很顺利。但总的来说，我很开心。至于哑剧，所有的事情还需要一一落实。舞者将去比利时属刚果巡演，直到 12 月 20 日才能回来参加排练。从现在到 2 月 20 日，也许我们会有点进展。《终局》做起来也非常困难。我已经完成了第一次校对，并把它寄给了兰东，他打算在第一次公演当天出版这本书。我会给你弄一份节目单。还有那个广播剧《跌倒的人》，下个月将由第三频道播出。罗贝尔·潘热也正为《新文学》翻译这部剧。我和纳多一起共进过一次午餐。我们谈到了你。他只字未提你的短篇小

---

[1] 原信用法语写成。

说。他深陷政治文学的那些事情。[2]苏珊娜在双叟咖啡馆碰到了鲍伯和他的弗里斯兰奶牛，鲍伯一直聊个不停，而他的小奶牛则一直沉着脸。[3]我不得不请雅克·皮特曼整理，他正同布兰和马丁一起全力组织一次聚会，计划朗读他的剧本。这么多该死的麻烦事儿，我真是受够了。[4]玛尔特邀请我与布拉姆到她位于博比约街舒适的小屋吃饭。我曾经去过布拉姆家。只能遥想她在一幅大画布上作画的情景，那幅画已被瓦朗预订了。一直都还没有见过赫尔或丽索。似乎瓦朗在现金方面的状况不是很好。[5]我正在尝试翻译《无法称呼的人》。非常难译。我永远都译不完。我等着看我的戏上演，以便多少了解一下我是否能继续朝那个方向翻译下去，或者了解一下我是否完全偏离了轨道。不管是哪种情况，我都没有译下去的感觉。这下好玩了。看到尤内斯库从伦敦回来了，他在伦敦期间创作了新剧《上课》和《新房客》。我们也进行了一次把我的哑剧与《椅子》一起演出的探讨。[6]我不知道是谁把《终局》授权给了荷兰人。不是我，那毫无疑问就是布兰。精英咖啡馆里有一半人都已经读过了。无疑要感谢马丁。[7]你的计划是什么？罗马，然后是巴黎？弗里茨什么时候回来？[8]我见过几个波兰人：一位是评论杂志的编辑，另一位是《戈多》的译者。1月15日将在华沙首演。[9]纽约也有好消息，一个黑人演出团队（包括两米高的幸运儿）要重新编排演出《戈多》。[10]在巴黎，我们仍然在寻找靠翻垃圾箱度日的一对老头和老太——掉了牙的，如果可能的话——但是很难找到。而且要找那些弓着腿的。我曾想问问玛尔特，但她有点高。[11]我会出很多钱（1 000法郎），让这一切尽快结束，戏剧上演，然后我离开，不再恐惧另一部作品的创作。[12]不管以后怎样，但这是此刻所能希望的最好的生活了。

我们星期一会来这里植树。我已经挖好了树坑。如果今年的天气还像去年一样寒冷的话，明年春天之前，一棵也成活不了。油很快就要用完了，到那时候，我们就没有暖气了。胡拉乱扯了这么多。保持联系。

非常爱你

萨姆

ALS；1 张，2 面；BNF 19794/43。

1. 雅各芭·范费尔德写给贝克特的信还没有找到。贝克特认识丹尼斯·德夫林，此人 1950 年任爱尔兰驻意大利外交大使，之后，从 1951 年到 1957 年被派到土耳其任职。

2. 雅各芭·范费尔德正在阅读的故事可能是莫里斯·纳多所写的《僵局》，该故事发表在《新文学》第 51 期（1957 年 7—8 月）第 31—38 页。

3. 苏珊娜·德舍沃斯－迪梅尼尔见到的是鲍勃·克莱克斯、雅各芭·范费尔德的第二任丈夫和他的同伴。在位于巴黎 6 区圣日耳曼德普雷广场 6 号的双叟咖啡馆。

4. 雅克·皮特曼的剧本还没有确认。

5. 玛尔特·阿尔诺。巴黎 13 区博比约街。布拉姆·范费尔德在巴黎的米歇尔·瓦朗画廊举办过两次画展，分别在 1955 年和 1957 年。

赫尔·范费尔德和丽索·范费尔德。

6. 尤内斯库的《上课》已于 1955 年 3 月在艺术剧院上演，由彼得·霍尔导演，然而，1956 年 11 月在艺术剧院上演的是《新房客》和《秃头歌女》（《使徒的独幕剧：伦敦看著尤内斯库的幻想》，《泰晤士报》，1955 年 3 月 7 日：第 3 版；《沮丧的滑稽主题》，《泰晤士报》，1956 年 11 月 7 日：第 3 版）。

7. 布兰在 1955 年导演完荷兰语版《等待戈多》之后，就留在了阿纳姆继续与托尼格罗普剧院合作。

精英咖啡馆，位于巴黎 6 区蒙帕纳斯大道 99 号。

8. 雅各芭·范费尔德和弗雷德里克·卡雷尔·凯帕斯（亦称弗里茨，1924—1992）住在一起。

9. 贝克特遇到了亚当·塔恩＊（1902—1975）和朱利安·罗戈津斯基（1912—1980）。塔恩于 1956 年创办了华沙戏剧杂志《对话》。罗戈津斯基选择了《等待戈多》第一幕的部分内容，并把它翻译为波兰语 Czekając na Godota，发表于《对话》1956 年第 1 卷第 1 期第 89—98 页。该剧按计划将由耶日·克雷奇马尔导演，打算在华沙的沃斯科尔斯尼剧院演出。

10. 迈尔伯格团队打造的《等待戈多》将在波士顿舒伯特剧院（1957 年 1 月 10 日开始）和纽约埃塞尔·巴里莫尔剧院（1957 年 1 月 21 日开始）出演，演员阵容包括杰弗里·霍尔德（1930—2014），他是一位生于特立尼达的舞者，在该剧中饰演幸运儿；他身高 6 英尺 6 英寸。

11. 贝克特此处当指玛尔特·阿尔诺。

12. 当时，1 000 法郎相当于 1 英镑，不到 3 美元：不是很多。

伦敦，英国广播公司
唐纳德·麦克温尼

1956 年 12 月 18 日　　　　　　　　　　　　　　巴黎 15 区

快马街 6 号

亲爱的唐纳德·麦克温尼：

　　谢谢你的来信，同时感谢你给我捎来了进一步的消息。今天早上读你的信时，我不明白为什么动物界只有人类有语言。我觉得我们见面时不会谈起这个话题。可能是我错了，但对我来说这个问题是一个无厘头的复杂问题。但那时我不知道你的想法。也许是要给他们录制一些其他的不真实声音。但是，应该从现实的核心出发，这一点我们观点一致。我认为它们出现的这种荒谬性，以及简单性，都足以使他们的自然本性改变。如果不行的话，能不能通过一些技术手段使他们的音质不被扭曲？但也许你想的和我想的完全不同。如果对他们声音模仿得不好，结果将很残酷。如果模仿恰当，我们又能得到什么？你缺少相关动物声音的录音吗？不要让以上的讨论成为你的负担。我只是困惑罢了，如果你能让我更清楚地知道你的想法，我将心存感激。[1]

　　我们在作品剧院的首演已被推迟到 2 月 20 日，我一整天都在想，要去伦敦看你的排练，听你的录音。最后我决定不去了，我去了对你来说绝对不是帮忙，而是帮倒忙。我做事很慢，在达到近似于我想要的效

624

果之前，有时会发疯，也会反复出错。我只会打扰你的进度。在这里和你交谈过之后，感觉得到你对这部剧的感觉——它的毁灭，它的窒息，它的僵硬，和它的放肆，所以我不担心。

最后，如果我不得不声明自己没有能力为《广播时报》写文章，即便是一个简短的即兴创作，请你谅解。我对广播剧的看法还不成熟，根本没法去写一些关于我自己创作的东西。每当想到约翰·莫里斯、你还有第三频道收到《跌倒的人》时的热情时，我感到很难受。难道从剧本中摘录一部分不比没有好吗？ ²

感谢你为我所做的一切！同时祝你一切顺利！

谨上

s/ 萨姆·贝克特

TLS；1 张，1 面；邮戳：1956/12/21；BBC WAC，RCONT I/ 萨缪尔·贝克特 /编剧 / 文件 I（1953—1962）。

1. 唐纳德·麦克温尼于 1957 年 1 月 1 日给贝克特回信称：

关于动物的事来打扰你，我很抱歉。当然，我们有真实的声音录音，但困难在于，想要正确地把握时间和获得平衡的现实效果，这个录音几乎是不可能做到的。通过使用较为真实的模仿，我认为我们可以把真正的风格和形式融入其中。另一个原因是，现有的录音是我们的听众非常熟悉的声音，我确实觉得，我们需要在这个特殊的情况下摆脱标准的现实主义，这并不极端。（BBC WAC，RCONT I/ 萨缪尔·贝克特 / 编剧 / 文件 I［1953—1962］）

德斯蒙德·布里斯科（1925—2006）为贝克特的广播剧《跌倒的人》制作声音效果，他使用了电子技术，"增强了具体的声音来源的声音效果"，并且"成为这种音效技术最早的试验者之一，这一尝试使他在 1958 年成立了广播音效工作室"（德斯蒙德·布里斯科和罗伊·柯蒂斯·布莱姆韦尔合著，《英国广播公司广播音效工作室——最初25 年》［伦敦：英国广播公司，1983］卷首，第 18 页）。

2. 1957 年 1 月 1 日，麦克温尼请贝克特放心，他写道："请不要担心为《广播时报》

写文章的事——我现在自己为他们写了一篇非常简短的文章，希望能得到您的同意。"
（BBC WAC，RCONT I/ 萨缪尔·贝克特 / 编剧 / 文件 I（1953—1962）；唐纳德·麦克温尼，《跌倒的人》，《广播时报》[，1957 年 1 月 11 日]：第 4 版）

都柏林
杰克·叶芝

1956 年 12 月 21 日 巴黎

亲爱的杰克·叶芝：

希望这朴素的卡片带给您发自我心底的诚挚祝愿，向您致以节日的问候，祝圣诞和 1957 年的每一天都快快乐乐！

永远爱您的朋友

萨姆·贝克特

ACS；1 张，1 面；叶芝收藏。

雅各芭·范费尔德

1956 年 12 月 27 日 [1] 马恩河畔于西

亲爱的托尼：

谢谢您的贺卡。我在莱万托寄出的信似乎您还没有收到。我希望信

---

[1] 原信用法语写成。

件已经发出去了，因为这封值得寄出的信。[1]

　　自平安夜我们就一直住在这里，并会待到1月3日。然后，我要回去排练。原计划下个月开演，但后来推迟到了2月底，倒让我松了口气。这出戏很难演。直到现在，我只是和布兰、马丁进行排练。还要找两位老人，让他们表演住在垃圾桶里的角色。至于哑剧部分，一切都悬而未决。门德尔从比属刚果回来了，安然无恙，但很疲惫。我们绝不可能在1月20日做好准备。我会很高兴看到演出正式开始——如果那时我还活着。该剧的文本已经开始深深印入我脑中，如同《戈多》的文本在彩排尾声时那样。6周之后会怎么样？我应兰东之邀做了校改，书出版后我给您寄一本。要么我当面给您，您若考虑很快回来的话。《跌倒的人》将在1月13日由英国广播公司第三频道播出。纽约的黑人演出团队重排的《戈多》在15日演出。他们是几位身材高大的黑人男子：1.90米、1.95米——您坐稳了，别吓着——2.12米（饰演幸运儿）！雷克斯·英格拉姆（曾经出演过《绿色草原行》）饰演波卓（120公斤）。[2]我想去看看，但我去不了。

　　我哪儿也去不了了。我正在用英语写一个短剧。在这里，没有什么更好的事可做了。[3]我种了一些树，其中一株是黎巴嫩雪松。我没见任何人，没有见到布拉姆，没有见到赫尔，也没有见到雅克，没有见到任何熟人。[4]您有没有任何有关弗里茨的消息？我希望他很快回来，他的父亲最终会拿出钱让您俩能在巴黎有安身之所，如果这是您想要的。[5]让1957年快点到来，1967年和1977年也快点来。如果之前不好的话，1957年以后就好了。看看您要求我写的这些（反正我会写），这样做能给您自己带来什么。在这新的一年即将来临之际，请允许我祝您像我一样有好的生活，并感到无比幸福！

　　爱您

　　　　　　　　　　　　　　　　　　　　　　萨姆

ALS；1张，1面；BNF 19794/44。

1. 莱万托，位于意大利的利古里亚海岸。贝克特此处指的是他12月15日写给托尼的那封信。

2. 1957年纽约《等待戈多》的演职人员包括：曼顿·莫兰（1902—1973）饰演爱斯特拉贡，厄尔·海曼（1926—2017）饰演弗拉第米尔，杰弗里·霍尔德饰演幸运儿，以及雷克斯·英格拉姆（1895—1969）饰演波卓，其中英格拉姆和海曼身高大约6英尺；霍尔德更高一些（见1956年12月15日的信，注10）。莫兰和海曼都参演了电影《绿色草原行》（1936）。

3. 此处提到的短独幕剧是《暮色》，是用英语写的一个戏剧性的片段，后来更名为《戏剧片段一》（科恩编，《贝克特经典》，第236页；UoR，BIF，MS 1396/4/6）。

4. 布拉姆·范费尔德，赫尔·范费尔德，雅克·皮特曼。

5. 弗里茨·凯珀斯。

人员及出版物简介

唐纳德·奥伯里（Donald Albery，1914—1988）

伦敦的剧院老板和制作人。1955 年 8 月，他以俱乐部表演的方式将《等待戈多》搬上艺术剧院的舞台，并将演出延伸到他在伦敦西区的更大剧院——标准剧院。这些演出需要他在贝克特和负责审查的宫务大臣办公室之间进行斡旋。奥伯里将该剧的美国演出权卖给了迈克尔·迈尔伯格，最终使《等待戈多》得以在百老汇上演。他连续几年运作该剧剧院制作与影视改编的合同权利。1977 年，奥伯里被授予爵士。

阿维格多·阿利卡（Avigdor Arikha，1929—2010）

以色列版画家、艺术史学家、散文家、画家和绘图员。从 1956 年直至 1989 年萨缪尔·贝克特去世，他一直是贝克特最亲密和最信任的朋友之一。阿利卡出生在布科维纳的切尔诺维茨附近。1941 年，他和姐姐以及父母，连同该地区的其他犹太家庭一起被驱逐到乌克兰西部。在父亲去世后，阿利卡一家被关进了劳改营。在那里，他被迫从事繁重的手工铸铁工作。正是由于他绘就的一系列反映劳改营恶劣生存状况的画作被转交到了国际红十字会手中，国际红十字会的代表最终成功地将他和他的姐姐营救出来，并将他们安置到巴勒斯坦。1944 年他们成功抵达了安置点。

1946 年，阿利卡进入耶路撒冷的比扎列尔艺术学校学习。他参加了

1948 年的以色列独立战争，并身负重伤。1949 年，康复后的阿利卡首次来到巴黎，进入巴黎高等美术学校学习。返回耶路撒冷一段时间之后，1954 年他再次移居巴黎。在 1956 年 6 月《等待戈多》的一次演出后，他见到了萨缪尔·贝克特，只是当时他并没有认出贝克特。他告诉本书编者，他之所以决定定居巴黎，最直接的原因是他对萨缪尔·贝克特的钦佩之情。20 世纪 50 年代到 1965 年，阿利卡的画风抽象晦涩。尔后，他对这种风格产生了质疑。在其后的八年时间里，他专注于黑白二色（素描、蚀刻、平版画），创作内容则完全来自生活。在这之后，他大量摹画萨缪尔·贝克特，并创作了一系列采用剥离蚀刻法、基于萨缪尔·贝克特《远方一只鸟》而构思的画作。从 1973 年开始，色彩重新进入阿利卡的作品，但依然表现了他一贯秉持的速写和真实的风格。画布和油彩描绘的静物、风景以及自画像，无一不表现出画家非凡的观察力。他的妻子、美国诗人安妮·阿提克是他肖像画中常见的主题。安妮·阿提克也是萨缪尔·贝克特的挚友，并著有《究竟如何：追忆萨缪尔·贝克特》一书，详尽地描述了他们夫妇二人与贝克特的友谊。

阿利卡的作品，无论抽象或具体，都得到了萨缪尔·贝克特的热心支持。1982 年，贝克特写信支持阿利卡获得“麦克阿瑟基金会奖”的提名。他们二人经常见面，会面地点要么是在巴黎皇家港附近阿利卡的家里，要么是在他们喜欢的餐厅或酒吧。每当阿利卡去往纽约或耶路撒冷小住，他都会定期给萨缪尔·贝克特写信。他们两人都博学多闻，又都对语言尤其钟爱，再加上在音乐上的共同喜好，这让他们之间的感情日益深厚。阿利卡（也是在与本书编者的对话中）说他自己“能流利地使用五种语言，这还不包括已经忘记的另外三种”。阿利卡还是一位杰出的艺术史学家，他的著作有些是关于普桑和安格尔的研究，也有涉猎甚广的《绘画和凝视》一书，以及众多探讨艺术家的文章，从卡拉瓦乔到瓦托，从塞尚到乔治·莫兰迪等。另外，世界各地的很多大学都留下了他做演讲的身影。

1972年以来，他的作品一直由马尔伯勒画廊代理，出现在众多私人和公共收藏中。阿利卡是少数几个参加了1989年12月萨缪尔·贝克特葬礼的朋友之一。

约翰·斯图尔特·贝克特（John Stewart Beckett，1927—2007）

爱尔兰音乐家、作曲家和指挥家，萨缪尔·贝克特的堂弟。他先后在都柏林圣科伦巴学院、爱尔兰皇家音乐学院和伦敦的皇家音乐学院学习音乐。1949年，他获得游学奖学金，前往巴黎音乐学院，师从纳迪亚·布朗热学习作曲。1951年至1952年，他在都柏林的杂志《钟》上开办音乐专栏。1960年，他创立了专注于演奏中世纪和文艺复兴时期音乐的伦敦音乐保留乐团，并担任乐团指挥。

1955年，萨缪尔·贝克特邀请堂弟约翰到巴黎，与表演艺术家德里克·门德尔合作，为《默剧》创作音乐。1957年4月，作为法国艺术节的一部分，该哑剧和《终局》一起在皇家宫廷剧院首演。作为开幕，约翰·贝克特基于《上帝保佑女王》和《马赛曲》创作了有钢琴、小提琴、大管和单簧管合奏的前奏曲。约翰·贝克特经常为英国广播公司作曲，并为1957年帕特里克·麦吉在英国广播公司第三频道中朗诵的《莫洛伊》配曲。

作为创作伙伴，萨缪尔·贝克特和约翰·贝克特合创了电台剧本《歌词与音乐》，该剧于1962年在英国广播公司第三频道播出。1966年，约翰·贝克特和爱德华·贝克特一起为杰克·麦高伦朗诵的萨缪尔·贝克特作品《日终》配乐并演奏（萨缪尔·贝克特在演奏中司锣）。此后，约翰·贝克特拒绝了萨缪尔·贝克特的合作邀请，并撤回了他为《歌词与音乐》的配乐。尔后，他继续为英国广播公司的其他作品和电影创作音乐，尤其是为约瑟夫·斯特里克朗诵的《尤利西斯》（1967）配乐。

1961年，约翰·贝克特与薇拉·斯洛科姆结婚，1969年二人离婚。

其后，他和音乐家露丝·达维德结为伴侣，并一起生活直到1995年露丝去世。1973年，约翰开始在都柏林的爱尔兰皇家音乐学院任教，并在都柏林的圣安妮教堂发起并执导了巴赫的康塔塔作品演出。此项演出后来成为年度系列演出。1979年，作为"舞会"系列的一部分，他在皇家阿尔伯特音乐厅举办了巴赫专场音乐会。他和孪生妹妹安对早期音乐的热爱如出一辙；此后每年夏天，他们兄妹二人都会相约一起参加室内音乐的演奏。约翰·贝克特尤其喜爱珀塞尔、巴赫、海顿和马勒的音乐作品。他同时继续在英国广播公司第三频道创作、指挥和主持音乐节目。约翰·贝克特于八十岁生日当天在伦敦去世。

卡尔·古斯塔夫·比尤斯特伦（Carl Gustaf Bjurström，1919—2001）

瑞典文学评论家、翻译家。自乌普萨拉大学毕业后，他生命中的大部分时间都在法国度过。他曾前往罗马为瑞典公使馆工作，还经常为瑞典的文学期刊和斯德哥尔摩的报纸《每日新闻》撰稿。1951年至1956年，比尤斯特伦担任巴黎瑞典文化学院院长。他曾将包括萨缪尔·贝克特、巴尔扎克、塞利纳、阿努伊、加缪、福柯等人在内的众多法语作家的作品翻译成瑞典语，也曾将许多瑞典作家的作品译成法语。

比尤斯特伦在《萨缪尔·贝克特》一文中向瑞典读者介绍了贝克特的作品。这篇文章和《无所谓的文本（六）》的瑞典语译文一起发表在《邦妮文学杂志》上。在翻译贝克特的散文时，他与贝克特保持着联系。贝克特经常从自己即将结集出版的作品中挑出一些短篇寄给他。比尤斯特伦的主要翻译成就就包括《是如何》（1963），《不的刀口》（1969），《败笔及其他》（短篇作品集，包括《初恋》《败笔》《来自被抛弃的作品》《灭绝者》和《无》，1969），以及《梅西埃与卡米耶》（1996）。

多萝西·凯蒂·布莱克（Dorothy Kitty Black，与阿尔伯蒂恩结婚，1914—2006）

南非剧作家、翻译家和戏剧管理人员，二战前移居伦敦。她自 1937 年开始担任代理人，曾和 H. M. 坦南特一起工作，后来加入"四人剧团"，参加了八十多部戏剧的制作并在哈默史密斯的抒情剧院上演。她以对法语知识的热情而闻名，并帮助翻译了科克托、阿努伊和萨特的戏剧。

1953 年，布莱克就职于柯蒂斯·布朗有限公司，担任该公司的首席剧本审稿人。她把《等待戈多》的首个英国版本改编权卖给了唐纳德·奥伯里和彼得·格伦维尔。她还参与了《跌倒的人》《终局》和《默剧》制作权的洽谈。

1959 年离开柯蒂斯·布朗有限公司之后，布莱克担任了格拉纳达电视台的制片人（1961—1963），继而在联合转播电台戏剧部工作（1963—1966），后来又担任麦克欧文剧院的经理（1976—1986）。她还改编和翻译过费利西安·马索、贝弗利·克罗斯和迈克尔·弗兰德斯等人的作品。

罗歇·布兰（Roger Blin，1907—1984）

法国演员和导演，因导演斯特林堡、阿达莫夫、热内和贝克特的戏剧而声名鹊起。尤其值得称道的是，他参加了《等待戈多》在巴比伦剧院的首演，在剧中扮演波卓。布兰师从让-路易·巴罗，出演巴罗的作品《科库大酒店》（1937）和《努曼斯》（1937），并参与雷蒙·雷纳尔对辛格所著《山谷的黎明》（1941）以及《西方世界中的丑角》（1941）的制作。布兰是安托南·阿尔托的朋友，曾一度想发表关于安托南的论文。布兰还积极参与电影制作，曾在科克托的《奥菲利娅》（1949）和马塞尔·卡尔内导演的电影中扮演角色。生活中的布兰口吃严重，这影响了他的表演。

战后，布兰在克里斯蒂娜·钦戈斯的欢乐-蒙帕纳斯大剧院担任导演。萨缪尔·贝克特几次前往观看由他监制的斯特林堡的《鬼魂奏鸣曲》（1949），时常发现观众席上人数寥寥，由此深知布兰对戏剧事业的奉献精神，判定他是《等待戈多》最为合适的导演。为了将《等待戈多》搬上舞台，布兰不懈地努力，并在筹集资金制作该剧的过程中发挥了重要作用。鉴于难以寻找扮演波卓的合适演员，布兰亲自上阵，尽管他个头不高，却要竭力扮演波卓这个身形高大、性格暴躁的角色。1953年底，布兰在巴比伦剧院制作的剧作在德国、法国和意大利巡回演出。其后，布兰受邀到苏黎世剧院执导德语版《等待戈多》（1954），并在荷兰的阿纳姆执导该剧的荷兰语演出（1955）。接踵而至的是在赫伯特托剧院（1956）、奥德翁剧院（1961）和雷卡米耶剧院（1970）的复演。1978年，布兰在法兰西喜剧院为《等待戈多》搭建了新的舞台布置，并于1980年在奥德翁剧院重演该剧。

布兰导演了《终局》（1957）的首场演出，该剧先在皇家宫廷剧院演出，后来移至香榭丽舍工作室；在这之后，他在维也纳的弗莱施马克剧院执导了该剧的德语首演（1958）。他执导了贝克特的《克拉普的最后一盘录音带》，并在雷卡米耶剧院首演（1960）。他和马德莱娜·雷诺共同制作的《开心的日子》在威尼斯戏剧节演出后，又在巴黎上演，随后开启巡演。作为导演，罗歇·布兰还向观众介绍了阿瑟·阿达莫夫的作品，并为让·热内戏剧的推广提供了帮助。

帕特里克·鲍尔斯（Patrick Bowles，1927—1995）

作家、翻译家，生于伦敦，长于罗德西亚。1951年在索邦大学学习期间与《灰背隼》杂志一群年轻的流亡作家建立了联系。为了将《莫洛伊》收入"灰背隼丛书"（与奥林匹亚出版社合作）出版，鲍尔斯与贝克特密切合作，将该书译成了英文。经过15个月的紧张工作，这部小说于1955年出版，不久后再由纽约的格罗夫出版社出版。鲍尔斯在《诗国评论》（1994）的《如何失败》一文中讲述了和贝克特一起翻译的经历，这些内容也在他翻译的弗里德里希·迪伦马特所著《来访》（1990）一书的序言中提及。1962年至1965年间，鲍尔斯担任《巴黎评论》的编辑，并在此后一直担任该杂志的顾问编辑。鲍尔斯在《灰背隼》《读书人》和《泰晤士报文学副刊》上发表过小说与散文。他还与法国的广播电台、法新社和《世界报》有过合作。在刚果共和国的布拉柴维尔担任世界卫生组织的法语和葡萄牙语翻译，其间鲍尔斯遇到了阿尔伯丁，二人结为夫妻。鲍尔斯逝于西班牙的阿利坎特。

卡尔海因茨·卡斯帕里（Carlheinz Caspari，1921—2009）

供职于科隆市立剧院。在法国时他曾经是让·维拉、让-路易·巴罗、让-马里·塞罗和让·科克托等人的助手，接受过电影摄影师的培训。1953年，他准备在巴德国家剧院（卡尔斯鲁厄）执导《等待戈多》，在此期间他和贝克特通信讨论该剧本。卡斯帕里曾邀请贝克特莅临演出现场，但贝克特并未出席。该剧本的德语译者艾尔玛·托普霍芬告诉卡斯帕里，他的制作与贝克特的意图相吻合。卡斯帕里撰写的《到萨缪尔·贝克特的剧场》一文发于《环礁》（1954）上。

卡斯帕里的职业主要是担任电视和广播的导演和编剧。1973年，他导演了彼得·冯·察恩关于五角大楼文件案的纪录片《五角大楼文件案》。后来又导演了基于阿尔弗雷德·安德施剧作《大千世界》的电影，并在电视上播出。1988年卡斯帕里在巴登-巴登电视电影节上获奖。

爱德华·克斯特尔（Edouard Coester，1905—2001）

长期担任法国的地方法官，声名显赫。他还是位作曲家和音乐学家，取笔名埃德蒙·克斯特尔，以便将自己在音乐方面的工作与法律职业区分开来。克斯特尔与许多当代作曲家保持着密切的联系，其中包括梅西安、萨蒂和若利韦等人，并发表了有关音乐和声的文章。1954 年，科斯特尔写信给萨缪尔·贝克特，请求允许他为《等待戈多》谱曲，但被萨缪尔·贝克特拒绝了。

罗西卡·科林（Rosica Colin，1903—1983）

创办了名为罗西卡·科林有限公司的文学经纪公司，代理萨缪尔·贝克特作品在英国的出版发行，同时也代理了其他法国作家，如波伏瓦、加缪、热内、尤内斯库和萨特等人的作品。科林出生于罗马尼亚，1939 年从德国移居英国。二战期间，她在牛津与巴兹尔·布莱克威尔并肩工作，后又供职于英国广播公司的罗马尼亚语分部。1953 年，她首次与萨缪尔·贝克特通信，讨论他对弗朗西斯·蓬热部分诗歌的翻译。收到热罗姆·兰东寄来的《莫洛伊》和《马龙之死》书稿后，她试图在英国为这两本书找到出版商。在伦敦的艺术剧院制作《等待戈多》时，她力促费伯出版社出版了该剧本（1955）。费伯出版社属意萨缪尔·贝克特其他将要出版的剧作，从而成为其剧本在英国的出版商。费伯出版社不顾科林的反对，出版了经由宫务大臣办公室批准的该剧本删节版。这种做法在出版《终局》时得以避免。她与萨缪尔·贝克特的大部分通信都涉及贝克特作品的制作和出版。

莱斯利·赫伯特·戴肯（Leslie Herbert Daiken，原姓约戴肯，1912—1964）

萨缪尔·贝克特在都柏林圣三一学院的学生，1933 年获得文学学士学位，1942 年获得文学硕士学位。1936 年至 1939 年，在伦敦为路透社工作，同时担任电影和广播节目的宣传人员和编剧。1936 年，他提议让萨缪尔·贝克特与谢尔盖·爱森斯坦联系。戴肯曾代表萨缪尔·贝克特，试图把《瓦特》介绍给伦敦的出版商，最终把《瓦特》交付给了文学代理商 A. P. 瓦特。萨缪尔·贝克特则建议芭芭拉·布雷考虑由英国广播公司制作戴肯创作的广播剧《环形路》（1959）。

1944年，戴肯与莉莉安·亚当斯结婚。萨缪尔·贝克特在伦敦看望了他们，并鼓励他们多去巴黎旅游。在艾思娜·麦卡锡罹患癌症并在伦敦病逝期间，戴肯和萨缪尔·贝克特也有联系。

戴肯的诗歌和短篇小说发表在《选择》《都柏林杂志》《新爱尔兰诗歌》《新英语周刊》等杂志上。他与查尔斯·唐纳利合作编辑了《爱尔兰前线》，并编撰了多部文选，如1936年出版的《告别虚幻》，1944年出版的《他们走了，爱尔兰人：战时作品杂集》。戴肯创立了英国玩具博物馆（信托）和英国玩具制造商协会。他后期的作品关注儿童游戏和玩具主题，并拍摄了关于儿童戏剧的电影《一个土豆，两个土豆》（1957）。该电影在1958年的布鲁塞尔电影节上获奖。戴肯积极参与犹太人政治，并对都柏林的文学事务保持着热情。戴肯去世之后，萨缪尔·贝克特继续与他的女儿——作曲家梅拉妮·戴肯保持联络。

乔治·迪瓦恩（George Devine，1910—1966）

毕业于牛津大学，在担任牛津大学戏剧学会主席期间邀请约翰·吉尔古德执导《罗密欧与朱丽叶》，并在剧中饰演茂丘西奥。此后不久他就加入了吉尔古德在伦敦的女王剧院。在米歇尔·圣德尼（雅克·科波的侄子，曾在巴黎的老鸽巢学校任教）的指导下，迪瓦恩积极参与圣德尼的伦敦剧院工作室，并潜心于管理和教学工作。二战期间，他曾在印度和缅甸服役。战后，他重新加入老维克剧院的圣德尼剧团，并被任命为新维克公司的总监。

1956年，在迪瓦恩的帮助下，英格兰舞台公司在皇家宫廷剧院成立，他被任命为该公司的艺术总监。他在这个舞台上投入了大量的精力，力求将其打造为一个艺术视野更广，更受观众欢迎，推出更多新剧作家的平台，成为一座能对社会和政治变化做出及时反应的剧院。他身兼演员和经理角色，专注于剧院的日常运作，热心于鼓励和支持新作家。

1957年，在迪瓦恩的襄助之下，《终局》和《默剧》的首演在伦敦举行。1958年，《终局》英语版在皇家宫廷剧院上演，迪瓦恩在剧中饰演哈姆。在萨缪尔·贝克特与宫务大臣办公室进行的旷日持久的争论中，迪瓦恩为贝克特提供了帮助。在英国，萨缪尔·贝克特首选迪瓦恩和皇家宫廷剧院的英格兰舞台公司制作他的戏剧。这其中包括《开心的日子》（1962）和《戏》（1964）。该公司还制作了《等待戈多》（1964），导演是安东尼·佩奇。当迪瓦恩向贝克特咨询皇家宫廷剧院值得排演的其他剧目时，萨缪尔·贝克特给出了自己的建议，尤其推荐了欧仁·尤内斯库的作品。1965年8月，迪瓦恩在出演约翰·奥斯本的《我眼中的爱国者》时突发心脏病，随后中风。同年9月，他宣布离开皇家宫廷剧院。

萨缪尔·贝克特一再感激迪瓦恩在他的作品上所倾注的心血，称他是一位"伟大的鞭策者"。正是有了迪瓦恩的帮助，伦敦的皇家宫廷剧院才会优先上演萨缪尔·贝克特的戏剧。迪瓦恩去世之后，萨缪尔·贝克特开始将他的作品转移到其他剧院，但他仍然与迪瓦恩的伴侣乔斯林·赫伯特（1917—2003）保持着密切的联系。贝克特在皇家宫廷剧院和伦敦其他剧院上演的很多剧作都是出自乔斯林·赫伯特的设计。

乔治·迪蒂（Georges Duthuit，1891—1973）

生于巴黎，12岁时沦为孤儿。艺术史学家、散文家，深耕拜占庭艺术、东方艺术和野兽派艺术。从1910年开始，他深受英国艺术哲学家马修·斯图尔德·普里查德的影响。普里查德认为西方具象艺术的模仿本质源自某种过程和统一性的理想，这种理想在拜占庭艺术和当代西方的一些画家，如亨利·马蒂斯的作品中得到了重现。正是从普里查德那里，乔治·迪蒂了解了拜占庭艺术和亨利·马蒂斯。1911年至1919年，乔治·迪蒂在军中服役，之后他致力于艺术研究，并在《行动》《艺术日记》《弥诺陶》和《倾听者》等期刊上发表文章。1924年，他出版了《黑玫瑰：沃尔特·佩特和奥斯卡·王尔德》；1926年，出版了《拜占庭和十二世纪的艺术》；1936年出版了《中国的玄妙与现代绘画》等著作。1923年，他娶了马蒂斯的长女玛格丽特为妻。

第二次世界大战爆发时，乔治·迪蒂被困于美国，并与其子克劳德在美国度过了战争时期。在此期间他参与了针对法国被占领地区的无线电广播工作。他的妻子玛格丽特在为抵抗组织工作时被捕，后来在被驱逐到拉文斯布吕克集中营的途中侥幸逃脱。1945年回到法国后，乔治·迪蒂致力于重办《转变》杂志。该项目得到了杂志的创办人，也是他的朋友欧仁·约拉斯和玛丽亚·约拉斯的支持。正是在实施这个项目的过程中，他从1947年开始与萨缪尔·贝克特接洽。

乔治·迪蒂身材高大、体格健壮、精力充沛，外表俊朗潇洒，与当时法国和美国的许多著名画家和作家都有交往。他与萨缪尔·贝克特之间的友谊被他的儿子克劳德形容为"火山喷发似的"。除了同志般的友谊以及法国光复后文坛局外人的共同感受外，他们对当代艺术各种可能性的一致追求，成为他们亲密关系的重要支撑。或许在拒绝西方的模仿传统（上至希腊，经由乔托，再到意大利的文艺复兴时期）之一，乔治·迪蒂的审美较萨缪尔·贝克特激进。贝克特为《转变》杂志做了很多翻译工作，翻译了乔治·迪蒂的艺术评论，并重新翻译了乔治·迪蒂所撰写的《野兽派》，并以《野兽派画家》为名出版。他们二人合作，在该杂志上出版了《三个对话》（1949）。

从1953年开始，乔治·迪蒂与萨缪尔·贝克特的友谊开始降温，直至不再来往，原因可能与贝克特声名渐旺并日渐独立有关。1956年，乔治·迪蒂发表了《无法想象的博物馆》，被安德烈·马尔罗视为对《想象的博物馆》的恶意批评。此后，乔治·迪蒂受到了巴黎文化圈中颇有影响力的那一帮人的排斥。1963年的一次严重中风后，乔治·迪蒂在病床上度过了生命中的最后十年。在去世的前一年，他在病榻上给萨缪尔·贝克特写了一封信，信中写道："为了安慰自己，我打算重读托尔斯泰和萨缪尔·贝克特的著作。他们的热情和扬弃，丰富了我的生命，让我时有所思……"在信的结尾，他写道："永远爱你。"（迪蒂收藏）

埃里克·弗兰岑（Erich Franzen，1892—1961）

德国律师、文学评论家、作家，曾将萨缪尔·贝克特的小说《莫洛伊》译成德语。第一次世界大战后，弗兰岑担任几家公司的法律总顾问。1926年起，他定居柏林，担任《法兰克福报》和其他几家报刊的文学评论人，并为电台撰稿，同时从事文学翻译工作。他是德国作家防御联盟的领导人。1934年纳粹禁止他从事写作，他移居美国，在几所大学教授社会心理学。1951年，他回到德国。1954年，他加入德国语言与文学学术研究院。

受苏尔坎普出版社的邀请，埃里克·弗兰岑翻译了萨缪尔·贝克特的小说《莫洛伊》。1954年初的几周里，弗兰岑给萨缪尔·贝克特写信讨论了这部小说德语翻译的困难之处。弗兰岑的翻译受到了评论家的赞扬。但当苏尔坎普再次邀请他翻译《马龙之死》和《无法称呼的人》的时候，他却拒绝了。1966年，他以《启蒙运动》为书名出版了散文集。他同萨缪尔·贝克特的通信于1984年发表在《巴别塔》上。

莫里斯·吉罗迪亚（Maurice Girodias，1919—1990）

出版人和作家，创办奥林匹亚出版社。他与灰背隼出版社合作，出版了萨缪尔·贝克特的小说《瓦特》和《莫洛伊》的英译本（欧洲大陆版）。吉罗迪亚从小在巴黎长大，他的父亲杰克·卡亨经营一家名为"方尖碑"的出版社。该社出版了一些当时被英国审查和法律禁止的作品，包括亨利·米勒和阿娜伊丝·宁的小说。1938年3月，卡亨请萨缪尔·贝克特翻译萨德的《所多玛120天》一书。卡亨在第二次世界大战刚爆发不久就去世了，吉罗迪亚改用自己母亲结婚前的姓，并接管了方尖碑出版社。1951年，他卖掉了这家出版社，并于两年后创立了奥林匹亚出版社。

奥林匹亚出版社与一群年轻的流亡作家保持联系，他们中的许多人都与文学杂志《灰背隼》有密切关系。通过出版英文情色小说，吉罗迪亚寻找并赞助那些有文学价值的书籍出版。《灰背隼》的出版人亚历山大·特罗基和克里斯托弗·洛格获得奥林匹亚出版社的许可出版系列作品"灰背隼丛书"。1953年，他们出版了萨缪尔·贝克特的《瓦特》。

奥林匹亚出版社最著名的出版物是"旅伴丛书"，其中既有情色作品，也有其他出版商认为过于实验性的作品。从1955年到1959年，该丛书先后出版了萨缪尔·贝克特的《莫洛伊》《马龙之死》和《无法称呼的人》，弗拉基米尔·纳博科夫的《洛丽塔》，威廉·巴勒斯的《裸体午餐》以及萨德、乔治·巴塔耶和雷蒙·格诺等人的作品。

吉罗迪亚出版的每一本书几乎都卷入了法律纠纷。他和午夜出版社关于萨缪尔·贝克特就《瓦特》和《莫洛伊》（1957）的出版权诉讼几乎使他和萨缪尔·贝克特断绝了往来。1968年，奥林匹亚出版社破产。吉罗迪亚在巴黎度过了生命的最后时光，并在那里写下了他的回忆录《世上的一天》。

亨利·海登（Henri Hayden，1883—1970）

波兰裔法国画家，在以风景画和静物画闻名于世之前，他与立体主义运动联系密切。身为犹太人，他和妻子若塞特在纳粹占领期间逃往巴黎，在鲁西永邂逅了同在此地避难的萨缪尔·贝克特和苏珊娜·德舍沃－

迪梅尼尔。贝克特和海登经常一起下棋。海登对鲁西永附近的乡村甚是喜爱，受此激发，他创造了一系列的画作。战后在巴黎，贝克特与海登夫妇延续着他们的友谊。贝克特欣赏海登的作品，并撰写了《画家亨利·海登》（1952）一文，又匿名向巴黎的一个画展介绍了海登（1960）。这两篇赞美性的文章和另一篇名为《甜蜜的告白》的文章一起由国家现代艺术博物馆以《海登：六十年画集》为名结集出版（1968）。在于西的乡间小屋工作时，萨缪尔·贝克特经常拜访住在附近的罗伊尔-布里村的海登夫妇。他们一起下棋，贝克特还常开车载着海登在乡间四处寻找合适的绘画场景。1965年，海登在伦敦举办画展的途中突发心脏病，贝克特及时为他们夫妻二人提供了帮助。1970年海登去世后，萨缪尔·贝克特继续帮助他的遗孀。

艾丹·希金斯（Aidan Higgins，1927—2015）

爱尔兰小说家，出生于基尔代尔郡的塞尔布里奇，在克隆戈韦斯·伍德学院接受教育，曾长期旅居德国、西班牙和南非。20世纪50年代末，他作为木偶戏演员随约翰·赖特的木偶表演公司游历欧洲和非洲。《兰格里什，堕落吧》（1966）一书是他的小说代表作。希金斯第一次联系萨缪尔·贝克特是通过贝克特的堂弟约翰·贝克特。贝克特很早就对希金斯的职业生涯感兴趣，他建议希金斯把自己的第一本故事集《杀手草坪》（也被称为《自杀》）提交给伦敦的约翰·考尔德。后来贝克特又向自己的法国出版人午夜出版社推荐了该书的法语版以及《兰格里什，堕落吧》。萨缪尔·贝克特偶尔会对希金斯的手稿做出详细的回应。1958年，希金斯和萨缪尔·贝克特在约翰·贝克特位于伦敦的公寓里第一次见面，萨缪尔·贝克特送了一本签了名的《无所谓的文本》给希金斯。希金斯在《花甲之年的贝克特——纪念文集》《海伯尼亚》和《新爱丁堡评论》杂志上撰文描述和萨缪尔·贝克特的交往，表达对贝克特的钦佩之情。这两位作家的作品都出现在1975年的文集《代表作选集》中。

哈罗德·霍布森（Harold Hobson，1904—1992）

英国戏剧评论家，1928年毕业于牛津大学，1931年在《基督教科学箴言报》上开始他的戏剧批评生涯。1942年，他加入《星期日泰晤士报》，担任助理文学编辑，并在1947年至1976年期间担任该报的戏剧评论人。霍布森帮助记录并倾力促成了英国戏剧的复兴。他支持剧作家新秀，提携了一大批剧作家，其中包括霍华德·布伦顿、约翰·奥斯本、萨缪尔·贝克特和哈罗德·品特等人。他的著作《今日法国戏剧》（1953）和《1930年以来的法国戏剧》（1978）等体现了他对法国戏剧的浓厚兴趣。1955年《等待戈多》在艺术剧院上演时，霍布森针对该剧发表了几篇热情洋溢的评论，认为这部戏剧是一个时代的转折点。霍布森是国家剧院理事会成员（1976—1992），也是评论家协会的会员，并于1955年担任该协会的主席。1960年霍布森获授"法国荣誉骑士勋章"，1977年被封为骑士。

斯特凡尼·洪青格尔（Stefani Hunzinger，原姓克雷默，1913—2006）

法兰克福的S.菲舍尔出版社戏剧部的负责人。她与萨缪尔·贝克特的通信始于1956年，内容主要涉及出版权和制作权等事宜。1975年，洪青格尔在法兰克福郊外的巴德洪堡创立了自己的出版和制作公司斯特凡尼·洪青格尔戏剧出版社。在此后的四分之一个世纪里，该公司一直是德国现代戏剧作品的风向标。她在柏林实现了萨缪尔·贝克特的《克拉普的最后一盘磁带》和爱德华·阿尔比的《动物园的故事》两部戏剧的连场演出；这也是阿尔比该部戏剧的全球首演。从1970年到1994年，她担任德国戏剧和媒体出版商协会的董事会主席。

玛丽·哈钦森（Mary Hutchinson，原姓巴恩斯，1889—1977）

英国著名女主持人和艺术赞助人，出生于印度，童年的大部分时间在意大利度过，由祖父母抚养长大。从英国的学校毕业后，哈钦森通过表兄弟利顿·斯特雷奇和邓肯·格兰特初步与布鲁姆斯伯里文化圈建立了联系。1910年，她嫁给了和她一样钟情艺术、热爱社会的律师圣约翰·哈钦森（1884—1942）。玛丽·哈钦森与著名的知识分子、艺术家和作家们的交往从未间断，这其中包括克莱夫·贝尔、弗吉尼亚·伍尔夫、乔治·摩尔、T. S.艾略特、阿道司·赫胥黎、亨利·马蒂斯和萨缪尔·贝克特。哈钦森在乔治·迪蒂的介绍下接触贝克特的作品，并在迪蒂的建议下阅读了贝克特的《莫洛伊》一书。贝克特的作品深深打动了她。

作为艺术和艺术家们的捍卫者，哈钦森出版过一部短篇小说和随笔集，名为《逃亡的作品》（1927）。她创办了文学杂志《X》（1959年11月至1962年7月），由戴维·赖特（1920—1994）担任编辑，目的是引导人们对国际先锋艺术家和作家加以关注。萨缪尔·贝克特曾为该杂志供稿，并建议哈钦森考虑罗贝尔·潘热和艾丹·希金斯等新兴作家的作品。她是乔治·迪瓦恩和乔斯林·赫伯特的朋友，并向迪瓦恩担任制作人的皇家宫廷剧院推荐萨缪尔·贝克特的剧作。1955年，萨缪尔·贝克特和哈钦森开始通信并一直持续到她去世。通信的重点是讨论萨缪尔·贝克特的写作、翻译和戏剧制作的进展，但也常常包含对整个欧洲各种艺术的思考，以及谈论二人共同朋友的一些消息。她在观看电视上播出的《幽灵三重奏》时去世。

乔治·兰布里奇（Georges Lambrichs，1917—1992）

1945年加入午夜出版社，起初担任审稿人，后来成为该社的文学总监，并向该社推荐萨缪尔·贝克特的作品。兰布里奇担任由马塞尔·比西奥（1922—1990）任主编、午夜出版社出版的杂志《84：新文学杂志》

（1947—1951）的编委会成员。1955年，他在格拉塞出版社短暂工作过一段时间，其后成为伽利玛出版社编辑团队的一员。1959年，他在该出版社推出"路径"丛书。该丛书共出版图书30多种，其中包括福柯、布托、古约达、萨罗特和塔迪厄等人的作品，并于1967年推出了同名杂志。从1977年到1987年，他负责《新法兰西杂志》。

戈达德·利伯森（Goddard Lieberson，1911—1977）

哥伦比亚唱片公司总裁，1915年与家人从英国搬到纽约。利伯森的早年抱负是成为钢琴家和作曲家。他曾就读于华盛顿大学和伊士曼音乐学院。1939年加入哥伦比亚唱片公司之前，他一直从事音乐教学和作曲工作。他支持彼得·戈德堡开发首张33转长播唱片，引发了流行音乐制作的巨大进步，这是他早期的功绩之一，也让他在公司的地位大幅上升。1949年，他出任公司执行副总裁，1956年成为公司总裁。在他的领导下，哥伦比亚唱片公司扩大了制作范围，将乡村音乐和流行音乐纳入制作，具体成果在《窈窕淑女》等专辑中得到展示。

从1949年开始，利伯森录制了大量的古典和现代戏剧，也录制了美国和英国作家朗读作品的音频。1956年，利伯森录制了在百老汇上演的舞台剧《等待戈多》，并写信给萨缪尔·贝克特，邀请他为该专辑做介绍。1956年8月，萨缪尔·贝克特在巴黎见到了利伯森和他的妻子布里吉塔。多年来他们双方通信不断，内容都与交换书籍和所录制的唱片相关。1957年《等待戈多》在纽约上演，利伯森携作曲家伊戈尔·斯特拉文斯基前往观赏，并安排了萨缪尔·贝克特和这位作曲家1962年在巴黎的多次会面。

热罗姆·兰东（Jérôme Lindon，1925—2001）

生于巴黎，并在巴黎接受教育。法国沦陷时，年仅十岁的他积极加入"法国抵抗运动"。战后，他进入午夜出版社工作。该出版社成立于1942年，最初是个小型秘密出版社，创始人的名字"维尔高尔"是《海的沉默》一书的作者让－马塞尔·布吕莱的笔名。1948年，兰东用家族的钱买下了这家公司，把它从圣米歇尔大道搬到了现在的地址：巴黎6区贝尔纳－帕利西街7号。他的出版策略很简单，那就是推介并出版一些既不太出名，也不大可能成功的作家的作品，这种政策在当时显得既大胆又让人吃惊。他选中的第一个人就是萨缪尔·贝克特。当时，苏珊娜·德舍沃－迪梅尼尔带着《莫洛伊》《马龙之死》和《无法称呼的人》的手稿辗转各个出版社，却屡遭拒绝。听从法国图书俱乐部的罗贝尔·卡利耶的建议，她带着这些作品来到了午夜出版社。兰东当场读了《莫洛伊》，第二天就和萨缪尔·贝克特签订了出版这三部小说的合同，即便当时的午夜出版社正处于财政困难之中，就连萨缪尔·贝克特自己也担心兰东的合同是否会导致公司破产。

兰东对于萨缪尔·贝克特的重要性无法估量。在推广和出版贝克特的作品方面他全力以赴。这让贝克特如释重负。他如同贝克特的私人助理，为贝克特的事业提供各种协助：应付缠扰不休的记者和采访人，处理税收和法律问题。萨缪尔·贝克特对他也越来越依赖，简直可以说他就是贝克特公众形象的代言人。故而，他代表萨缪尔·贝克特前往斯德哥尔摩领受诺贝尔文学奖，也就不足为奇了。

兰东继续推广一系列风格迥异的作家的作品，如纳塔莉·萨罗特、克洛德·西蒙、玛格丽特·杜拉斯、阿兰·罗伯－格里耶、米歇尔·布托和罗贝尔·潘热。在知情人士眼中，午夜出版社的声望无人能及（1959年《耶鲁大学法国研究》杂志有一期特刊，标题就是意味深长的"午夜小说家"）。

兰东坚持原则、作风专断，不是一个容易对付的人。他对自己的签约作家忠心耿耿，却不失自己的原则和底线。在法国与阿尔及利亚的战争期间，兰东反对法国的残暴行为，他的这一立场招致了右翼人士对他的公司和家庭的攻击。在现实工作中，他坚决捍卫作家的权利，坚定支持独立书商反抗大型分销商的不公平行为。

他在晚年时宣称，对他而言，审读《莫洛伊》是他作为一个出版人的决定性时刻。1989年萨缪尔·贝克特去世后，兰东成为萨缪尔·贝克特的文学遗产执行人。

克里斯蒂安·卢兹维森（Christian Ludvigsen，1930—2019）

丹麦教授、评论家和翻译家。他很早就对萨缪尔·贝克特的作品产生了兴趣。1952年，他翻译了《莫洛伊》的大部分内容，但没有引起丹麦出版商的兴趣。1956年，卢兹维森第一次将丹麦语《等待戈多》搬上了奥胡斯剧院的舞台，次年他的译本也得以出版。卢兹维森与萨缪尔·贝克特的通信即从那个时候开始，持续了14年。萨缪尔·贝克特对卢兹维森提出的关于作品的问题每每知无不言。卢兹维森访问巴黎的时候他们二人曾见过面。卢兹维森为丹麦剧院翻译并制作了萨缪尔·贝克特的大部分戏剧作品。他还参与了丹麦日德兰半岛著名的实验组织——奥丁剧院。从1972年到1997年，卢兹维森在奥胡斯大学任教，在戏剧系担任主任一职。他出版了自传《始于贝克特：我自己的戏剧史》（1997）。

唐纳德·麦克温尼（Donald McWhinnie，1920—1987）

英国广播公司欧洲部编剧和制片人（1945—1949），戏剧剧本编辑（1951—1953），从1953年起担任有声剧助理主管。他导演了萨缪尔·贝克特的第一部广播剧《跌倒的人》（1957）及广播剧版《来自被抛弃的作品》（1957），并为英国广播公司第三频道录制了萨缪尔·贝克特的小说《莫洛伊》（1957）、《马龙之死》（1958）、《无法称呼的人》（1959）

的朗诵。他策划并制作了萨缪尔·贝克特的广播剧《余烬》（1959），制作了广播剧《渐弱》（1964）。他还执导了英国广播公司电视剧版的《等待戈多》（1961）。麦克温尼在音频实验方面的努力，促成了英国广播公司广播音效工作室的形成。

麦克温尼和萨缪尔·贝克特相处甚欢，他们既是酒友，也是艺术伙伴。由麦克温尼导演的《克拉普的最后一盘录音带》（1958）在皇家宫廷剧院上演。他与萨缪尔·贝克特合作，导演了由帕特里克·马吉和杰克·麦高伦主演的《终局》，在伦敦的阿尔德维奇剧院（1965）上演。1976年，他在皇家宫廷剧院执导了《戏》和《那一回》。1976年，萨缪尔·贝克特与麦克温尼合作，担任英国广播公司录制的《幽灵三重奏》广播剧的导演。麦克温尼著有《广播的艺术》（1959）一书。他还导演了哈罗德·品特的戏剧《看房人》（1960）、查尔斯·戴尔的《头脑简单的人》（1962）和比尔·诺顿的《阿尔菲》（1963）的首演。《摩尔·弗兰德斯》（1975）是他执导的电影之一。

让·马丁（Jean Martin，1922—2009）

1953年《等待戈多》首演中"幸运儿"一角的饰演者。为了扮演这个角色，马丁向他的医生朋友玛尔特·戈蒂埃请教，并将帕金森病的症状融入自己的演出中，取得良好的效果。1957年，他在《终局》的法语首演中扮演了克劳夫一角。他曾参与萨缪尔·贝克特的广播剧《渐弱》（1963）的朗诵。他在萨缪尔·贝克特执导的《克拉普的最后一盘录音带》（1970）中扮演克拉普，该剧在巴黎雷卡米耶剧院上演。

20世纪50年代和60年代，马丁成为萨缪尔·贝克特和苏珊娜·德舍沃－迪梅尼尔的亲密朋友。马丁因签署反对法国虐待阿尔及利亚战犯的《121人宣言》而被禁演，在此期间萨缪尔·贝克特对马丁表达了支持。除了在现代法语戏剧中扮演过许多角色外，马丁在电影事业上也成绩斐然，参演的电影包括 1957 年的《大森林》、1965 年的《阿尔及尔之战》、1973 年的《无名小卒》、1973 年的《豺狼之日》和 1999 年的《露西·奥布拉克》。

德里克·门德尔（Deryk Mendel，1920—2013）

英国舞蹈家和编舞家，曾在萨德勒威尔斯剧院接受训练。他在欧洲工作，住在法国。1955 年，门德尔在巴黎"四季喷泉"歌舞剧院表演哑剧大获成功，观众们请他就同一角色（弗洛洛）继续表演。他给包括萨缪尔·贝克特和尤内斯库在内的很多剧作家写信，询问他们是否愿意为他创作一个简短的剧本。此时萨缪尔·贝克特的《终局》创作陷入困境。苏珊娜·德舍沃-迪梅尼尔在观看了门德尔的哑剧表演之后，鼓励贝克特为门德尔创作了《默剧》。门德尔与萨缪尔·贝克特的堂弟约翰·贝克特密切合作，将约翰·贝克特的音乐与编舞紧密结合在一起。1957 年，《终局》在伦敦的皇家宫廷剧院举行法语首演，这开启了萨缪尔·贝克特和门德尔之间长期而富有成果的交往。

1960 年，门德尔表演了萨缪尔·贝克特创作的同类作品《默剧二》。1963 年，门德尔在乌尔姆执导了德语版《戏》的全球首演。1965 年，在贝克特的协助之下，他在柏林的席勒剧院重新演出了《等待戈多》，并上演了《跌倒的人》（1966）。1966 年他们再次合作，在德国的电视屏幕上完成了《嗯，乔》的首演。

帕梅拉·温斯洛·米切尔（Pamela Winslow Mitchell，约1922—2002）

曾在瓦萨学院学习美国历史，1943 年毕业。她在第二次世界大战的最后几年里担任美国海军情报部门的文职人员。从 20 世纪 50 年代初开始，米切尔在纽约和巴黎与为人道主义事业筹集资金的哈罗德·L.奥拉姆共事。奥拉姆对戏剧制作产生了兴趣，并于 1953 年派米切尔前往巴黎洽谈在美国首演《等待戈多》的事宜。

此次的巴黎之行让米切尔和萨缪尔·贝克特开始了一段恋情。米切尔回到纽约后，他们通信不断。1954年夏天，她搬到巴黎，但萨缪尔·贝克特不得不在当年的6月份返回爱尔兰去照看病危的哥哥弗兰克。贝克特鼓励米切尔出门旅行，并鼓励她广交朋友。1955年1月底，米切尔返回纽约，但是他们的通信并未由此中断。萨缪尔·贝克特在写给米切尔的信中记录了自己在创作《终局》初期所遇到的困难。在通信中，他们相互推荐并赠送图书。

他们的通信持续到1970年。事实上1956年以后二人的通信已不再频繁。1964年，萨缪尔·贝克特为了拍摄《电影》来到纽约并与米切尔最后一次会面。从1962年到1980年，米切尔一直在"伯克希尔青年农庄"这一非营利性机构（位于纽约州迦南市）的董事会从事筹款工作，直至退休。她终身未婚。

查尔斯·蒙蒂思（Charles Monteith，1921—1995）

生于北爱尔兰，毕业于牛津大学莫德林学院。第二次世界大战期间，他在印度和缅甸的皇家恩尼斯基林火枪队服役。1949年他取得律师资格，但却倾心于文学。1953年，杰弗里·费伯邀请蒙蒂思加入费伯出版社。在该出版社，他跟随T. S. 艾略特学习，并于1954年被任命为策划编辑。支持出版威廉·戈尔丁的《蝇王》让他的事业渐入佳境。蒙蒂思出版奥斯本《愤怒的回顾》的成功激发了费伯出版社对英国剧作家的兴趣。在费伯出版社获得萨缪尔·贝克特戏剧和广播剧作品的英国出版权后，蒙蒂思成为萨缪尔·贝克特最主要的编辑联络人。

蒙蒂思还曾经与让·热内、P. D. 詹姆斯、路易·麦克尼斯、W. H. 奥登、特德·休斯、谢默斯·希尼，以及他的好朋友菲利普·拉金等人并肩工作。他曾在1977年至1980年间担任费伯出版社的社长，并在此

后一直担任该社的高级编辑顾问，直至去世。他曾任英国诗书协会主席
（1966—1981）、英国艺术委员会文学分会委员（1974—1978）和英格
兰图书馆咨询委员会委员（1979—1981）。

尼尔·蒙哥马利（Niall Montgomery，1914—1987）

　　曾与丹尼斯·德夫林一起求学于都柏林贝尔维迪尔中学和都柏林大
学学院，1938 年毕业于建筑专业。蒙哥马利通过 A. J. 利文撒尔结识了
萨缪尔·贝克特。他的父亲詹姆斯是爱尔兰电影审查委员会的成员，在
他的帮助下，萨缪尔·贝克特能够借到最新的电影杂志和出版物。蒙哥
马利对萨缪尔·贝克特作品的研究，即题为"无义可索，符号不存"的
文章发表在《新世界写作》（1954）上，成为美国首篇研究贝克特作品
的文章。蒙哥马利是詹姆斯·乔伊斯的早期崇拜者，在 20 世纪 60 年代
发表了两篇关于乔伊斯作品的文章。

　　作为都柏林的执业建筑师，蒙哥马利在 20 世纪 30 年代末参与设计
的科林斯敦机场建筑成为获奖杰作。对都柏林重建的浓厚兴趣，激发他
参与了诸多项目，其中包括基尔肯尼设计中心。20 世纪 70 年代中期，
他担任了爱尔兰皇家建筑师学会会长。

　　蒙哥马利的诗歌发表在《转变》《激情》《使节》《花边窗帘》和《新
墨西哥季刊》等刊物上。这些诗作在他逝世后以《终点站》之名结集出
版。他还是一名公认的雕刻家，其作品《缔约方》（1973）为他赢得了"当
代艺术展"中的 P. J. 卡罗尔奖，反映出他在视听艺术方面的成就。

查尔斯·约翰·莫里斯（Charles John Morris，1895—1980）

　　英国作家和广播员，1943 年加入英国广播公司，成为远东部负责人。
在此之前他曾在中亚和东亚当过兵，担任过社会人类学家和大学教师。
作为英国广播公司第三频道的负责人（1952—1958），他延请萨缪尔·贝

克特为电台写剧本。尽管贝克特一开始有些犹豫，但后来还是为其创作了《跌倒的人》。这开启了萨缪尔·贝克特与英国广播公司的联系，双方接下来的合作包括广播剧的制作、诗歌和小说的朗诵，以及他的一些舞台剧的录音。莫里斯的努力成就了英国广播公司第三频道作为实验性电台的声誉。

迈克尔·迈尔伯格（Michael Myerberg，1906—1974）

1942 年，凭借制作桑顿·怀尔德的《九死一生》，迈尔伯格获得了作为戏剧制作人的第一次重大成功。1955 年，《等待戈多》的伦敦制作人唐纳德·奥伯里将该剧在美国百老汇的首演制作权交给了迈尔伯格。迈尔伯格聘请艾伦·施奈德执导该剧。1956 年 1 月，该剧在佛罗里达州迈阿密新开的椰林剧场公演前被宣传为一部具有"笑感"的戏剧，观众们蜂拥而至，一时盛况空前。1956 年 4 月，由赫伯特·贝格霍夫执导的该剧在百老汇的约翰·戈尔登剧院上演时，迈尔伯格改变了策略。在这里，该剧在宣传中被称为是一出"给有鉴赏能力的知识分子看的"戏。迈尔伯格继续持有在纽约进一步制作的权利，并于 1957 年在埃塞尔·巴里莫尔剧院再次上演该剧。这一次剧中演员全部起用黑人——这让萨缪尔·贝克特非常高兴。

莫里斯·纳多（Maurice Nadeau，1911—2013）

法国文学评论家、编辑和出版人，著有《超现实主义的历史》（1944）一书。二战期间，他积极投身"抵抗运动"，1947 年至 1951 年，担任《战斗报》主管，该报最初也是"抵抗运动"的一部分。在特里斯坦·查拉的敦促下，纳多开始报道萨缪尔·贝克特的作品，并于 1951年发表了第一篇评论萨缪尔·贝克特的小说《莫洛伊》的书评，题为《萨缪尔·贝克特，或前进，无处可去》。纳多担任《快报》《新观察家》

和《法兰西信使》等杂志的文学评论员，于1952年发表了第一篇关于《马龙之死》的评论。同年，他在发表于《现代》杂志的文章《萨缪尔·贝克特或沉默权》中，将《莫洛伊》《马龙之死》和《无法称呼的人》这三部小说视作一个整体。1953年，纳多创办了法国文学杂志《新文学》，并在该杂志的第一期上发表了一篇评论《无法称呼的人》的文章。在接下来的十多年里，纳多屡次评论缪尔·贝克特的作品，这其中就包括对《终局》（1957）和《是如何》（1961）的评论。他在《沉默的声音之路》（1963）一文中探究了"沉默"在小说《莫洛伊》和《是如何》中的作用，宣称在探寻"沉默"问题上，没有谁比萨缪尔·贝克特走得更远。纳多同时也是《文学半月刊》（1966年至今）的创始人，该刊在第一期发表了萨缪尔·贝克特的《够了》；他还是莫里斯·纳多出版社社长。

马克斯·尼德迈尔（Max Niedermayer，1905—1968）

1945年，他在德国威斯巴登创立界墙出版社之前，曾负责一家印刷公司的运作。关于他，最为人所知的是他和德国诗人戈特弗里德·贝恩之间的友谊和通信。1948年，与戈特弗里德初次接触后，他出版了这位诗人的作品。尼德迈尔自1955年起与艾尔玛·托普霍芬协商，后于1959年由界墙出版社出版了萨缪尔·贝克特的第一部诗集《诗集》。这些诗歌原文为英语和法语，德语版的印制采用英德对照和法德对照的形式，英语诗由伊娃·黑塞翻译，法语诗由艾尔玛·托普霍芬翻译。《诗集》收录了出自《回声之骨》（1935）以及发表在爱尔兰、英国和法国期刊上的诗作。

玛丽·佩隆（Marie Péron，原名莱津-斯皮里多诺夫，又名玛尼亚，1900—1988）

玛丽·佩隆出生在俄罗斯，五岁时移居法国，在巴黎的布丰中学当英语教师，1930年嫁给了萨缪尔·贝克特的挚友阿尔弗雷德·佩隆（详见第一卷中"简介"）。阿尔弗雷德·佩隆深度参与了法国的"抵抗运动"，并于1941年招募萨缪尔·贝克特加入"格洛里亚SMH"组织。1942年，丈夫阿尔弗雷德·佩隆被盖世太保逮捕后，玛尼亚·佩隆向萨缪尔·贝克特和苏珊娜·德舍沃-迪梅尼发去示警电报，让他们逃离巴黎。他们在玛尼亚·佩隆的儿时好友纳塔莉·萨罗特住处藏匿了十天（两家人在俄国时便相识，来法国后继续往来）。阿尔弗雷德·佩隆被关押在毛特豪森集中营，1945年被移交给红十字会后不久在转送途中去世。其后，萨缪尔·贝克特始终关心和帮助佩隆的遗孀和双胞胎儿子——亚历克西斯和米歇尔。

萨缪尔·贝克特和玛丽·佩隆之间建立起了密切的工作关系。战后有一段时间，他们共用一台打字机（轮流打字）。每次小说在法国出版前，萨缪尔·贝克特总要多次征询她的意见。每写好一篇《无所谓的文本》，贝克特都会寄给她。在接下来的十多年里，她一直是他的"猞猁眼"——这是贝克特在1953年的一封信中对她的称呼。1958年，她出版了长篇小说《石子》。她始终是萨缪尔·贝克特的密友，二人之间的通信从未中断，直到她去世。

罗贝尔·潘热（Robert Pinget，1919—1997）

小说家、剧作家，出生于日内瓦，从1951年起定居法国。他与萨缪尔·贝克特交往的过程堪称典范：一个害羞、缺乏自信的年轻人很早就相信萨缪尔·贝克特作为作家的力量，但却因为胆小而不敢接近。萨缪尔·贝克特读了他的一些作品，发现了他的才华，也发现了他的不自信，便给予他鼓励。从此他们的关系开始发展，这位年长者对晚辈的提携非常实际（贝克特不仅将他的情况告知兰东，还给他介绍工作，甚至直接给他提供经济支持），并对他的作品进行评论。萨缪尔·贝克特一以贯之的诚恳让这些做法不仅仅是一种安慰。基于这些帮助，潘热逐渐成长。他们之间的友谊呈现出轻松和成熟的状态，并在潘热成长的过程得以维持。作为作家的潘热是一个完全不同的人。萨缪尔·贝克特在他的作品中感受到了他对声音的敏锐感受力：声音和音量的无限变化，将话语从信息的聚集转化为性格和情感的特殊暗示。潘热喜欢平淡无常的主题，喜欢娓娓道来的方式。萨缪尔·贝克特发现在这些看似简单的场景背后有着小说家的良苦用心：娓娓道来的方式体现了作者对故事的经营，平淡无奇的故事都根植在生活的可能性之上。他还发现，潘热的作品所涉及的范围远超一般的舒适和温馨，而是包含着黑暗和直抵人心的艺术元素。比如，小说《主啊，救救我》（1968）或《寓言》（1971）就展示了这样的特点。这个精神紧张的年轻人能创造出一个想象中的巨大世界。这位才华横溢的年轻作家与萨缪尔·贝克特互相合作，互相翻译对方的作品：1968 年，贝克特翻译了潘热的《手柄》，译文书名为《老调子》；1957 年，潘热翻译了贝克特的《跌倒的人》。1966 年，萨缪尔·贝克特协助潘热制作了独幕剧《假设》。该剧与《戏》和《来与去》一起出现在奥德翁剧院的同一张宣传单上。苏珊娜·德舍沃－迪梅尼尔对潘热的喜爱使他们的友谊更加融洽。

巴尼·罗塞特（Barney Rosset，1922—2012）

他于 1952 年买下格罗夫出版社。其后不久，他在纽约社会研究新学院的教授华莱士·福利的建议下，买下了萨缪尔·贝克特作品的北美演出权和出版权。1954 年，格罗夫出版社出版了《等待戈多》，比该剧在纽约的首演早了两年。罗塞特是萨缪尔·贝克特在美国和北美地区的出版人和戏剧经纪人。格罗夫出版社出版了《常青评论》杂志，萨缪尔·贝克特的许多散文作品都发表在该杂志上。萨缪尔·贝克特的最后一部作品《静止的微动》便是为巴尼·罗塞特所写。

罗塞特是美国宪法第一修正案的拥护者。1959年,他由于出版D.H.劳伦斯的小说《查泰莱夫人的情人》而受到反淫秽指控。他对此发起抗辩,并最终获判无罪。几年后,亨利·米勒的《北回归线》一书的出版被审查,而罗塞特又赢得了这一起备受关注的案件。1964年,罗塞特涉足电影行业,并委托欧仁·尤内斯库、哈罗德·品特、玛格丽特·杜拉斯和阿兰·罗伯-格里耶等人编写剧本。萨缪尔·贝克特的剧本《电影》是唯一被拍摄并制作出来的作品。为了拍摄,萨缪尔·贝克特来到纽约,这也是他唯一一次到访美国。

1985年,罗塞特把格罗夫出版社卖给了魏登费尔德和格蒂公司,并在其后的13个月中继续担任公司旗下格罗夫出版社的首席执行官。后来,罗塞特又创办了两家出版公司:罗塞特公司和蓝月亮图书公司。1988年,鉴于他"对世界文学独特而持续的服务,以及在帮助出版传播跨越无知的审查和压制等障碍"等方面的贡献,国际笔会美国中心授予他出版业杰出贡献奖。2008年,他获得美国国家图书基金会颁发的美国文学界杰出服务贡献奖。

理查德·劳德(Richard Roud,1929—1989)

作家、影评人和电影节组织者。他培养了英国和美国观众对外国电影的观影习惯,特别是对法国新浪潮电影的欣赏。理查德·劳德生于波士顿,毕业于威斯康星大学,获得富布赖特奖学金资助进入蒙彼利埃大学学习,并在伯明翰大学的莎士比亚学院完成研究生学业。1963年,劳德成为《卫报》的首席电影评论员,并于1970年成为《卫报》的巡回艺术评论家。他曾担任伦敦国家电影节(1959—1967)和伦敦电影节(1960—1969)的节目导演。他最著名的身份可能是纽约电影节(1963—1987)的创始人和导演。他还为现代艺术博物馆和林肯中心电影协会的电影活动提供帮助。劳德与萨缪尔·贝克特的通信始于1955年,内容涉及对萨缪尔·贝克特戏剧作品的制作以及贝克特针对理解剧作的建议。劳德出版了许多关于电影的书籍，包括《戈达尔》（1967）、《斯特劳布》（1972）和《痴迷于电影》（1983）。他获得了1978年的"法国荣誉骑士勋章"、1984年的戏剧图书馆协会奖和1988年的全国电影评论协会奖。

艾伦·施奈德（Alan Schneider，1917—1984）

出生于俄国哈尔科夫，主要在美国工作，以阐释萨缪尔·贝克特的戏剧而闻名。1955年，迈克尔·迈尔伯格制作《等待戈多》美国首演时任命施奈德为导演。他去巴黎与萨缪尔·贝克特会面，并和他讨论这部剧。施奈德和贝克特一起观看了伦敦的几场演出。与萨缪尔·贝克特的密切讨论对施奈德制作萨缪尔·贝克特剧作至关重要。他和萨缪尔·贝克特一起出席了德里克·门德尔执导、在乌尔姆上演的《戏》的首映式。在制作贝克特的《电影》（1964）时，他们时刻保持密切合作。这是二人第一次合作拍摄电影。在准备电影拍摄的过程中，如果不方便见面，他们会通信联系。在信中施奈德详细询问，贝克特耐心解答（详情记录在施奈德1998年发表的《作家受宠莫过于此》一文中）。

尽管宣称是具有"两大洲的笑感"的作品，由施奈德导演、在迈阿密的椰林剧场上演的《等待戈多》却遭遇商业上的惨败，施奈德也因此失去了在百老汇导演该剧的机会。但这次失败使他与萨缪尔·贝克特的关系更加密切。施奈德后来导演了萨缪尔·贝克特在美国的所有舞台剧和《电影》。1961年，他执导了《开心的日子》在纽约樱桃巷剧院的全球首演。他还把《等待戈多》《默剧二》和《嗯，乔》搬上了电视荧幕。

施奈德还导演了哈罗德·品特、爱德华·阿尔比和乔·奥顿的戏剧。他曾在纽约朱利亚尔音乐学院和斯坦福大学教授导演课，还曾在加州大学圣迭戈分校担任戏剧教授。施奈德在过马路给萨缪尔·贝克特寄信时被摩托车撞倒身亡，当时他正在伦敦执导一出戏的演出。

理查德·西维尔（Richard Seaver，1926—2009）

　　曾是巴黎索邦大学的富布赖特学者，他在午夜出版社的橱窗里发现了萨缪尔·贝克特的小说《莫洛伊》和《马龙之死》。他对这两部"震撼人心的作品"的热情回应记录在《萨缪尔·贝克特简介》一文中，发表于巴黎出版的英语文学杂志《灰背隼》（1952—1955）上。他与萨缪尔·贝克特合译的《结局》也发表于《灰背隼》。

　　《灰背隼》停刊之后，西维尔返回美国，成为乔治·布拉齐勒持有的两家图书俱乐部——寻书俱乐部和七艺图书协会（1957—1959）——的编辑。1959 年，他加入了格罗夫出版社，成为《常青评论》的一员，并继续与萨缪尔·贝克特合作。他翻译了萨缪尔·贝克特的早期小说《被驱逐的人》和《镇静剂》，并编辑出版了贝克特的作品集《我无法继续，我会继续》（1976）。西维尔担任过企鹅图书的编辑，后又加入霍尔特出版社。1979 年，他在维京出版社创立了名为"西维尔图书"的品牌。1988 年，他与妻子珍妮特·西维尔创办了拱廊出版社。在他去世前，该出版社因为发掘新人而蒸蒸日上。

艾伦·辛普森（Alan Simpson，1920—1980）

　　1953 年，艾伦·辛普森与妻子卡罗琳·斯威夫特在都柏林创办了派克剧院。该剧院上演了布伦丹·贝汉的戏剧，也制作了田纳西·威廉斯创作的戏剧《玫瑰文身》，由此招致了当局的审查。《等待戈多》的爱尔兰首演即在该剧院举行。萨缪尔·贝克特的戏剧于 1955 年 11 月开演，在这个狭小的剧院里一连演了 6 个月，尔后又在都柏林一家更大剧院——大门剧院上演了一周，紧接着在爱尔兰进行了一次成功的巡回演出。辛普森还执导了《等待戈多》的首次盖尔语演出，译者是利亚姆·奥布莱恩。

　　萨缪尔·贝克特鼓励辛普森的派克剧院制作欧仁·尤内斯库的剧作。
1958 年，都柏林国际戏剧节上充满争议的戏剧审查，导致萨缪尔·贝克
特叫停了他的剧作在爱尔兰的制作，也导致辛普森制作《终局》和《默剧》
的计划未能实现。1960 年派克剧院关停后，辛普森与位于伦敦东斯特拉
特福的皇家宫廷剧院合作，再次导演了《等待戈多》（1961），并在《开
心的日子》（1974）中扮演威利。他在《贝克特和贝汉以及一家都柏林
剧院》（1962）一书中记录了派克剧院的往事。

卡尔–海因茨·施特鲁克斯（Karl–Heinz Stroux，1908—1985）

　　德国电影和戏剧导演、演员，在柏林大众剧院开启演员生涯。20 世
纪 40 年代末，他在达姆施塔特、威斯巴登和柏林的几家剧院担任艺术
总监。从 1951 年到 1955 年，在博莱斯瓦夫·巴洛格的指导下，施特鲁
克斯在柏林的席勒剧院和城堡公园剧院担任导演。1953 年，施特鲁克斯
执导的《等待戈多》在柏林城堡公园剧院首演。首演的前一周他摔倒受
伤住进了医院，只能由巴洛格来监督最后的排练。尽管评论家和观众对
此次演出反响热烈，但萨缪尔·贝克特对制作并不满意。贝克特参加了
该剧在柏林的开演仪式，并去医院探望了施特鲁克斯。在他们的长谈中，
贝克特没有提出批评，却明确地告诉施特鲁克斯，他希望观众们在绝望
中逃离剧院。

　　1955 年至 1972 年，施特鲁克斯担任杜塞尔多夫剧院的总管。1961 年，
他在杜塞尔多夫的一家小剧院里导演了萨缪尔·贝克特的《开心的日子》。
施特鲁克斯与欧仁·尤内斯库和海因里希·伯尔合作密切。作为导演，
他赢得了包括伯恩哈德·米内蒂和恩斯特·施罗德等演员的称赞。

彼得·苏尔坎普（Peter Suhrkamp，1891—1959）

德国出版人，20 世纪 30 年代进入法兰克福的 S. 菲舍尔出版社。1936 年，苏尔坎普被任命为该公司的德国负责人。而由于《纽伦堡法案》的规定，该公司只能剔除部分业务并停止与部分作家（包括一些最负盛名的作家）的合作。1944 年，因被控支持针对纳粹德国的"抵抗运动"，他被关押在萨克森豪森集中营。1945 年获释，同年 10 月该出版社重新开张运营。当年他在担任 S. 菲舍尔出版社德国负责人的同时，还经营着自己的品牌——苏尔坎普出版社。1950 年，苏尔坎普出版社这一品牌从 S. 菲舍尔出版社中分离出来，双方同意让作家们自由选择未来的出版方。

1953 年初，苏尔坎普在巴黎观看了罗歇·布兰制作的《等待戈多》，并见到了萨缪尔·贝克特本人。该剧本由艾尔玛·托普霍芬翻译，由 S. 菲舍尔出版社出版。苏尔坎普出版社旋即成为萨缪尔·贝克特小说在德国的出版商。1954 年 5 月，苏尔坎普出版社旗下的《文学之友晨报》为萨缪尔·贝克特出版了一期专辑，其中包括一篇彼得·苏尔坎普撰写的文章——《〈莫洛伊〉是什么？》。文章回答了关于出版社如何才能发现一件艺术作品在颠覆传统形式和内容方面的原创性的问题。

独特的"苏尔坎普文化"所形成的讨论文学的空间，被认为是苏尔坎普的遗产之一，反过来又使得苏尔坎普出版社成为战后德国知识分子生活的中心。即便是在彼得·苏尔坎普去世之后，萨缪尔·贝克特也从未间断和苏尔坎普出版社的出版合作。

卡罗琳·斯威夫特（Carolyn Swift，1923—2002）

爱尔兰作家和剧院经理。1953 年与丈夫艾伦·辛普森共同创办了派克剧院，向都柏林的观众介绍了萨缪尔·贝克特和布伦丹·贝汉的作品。

她的非凡热情使这个小剧院得以维持下去。1960 年派克剧院关闭后，斯威夫特加入爱尔兰国家广播电视台戏剧部，为该电视台的戏剧部和青年部编写和改编戏剧和连续剧。她为爱尔兰国家广播电视台的《星期日杂记》和《评价》栏目撰稿，还是《爱尔兰时报》的舞蹈类节目的通讯记者，并为爱尔兰的各种期刊和报纸撰写有关戏剧、舞蹈和旅行方面的文章。斯威夫特写了很多儿童读物（尤其是"强盗"和"巴格西"系列图书），也从事电影剧本创作。她在《一场又一场》（1985）一书中对派克剧院的往事进行了追忆。

亚当·塔恩（Adam Tarn，1902—1975）

战后波兰戏剧的主要人物，华沙几家剧院的文学经理。1956 年，他担任华沙的戏剧杂志《对话》的编辑。该杂志成为表现战后波兰戏剧中日益增加的实验性和现代主义的主要渠道，并向波兰观众介绍了贝克特、加缪、迪伦马特、尤内斯库和品特的作品。

1956 年，在玛丽亚·约拉斯的介绍下，塔恩得以和萨缪尔·贝克特见面。在塔恩的安排下，同年 5 月的《对话》杂志刊登了《等待戈多》的节略版。其后，萨缪尔·贝克特的戏剧在波兰翻译、演出和出版。塔恩多次邀请萨缪尔·贝克特访问华沙，但他们两人只在巴黎见过面。1968 年波兰发动对知识分子的清洗，由于《对话》杂志的立场问题，塔恩被革职。随后，塔恩移居加拿大。萨缪尔·贝克特尽其所能把塔恩介绍给加拿大的朋友，以便给塔恩以帮助。贝克特还把几篇新创作的短篇作品寄给塔恩，希望他在加拿大重整旗鼓，重办一本新的戏剧杂志。但是，这并没有成为现实。塔恩继续发表戏剧评论方面的文章。1961 年，塔恩和妻子玛丽·塔恩将《开心的日子》译成了波兰语。后来，他返回欧洲，去世前正在瑞士写一本关于契诃夫戏剧的书，其时即将完稿。

艾尔玛·托普霍芬（Elmar Tophoven，1923—1989）

德国翻译家，专注于翻译法国文学。从 1949 年开始，他先是作为战后该校聘任的首位德语讲师任教于巴黎的索邦大学，后来转至巴黎高等师范学校任教，时间长达 25 年。他翻译过罗伯-格里耶、普鲁斯特和萨罗特的作品，也翻译了萨缪尔·贝克特的大部分戏剧、诗歌和散文。1953 年，阿瑟·阿达莫夫向他介绍了萨缪尔·贝克特的作品，并带他去巴黎参加了《等待戈多》的首场演出，托普霍芬当即开始翻译这部戏剧。三周后他带着译稿面见热罗姆·兰东。贝克特和托普霍芬一起校对了译本，并将译本交由 S. 菲舍尔出版社出版。这成为后来托普霍芬翻译萨缪尔·贝克特作品的固定模式。由于住在巴黎，他和萨缪尔·贝克特得以定期见面讨论翻译进展。

他的妻子埃丽卡·托普霍芬也是一位文学翻译家。她经常与丈夫合作翻译萨缪尔·贝克特的英语作品。托普霍芬希望使翻译的过程更加清晰可见以便于交流协作。他与学生和同事分享自己的翻译笔记，并与贝克特的其他译者探讨翻译中的词汇和语法问题。1978 年，他在位于德国西北部的家乡斯特雷伦创立了欧洲翻译学院，帮助从事文学和非虚构翻译的译者们共同协作，打破了以往译者单打独斗孤立工作的状态。欧洲翻译学院是欧洲众多类似机构中的典范，与此类似的机构还包括法国阿尔勒的国际文学翻译学院。

《转变》（*Transition*，1948—1950）

该杂志首字母大写，是由欧仁·约拉斯、玛丽亚·约拉斯和艾略特·保罗于 1927 年创办的原《转变》（*transition*）杂志在二战后的改版。二战期间，乔治·迪蒂与同在美国的约拉斯一家关系密切，他提议自己作为编辑和赞助人重办该杂志，并由他的妻子玛格丽特担任行政主管。杂志复刊后第一期的顾问编辑包括巴塔耶、夏尔、道格拉斯·库珀、富歇、斯图尔特·吉尔伯特、约拉斯、萨特和让·瓦尔等人。（从第三期开始，戴维·麦克道尔被任命为"美国顾问编辑"。）该杂志第一期的编辑前言中详细阐述了该杂志的政策：

> 《转变48》的宗旨是将法语中最精湛的艺术和思想汇集到英语世界中。无论其风格和用途如何……对真理的共同追求和对新时代的共同期盼，使供稿人团结在一起。大家认为，这个崭新的时代期待简洁，一种动人心魄的简洁：通过科学与预测，通过形而上学与艺术，所有的不相容之处，都不会被分离或脱节，而是融合并重新铸成一个体现了智慧的整体。
>
> 以某种方式恢复业已消失的美德，是大家的目标，也是本刊的目标。重新营造节日般欢快的气氛，重新适应，重新团结，重新赎罪，重新找回那种狂喜的感觉。（第5—6页）

《转变48》共出版了四期（虽然最后一期是在1949年出版的），1949年出版了一期，1950年出版了最后一期。该杂志的封面因亨利·马蒂斯的特别设计而显得与众不同：第1—4期和第6期采用了面具剪纸设计，第5期使用了脸部素描，意为"艺术数字的特殊展示"。

这一时期纸张库存相当紧张，该杂志由迪蒂自己经营的转变出版社出版，发行渠道极为不畅，投资也无法回收。贝克特曾为该杂志供稿，他与迪蒂紧密合作，共同为杂志选稿、翻译或者修改他人的翻译。

亚历山大·特罗基（Alexander Trocchi，1925—1984）

苏格兰小说家，生于格拉斯哥，1950年获得游学奖学金来到巴黎，并留了下来。1952年，他创办了文学杂志《灰背隼》，并担任该杂志总共11期的编辑。在《灰背隼》上发表作品的作家包括萨特、尤内斯库、热内、艾吕雅、亨利·米勒以及萨缪尔·贝克特。该杂志的第2期发表了理查德·西维尔关于《莫洛伊》的评论文章。特罗基咨询萨缪尔·贝克特《灰背隼》杂志能否发表他的短篇和长篇小说节选。1953年，灰背隼团队（包括特罗基、西维尔、温豪斯、洛格、鲍尔斯和路吉）与奥林匹亚出版社的莫里斯·吉罗迪亚达成协议，以"灰背隼丛书"之名出版英语图书。该丛书的首部作品是《瓦特》的第一版，其后还出版了帕特里克·鲍尔斯与贝克特共同翻译的英文版《莫洛伊》。贝克特没有收到该书的清样和稿酬，这导致特罗基和贝克特之间的关系变得紧张。特罗基从实质上帮助了贝克特的作品在英语文学世界中的传播。

1954年，由奥林匹亚出版社出版的《年轻的亚当》是特罗基的第一部成熟之作。20世纪50年代，特罗基染上了毒瘾，至死未能戒除。《灰背隼》最后一期出版后，特罗基移居美国，并在纽约的一家大剧院工作了很多年。基于这段经历，他撰写了小说《该隐之书》，并于1960年由格罗夫出版社出版，获得了评论界的一致好评。1962年，他回到英国，参加了"情景主义国际"和其他反文化运动。特罗基晚年笔耕不辍，却鲜有发表，最后在伦敦去世。

克里斯蒂娜·钦戈斯（Christine Tsingos，1920—1973）

希腊女演员。1948年与丈夫——画家、布景设计师、建筑师萨诺斯·钦戈斯创建欢乐–蒙帕纳斯大剧院。由于是外国人，他们没有资格在法国经营剧院，故而他们聘请罗歇·布兰代替他们在租约上签字并经营该剧院。布兰这样做是希望能够在此进行创作。布兰结识了萨缪尔·贝克特，并计划在1950年制作上演《等待戈多》。钦戈斯不喜欢这出戏，并拒绝该剧在她的剧院里演出，可能是因为戏中的角色都不适合她出演。1957年，布兰执导萨缪尔·贝克特的《终局》（法语原版），并在伦敦皇家宫廷剧院首演，钦戈斯在剧中扮演耐尔一角。但是当这出戏在巴黎上演时，钦戈斯却拒绝扮演这个角色，因为她觉得出演一个老妇人会损害她在巴黎的声誉。尽管如此，钦戈斯与贝克特和苏珊娜·德舍沃－迪梅尼尔都建立了亲密的友谊。

《终局》在巴黎的 347 剧院上演（1968）和在希腊上演的时候，钦戈斯重新饰演耐尔。《开心的日子》在雅典上演的时候，她同时用法语和希腊语演出，受到了一致好评。钦戈斯因突发哮喘在希腊去世。

亚伯拉罕·赫拉尔杜斯·范费尔德（Abraham Gerardus van Velde，即布拉姆，1895—1981）

赫尔·范费尔德和雅各芭·范费尔德的哥哥，出生在莱顿附近的祖特尔乌德。其父于 1903 年离家出走，导致家庭陷入困顿之中。布拉姆·范费尔德曾在一家室内装饰公司当学徒，该公司发现了他的天赋，并鼓励他成长。1922 年至 1924 年，他来到德国沃普斯韦德这个艺术家聚居之地，后来又来到巴黎。1927 年，他的作品在巴黎"独立沙龙"展出。他遇到了奥托·弗罗因德利希，并在这个时候发现了马蒂斯的作品。他与德国画家莉莉·克洛克（1896—1936）结婚；他们二人 1928 年在沃普斯韦德相识。1932 年，他们搬到马略卡岛。妻子去世后，布拉姆·范费尔德回到巴黎和弟弟赫尔相聚。后来，他在与玛尔特·阿尔诺（原姓孔茨，1887—1959）的相处中获得支持。玛尔特·阿尔诺以前是北罗得西亚的新教传教士。

1937 年，萨缪尔·贝克特通过布拉姆·范费尔德的弟弟赫尔·范费尔德认识了布拉姆。赫尔是乔治·雷维和格威内思·雷维的好朋友。起初，萨缪尔·贝克特和赫尔关系密切。渐渐地，他对布拉姆的画作产生了更深的共鸣。贝克特买了一幅布拉姆的作品（《无题》，也被称为《1937 年作品》），并把它挂在办公桌前，以便工作时抬头就能看见。贝克特还拥有一幅他的水粉画（《无题，1939—1940》）。

萨缪尔·贝克特曾在 1946 年的《世界与裤子：范费尔德兄弟的画》和 1948 年的《障碍的画家》这两篇重要的文章中评论过布拉姆和赫尔的作品。他还为他们的展览写过简介，这其中包括《新事物》（玛格画廊，1948）和《赫尔·范费尔德和布拉姆·范费尔德》（1948）。1949 年基于萨缪尔·贝克特和乔治·迪蒂的对话而成的《三个对话》中，贝克特认为布拉姆·范费尔德是"第一个承认成为一名艺术家就是成为一个失败的人这个观点，因为没有人敢于失败"，认为"他接受现实……他无依无助，无能无力。他连绘画都做不到，却又不得不依靠绘画"。他认同"那些无助的、无法行动的人，既然有义务画画，那就行动吧"。1975 年，萨缪尔·贝克特发表散文诗《悬崖》，并将其"献给布拉姆"。

　　1947 年，布拉姆与巴黎的玛格画廊签订合同，并于 1948 年和 1952 年在该画廊开办了画展。1948 年，他在纽约的库兹画廊展出了自己的作品。由于画作销售不佳，1952 年他被玛格画廊解约。对布拉姆而言，接踵而至的生活艰难而不堪，是萨缪尔·贝克特对他作品的热爱支撑着他。1958 年，范费尔德告诉米歇尔·沃尔伯格，萨缪尔·贝克特"对我的画作的评价超过其他任何人，是他激励着我"。1958 年，他在伯尔尼美术馆举办了个人绘画回顾展；1959 年 12 月，他还在阿姆斯特丹举办了另一场回顾展。但是，在此期间玛尔特·阿尔诺在巴黎遭遇车祸身亡。

　　布拉姆·范费尔德在日内瓦遇到了玛德琳·施皮雷尔，二人结成伴侣。他辗转于日内瓦和巴黎之间，1977 年，回到法国定居。从 20 世纪 60 年代初开始，他的作品在欧洲各地以及纽约的诺德勒画廊展出，并大获成功。萨缪尔·贝克特和布拉姆见面也不如之前频繁。1980 年，他的作品再次在玛格画廊展出。1981 年 12 月底，布拉姆·范费尔德在法国格里莫去世。

赫拉尔杜斯·范费尔德（Gerardus van Velde，即赫尔，1898—1977）

　　布拉姆·范费尔德的弟弟，雅各芭的哥哥，出生在莱顿附近的利瑟。他曾在海牙的一家装修公司当学徒，通过在红十字会工作服完了兵役，并徒步游历了佛兰德斯，靠给室内装饰做油漆工挣钱糊口。1925年，他跟随哥哥来到巴黎，决心成为一名艺术家。在这里，他遇到了伊丽莎白·约克尔（即丽索，1908—？）并娶她为妻（1933）。他的画作在"独立沙龙"（1926—1930）和海牙展出。1937年，通过朋友乔治·雷维，他见到了萨缪尔·贝克特。贝克特立即被赫尔的魅力和冷幽默感所吸引。贝克特经常去赫尔的画室下棋。1946年，贝克特曾在1946年的《世界与裤子：范费尔德兄弟的画》和1948年的《障碍的画家》两篇文章中评论过这对兄弟。贝克特拥有赫尔·范费尔德的两幅画作，现为私人藏品。尽管贝克特后来与布拉姆·范费尔德建立了更加深厚的友谊，但在接下来的几年里，贝克特和赫尔也会偶尔在巴黎见面。

雅各芭·范费尔德（Jacoba van Velde，1903—1985）

　　画家布拉姆·范费尔德和赫尔·范费尔德的妹妹，曾在海牙接受芭蕾舞训练。1922年，她曾与小提琴家所罗门·波拉克（又称哈里·波拉）有过一段短暂的婚姻。在法国她以"波拉·玛丝洛娃"之名表演舞蹈。1937年，她和阿诺尔德·克莱克斯（1897—1968）结婚。克莱克斯曾是一名演员，后来在巴黎成了一名作家。《莫菲》的英译本首次出版后，萨缪尔·贝克特送了一本给赫尔。赫尔又把这本书送给了爱好文学的妹妹雅各芭。直到战后，雅各芭才和萨缪尔·贝克特相识。1946年，她开始担任贝克特的文学经纪人，负责接洽他和博尔达斯出版社、《现代》杂志以及其他合作方的事宜。

　　1947年11月，《法国文学》发表了她的第一个短篇小说《逃避》。此后，她把注意力集中在写作上。返回荷兰后，她担任起萨缪尔·贝克特剧作的荷兰语翻译。1963年起，她与弗里茨·凯珀斯合作，先后把《莫洛伊》《马龙之死》和《无法称呼的人》译成荷兰语。长篇小说《大礼堂》（1953）为她赢得了广泛的国际声誉。萨缪尔·贝克特和她一起将该书翻译成德语和英语。1961年，她出版了第二部长篇《风中之叶》。1965年至1971年，她作为剧作家加入工作室公司，并创作了一些剧本。

　　萨缪尔·贝克特与雅各芭·范费尔德的深厚友谊持续了几十年时间。他们之间的通信反映了她对翻译和对贝克特文学作品的浓厚兴趣。这其中既有她向贝克特咨询美国和法国出版问题的信件，也有她向他请教个人问题的信件。1992年，卡琳·施托费尔斯创作了一部广播剧，剧名就叫《贝克特和雅各芭》。

让·瓦尔（Jean Wahl，1888—1974）

　　法国哲学家、诗人和文学评论家，出身在马赛的一个犹太家庭。其父亲是名英语教师，他从小就通晓两种语言。瓦尔出版的第一本著作向法国读者介绍了美国哲学家威廉·詹姆斯。1936年，他成为索邦大学教授，让-保罗·萨特是他的学生。瓦尔对黑格尔和克尔凯郭尔的特别关注，深刻地影响了存在主义运动。1942年，瓦尔被盖世太保逮捕，并被关押在德兰西拘留营。他在那里遭受了审问和拷打。后来，他躲在一辆屠夫的卡车里成功地逃了出来。在朋友们的帮助下，他来到马赛，并从那里登上了最后一艘开往美国的难民船。在美国，他先后在蒙特霍利约克学院、芝加哥大学和纽约社会研究新学院任教。战后，他返回索邦大学创建了哲学院，同时也是哲学和文学杂志《丢卡利翁》的创刊人和编辑。他和萨缪尔·贝克特取得联系，请他为《丢卡利翁》撰稿。1952年，该杂志以《我手握这支笔》之名发表了《无所谓的文本（五）》。在贝克特的协助下，瓦尔翻译了他自己的诗《写作是蚀刻》。

赫伯特·马丁·奥利弗·怀特（Herbert Martyn Oliver White，即 "HO"，1885—1963）

文学学者，毕业于都柏林圣三一学院，曾在巴黎高等师范学校、谢菲尔德大学和贝尔法斯特女王大学任教，学术专长为 18 世纪英国诗歌研究。1939 年，他接替 W. F. 特伦奇担任都柏林圣三一学院现代语言系英语教授。在此，他成功创建了盎格鲁－爱尔兰文学研究生院。他举止新奇，不循常理，这让他颇受学生欢迎。怀特出版了《托马斯·珀尼文集》（1933）一书，并为《英语研究评论》撰稿。怀特热情满怀地支持萨缪尔·贝克特的工作，在他的建议下，1959 年都柏林圣三一学院授予贝克特荣誉学位。这是贝克特唯一一次接受这种形式的认可。怀特到访巴黎的时候，该校的另一位校友 A. J. 利文撒尔经常约他和贝克特相聚。怀特在去世三周前还参加了 1963 年在巴黎上演的《开心的日子》的开幕式。

引用文献

XIIe Salon de Mai, Musée d'Art Moderne de la Ville de Paris, du 5 au 27 mai 1956. Paris: Salon de Mai, 1956.

Ackerley, J. R. *The Letters of J. R. Ackerley.* Ed. Neville Braybrooke. London: Duckworth, 1975.

Admussen, Richard L. *The Samuel Beckett Manuscripts: A Study.* Ed. Jackson Bryer. A Reference Study in Literature. Boston: G. K. Hall, 1979.

Alphant, Marianne, Nathalie Léger, and Amarante Szidon, eds. *Objet: Beckett.* Paris: Centre Pompidou, IMEC-Editeur, 2007.

Anders, Günther. "Sein ohne Zeit: Zu Becketts Stück *En attendant Godot.*" *Neue Schweizer Rundschau* 9 (January 1954) 526–540.

Andrieu-Guitrancourt, Antoine, and Serge Bouillon. *Jacques Hébertot le magnifique (1886–1970): une vie au service du théâtre et des beaux-arts en quatre chroniques.* Paris: Paris Bibliothèques / Fondation Hébertot, 2006.

Apollinaire, Guillaume. "Zone." *Transition Fifty* no. 6 (October 1950) 126–131. Rpt. *Zone.* Dublin: Dolmen Press, 1972.

Arp, Jean. *Jours effeuillés: poèmes, essais, souvenirs, 1920–1965.* Paris: Gallimard, 1966.

——— *On My Way: Poetry and Essays 1912–1947.* New York: Wittenborn, Schultz, 1948.

Art impressionniste et moderne: dont un ensemble d'œuvres provenant de l'atelier Degas. Paris: Christie's, 2006.

Aslan, Odette. *Roger Blin and Twentieth-Century Playwrights.* Tr. Ruby Cohn. Cambridge: Cambridge University Press, 1988.

Atik, Anne. *How It Was: A Memoir of Samuel Beckett.* Emeryville, CA: Shoemaker and Hoard, 2005.

"Au pays du matin calme." *Lectures pour Tous, Revue Universelle Illustrée* 9 (June 1904) 752–760.

Baillio, Joseph. "Wildenstein, Paris, New York and Old Master French Art." *The Arts of France from François 1er to Napoléon 1er.* New York: Wildenstein, 2005. 14–48.

Bair, Deirdre. *Simone de Beauvoir: A Biography.* New York: Simon and Schuster, 1990.

Banier, François-Marie. *Samuel Beckett. Portraits d'auteur*. Paris: Marval, 1997.

Barlog, Boleslaw. *Theater lebenslänglich*. Munich: Knaur, 1981.

Basbanes, Nicholas A. *A Gentle Madness: Bibliophiles, Bibliomanes and the Eternal Passion for Books*. New York: Holt, 1999.

Bataille, Georges. *Choix de lettres: 1917-1962*. Ed. Michel Surya. Paris: Gallimard, 1977.

⸻. *Œuvres complètes*. Vol. I. Paris: Gallimard, 1992. 12 vols.

⸻. "Le silence de Molloy." Rev. of *Molloy*, by Samuel Beckett. *Critique* 7 (15 May 1951) 387-396.

Baudelaire, Charles. *Les Fleurs du mal: The Complete Text of The Flowers of Evil*. Tr. Richard Howard. Boston: David R. Godine, 1982.

⸻. *Œuvres complètes*. Ed. Claude Pichois. Bibliothèque de la Pléiade. Paris: Gallimard, 1975-1976. 2 vols.

Bauret, Jean-François. *L'Analyse photographique d'un tableau de Bram van Velde*. Fontenay-Mauvoisin: chez l'auteur, 1960.

Bearor, Karen A. *Irene Rice Pereira: Her Paintings and Philosophy*. Austin: University of Texas Press, 1994.

Beckett, Samuel. *Aspettando Godot*. Tr. Carlo Fruttero. Collezione di teatro. Turin: G. Einaudi, 1956.

⸻. *The Complete Short Prose: 1929-1989*. Ed. S. E. Gontarski. New York: Grove Press, 1995.

⸻. "Czekając na Godota." Tr. Julian Rogozinski. *Dialog* 1.1 (May 1956) 89-98.

⸻. "Dante and the Lobster." *Evergreen Review* 1.1 (December 1957) 24-36.

⸻. "Dante... Bruno. Vico.. Joyce." *transition* 16-17 (June 1929) 242-253.

⸻. "Denis Devlin." Rev. of *Intercessions*, by Denis Devlin. *transition* 27 (April–May 1938) 289-294.

⸻. *Disjecta: Miscellaneous Writings and a Dramatic Fragment*. Ed. Ruby Cohn. New York: Grove Press, 1984.

⸻. *Echo's Bones and Other Precipitates*. Paris: Europa Press, 1935.

⸻. *En attendant Godot*. Paris: Editions de Minuit, 1952.

⸻. *En attendant Godot: pièce en deux actes*. Ed. Colin Duckworth. London: Harrap, 1966.

⸻. "The End." Tr. Richard Seaver with the author. *Merlin* 2.3 (Summer–Autumn 1954) 144-159.

⸻. "*Esperando a Godot*." Tr. Trino Martínez Trives. *Primer Acto: Revista Española del Teatro* 1 (April 1957) 21-45.

⸻. "L'Expulsé." *Fontaine* 10 (December 1946–January 1947) 685-708.

⸻. "Extract from *Molloy*." Tr. P[atrick] W. Bowles. *Merlin* 2.2 (Autumn 1953) 88-103.

"An Extract from Watt." *Envoy: A Review of Literature and Art* 1.2 (January 1950) 11–19.

"Extract from Watt." *Irish Writing* 17 (December 1951) 11–16.

"Extract from Watt." *Merlin* 1.3 (Winter 1952–1953) 118–126.

Four Novellas. London: John Calder, 1977.

Godō wo machinagara. Tr. Shinya Ando. Tokyo: Hakusuisha, 1956.

L'Innommable. Paris: Editions de Minuit, 1953.

"Je tiens le Greffe." *Deucalion* 36.4 (October 1952) 137–140.

The Letters of Samuel Beckett: 1929–1940. Vol. I. Ed. Martha Dow Fehsenfeld, Lois More Overbeck, George Craig, and Dan Gunn. Cambridge: Cambridge University Press, 2009.

"Letters to Barney Rosset." *The Review of Contemporary Fiction* 10.3 (Fall 1990) 64–71.

"Mahood." *Nouvelle Nouvelle Revue Française* 1.2 (February 1953) 214–234.

"Malone Dies: From the Author's Translation of *Malone Meurt.*" *Irish Writing* 34 (Spring 1956) 29–35.

Malone meurt. Paris: Editions de Minuit, 1951.

"Malone s'en conte." *Nouvelle Revue Littéraire* 16 (December 1950) 3–10.

Molloy. Paris: Editions de Minuit, 1951.

Molloy. New York: Grove Press, 1955.

"Molloy." Tr. Patrick Bowles in collaboration with the author. *New World Writing* 3.5 (April 1954) 316–323.

More Pricks Than Kicks. London: Chatto and Windus, 1934.

Murphy. New York: Grove Press, 1957.

Nouvelles et Textes pour rien. Paris: Editions de Minuit, 1955.

"Ooftish." *transition* 27 (April–May 1938) 33.

"Peintres de l'empêchement." *Derrière le Miroir* 11–12 (June 1948) 3, 4, 7.

"La Peinture des van Velde ou le monde et le pantalon." *Cahiers d'Art* 20–21 (1945–1946) 349–356.

"Poèmes 38–39." *Les Temps Modernes* 2.14 (November 1946) 288–293.

Poems: 1930–1989. London: Calder Publications, 2002.

Proust. The Dolphin Books. London: Chatto and Windus, 1931. Rpt. New York: Grove, 1957.

"Quel malheur . . ." *Les Temps Modernes* 71 (September 1951) 385–416.

"Sam over Bram." Tr. Matthijs Engelberts, Ruth Hemmes, and Erik Slagter. *Het Beckett Blad* 11 (Autumn 1996) 19–22.

Selected Poems: 1930–1989. Ed. David Wheatley. London: Faber and Faber, 2009.

"The Smeraldina's Billet Doux." *Zero Anthology*, VIII. Ed. Themistocles Hoetis. New York: Zero Press, 1956. 56–61.

Stories and Texts for Nothing. New York: Grove Press, 1967.

"Suite." *Les Temps Modernes* 1.10 (1 July 1946) 107–110.

"Trois poèmes." *Cahiers des saisons* 2 (October 1955) 115–116.

"Trois poèmes – Three Poems." *Transition Forty-Eight* no. 2 (June 1948) 96–97.

"Two Fragments." *Transition Fifty* no. 6 (October 1950) 103–106.

The Unnamable. New York: Grove Press, 1958.

"Utkastad." *Samuel Beckett Knivavnej: Prosastycken 1946–66*. Tr. Carl Gustaf Bjurström. Stockholm: Almquist and Wiksell, 1969. 9–25.

Vi venter på Godot. Tr. Christian Ludvigsen. Fredersborg: Arena, 1957.

"Waiting for Godot." *Theatre Arts* 40.8 (August 1956) 36–61.

Waiting for Godot, A Tragicomedy in Two Acts. New York: Grove Press, 1954.

Waiting for Godot. London: Faber and Faber, 1955.

Watt. New York: Grove Press, 1959.

"Who is Godot?" Tr. Edith Fournier. *The New Yorker* (24 June and 1 July 1996) 136–137.

"Yellow." *New World Writing* 5.10 (November 1956) 108–119.

[Beckett, Samuel] Andrew Belis, pseud. "Recent Irish Poetry." *The Bookman* 86.515 (August 1934) 235–236.

Beckett, Samuel, and Georges Duthuit. "Three Dialogues: Samuel Beckett and Georges Duthuit." *Transition Forty-Nine* no. 5 (December 1949) 97–103.

Beckett, Samuel, and Erich Franzen. "Samuel Beckett and Erich Franzen: Correspondence on Translating Molloy." *Babel* 3 (Spring 1984) 23–35.

Beckett, Samuel, and Barney Rosset. "The *Godot* Letters: A Lasting Effect." *The New Theater Review* [now *Lincoln Center Theater Review*] 12 (Spring 1995) 10–13.

"Letters [1953–1955]." *The Grove Press Reader, 1951–2001*. Ed. S. E. Gontarski. New York: Grove Press, 2001. 25–38.

Beckett, Samuel, and Alan Schneider. *No Author Better Served*. Ed. Maurice Harmon. Cambridge, MA: Harvard University Press, 1998.

Beckett, Samuel, Pierre Schneider, and Jacques Putman. "Hommage à Jack B. Yeats." *Les Lettres Nouvelles* 14 (April 1954) 619–621.

Beckett, Samuel, Octavio Paz, Eliot Weinberger, and Enrique Chagoya. *The Bread of Days: Eleven Mexican Poets / El pan de los días: once poetas mexicanos*. Afterword by Octavio Paz with Eliot Weinberger. Covelo, CA: Yolla Bolly Press, 1994.

Béhar, Henri. *André Breton: le grand indésirable*. Paris: Calmann-Lévy, 1990.

Belmont, Georges. "Poèmes." *Nouvelle Nouvelle Revue Française* 2.17 (May 1954) 799–802.

Bénézit, Emmanuel. *Dictionnaire critique et documentaire des peintres, sculpteurs, dessinateurs et graveurs de tous les temps et de tous les pays*. 3rd edn. Paris:

Librairie Gründ, 1976.

Bernier, Robert, with collaboration of Guy Patenaude, Françoise-Marc Gagnon, and Monique Brunet. *Jean-Paul Riopelle: des visions d'Amérique.* Montréal: Les Editions de l'Homme, 1997.

Bersani, Leo, and Ulysse Dutoit. *Arts of Impoverishment: Beckett, Rothko, Resnais.* Cambridge, MA, and London: Harvard University Press, 1993.

Beyen, Roland. *Ghelderode: présentation, choix de textes, chronologie, bibliographie.* Paris: Seghers, 1974.

Billy, André. *Vie de Balzac.* Paris: Flammarion, 1944. 2 vols.

Billy, Hélène de. *Riopelle: la biographie.* Montréal: Editions Art Global, 1996.

Birksted, Jan K. *Modernism and the Mediterranean: The Maeght Foundation.* Aldershot: Ashgate, 2004.

Bjurström, C. J. "Samuel Beckett." *Bonniers Litterära Magasin* 23.1 (January 1954) 27–33.

Blanchot, Maurice. *Faux pas.* Paris: Gallimard, 1943.

"Où maintenant? Qui maintenant?" Rev. of *L'Innommable,* by Samuel Beckett. *Nouvelle Nouvelle Revue Française* 2.10 (October 1953) 678–686.

Blin, Roger. "Témoignage" in Pierre Mélèse, *Arthur Adamov: textes d'Arthur Adamov, points de vue critiques, témoignages, chronologie.* Théâtre de tous les temps. Paris: Seghers, 1973. 156–158.

Blin, Roger, and Lynda Bellity Peskine. *Roger Blin: souvenirs et propos recueillis.* Paris: Gallimard, 1986.

[Blunden, Edmund Charles]. "Seen from Dublin." Rev. of *Postscript on Existentialism,* by Arland Ussher. *Times Literary Supplement* 2322 (3 August 1946) 367.

Bordas, Pierre. *L'Edition est une aventure.* Paris: Editions de Fallois, 1997.

Boswell, James. *Boswell's Life of Johnson, Together with Boswell's Journal of a Tour to the Hebrides and Johnson's Diary of a Journey into North Wales.* Ed. George Birkbeck Hill. Revised and enlarged L. F. Powell. Oxford: Clarendon Press, 1934. 6 vols.

Bouchet, André du. "Three Exhibitions: Masson – Tal Coat – Miró." *Transition Forty-Nine* no. 5 (December 1949) 89–96.

Bowles, Patrick. "How to Fail." *P.N. Review* 20.4 (March–April 1994) 24–38. Excerpt rpt. as "Patrick Bowles on Beckett in the Early 1950s." *Beckett Remembering, Remembering Beckett: A Centennial Celebration.* Ed. James and Elizabeth Knowlson. New York: Arcade Publishing, 2005. 108–115.

Briscoe, Desmond, and Roy Curtis-Bramwell. *The BBC Radiophonic Workshop: The First 25 Years.* London: BBC, 1983.

Brooke, Peter. *Albert Gleizes: For and Against the Twentieth Century.* New Haven: Yale University Press, 2001.

Browning, Robert. *Robert Browning: The Poems.* Ed. John Pettigrew and Thomas J. Collins. New Haven: Yale University Press, 1981. 2 vols.

Bryden, Mary, Julian Garforth, and Peter Mills, eds. *Beckett at Reading: Catalogue of the Beckett Manuscript Collection at The University of Reading.* Reading: Whiteknights Press and the Beckett International Foundation, 1998.

Buffet, Robert. "Course au trésor." *Qui Détective? Le Magazine de l'énigme et de l'aventure* 142 (21 March 1949) 3–5.

Büttner, Gottfried. *Samuel Beckett's Novel* Watt. Tr. Joseph P. Dolan. Philadelphia: University of Pennsylvania Press, 1984.

Samuel Becketts Roman "Watt"; Eine Untersuchung des gnoseologischen Grundzuges. Heidelberg: Winter, 1981.

Calder, John, ed. *As No Other Dare Fail: For Samuel Beckett on his 80th Birthday by his Friends and Admirers.* Intro. Dougald McMillan. New York: Riverrun Press, 1986.

Campbell, Patrick Gordon. *An Irishman's Diary.* London: Cassell and Company, 1950.

Canet, Nicole. *Maisons closes 1860–1946: bordels de femmes, bordels d'hommes.* Paris: La Galerie Au Bonheur du Jour, 2009.

Carlisle, Norman, and Madelyn Carlisle. "The Big Slot-Machine Swindle." *Reader's Digest* 54 (June 1949) 46–49.

Cascetta, Annamaria. *Il tragico e l'umorismo: studio sulla drammaturgia di Samuel Beckett.* Storia dello spettacolo. Florence: Le lettere, 2000.

Caspari, Carlheinz. "Zu Samuel Becketts Theater." *Atoll* 1 (1954) 24–28.

Cesarani, David. *Arthur Koestler: The Homeless Mind.* New York: The Free Press, Simon and Schuster, 1999.

Chambrun, René de. *Pierre Laval: Traitor or Patriot?* Tr. Elly Stein. New York: Scribner's Sons, 1989.

Chandler, Raymond. *Selected Letters of Raymond Chandler.* Ed. Frank McShane. New York: Columbia University Press, 1981.

Char, René. "The Pulverized Poem." Tr. Eugene Jolas. *Transition Forty-Eight* no. 1 (February 1948) 33–55.

Chisholm, Anne. *Nancy Cunard: A Biography.* New York: Alfred A. Knopf, 1979.

Clair, René. "Sur le problème de Faust." In Jean Marcenac, *La beauté du Diable.* Paris: Les Editeurs Français Réunis, 1950. 45–56.

Cohn, Ruby. *A Beckett Canon.* Ann Arbor: The University of Michigan Press, 2001.

From Desire to Godot: Pocket Theater of Postwar Paris. Berkeley: University of California Press, 1987.

Cointent, Jean-Paul. *Marcel Déat: du socialisme au national-socialisme.* Paris: Perrin, 1998.

Connelly, Elizabeth. "Curator's Comments." *Heritage* [Jamestown Historical

Society] (Spring 2002) 6.

Coppée, François. "Un duel au sabre." *Lectures pour Tous, Revue Universelle Illustrée* 9 (June 1904) 739–751.

Corvin, Michel. *Festivals de l'art d'avant-garde: Marseille, Nantes, Paris 1956–1960.* Paris: Somogy Editions d'Art, 2004.

Crowe, Catriona, Ronan Fanning, Michael Kennedy, Dermot Keogh, and Eunan O'Halpin, eds. *Documents on Irish Foreign Policy.* Vol. VII. Dublin: Royal Irish Academy, 2010. 7 vols. 1998– .

Cunard, Nancy. *GM: Memories of George Moore.* London: Hart-Davis, 1956.

    Grand Man: Memories of Norman Douglas, with Extracts from his Letters, and Appreciations by Kenneth Macpherson, Harold Acton, Arthur Johnson, Charles Duff, and Victor Cunard and a Bibliographical Note by Cecil Woolf. London: Secker and Warburg, 1954.

    Parallax. London: Hogarth Press, 1925.

Dam, René. "Le Disciple." *L'Age Nouveau* 24 (? January 1948) 92–93.

Dante. *The Banquet.* Tr. Christopher Ryan. Saratoga, CA: ANMA Libri, 1989.

    Convivio. Ed. Piero Cudini. Milan: Garzanti, 1980.

    La Divina Commedia. Comment by Enrico Bianchi. Florence: Adriano Salani, 1927.

    The Divine Comedy of Dante Alighieri. Tr. and comment John D. Sinclair. London: John Lane The Bodley Head, 1939–1948, revised 1948. 3 vols.

Davenport, Russell W., with Winthrop Sargeant. "A *Life* Round Table on Modern Art." *Life* (11 October 1948) 56–68, 70, 75–76, 78–79.

Davis, R. J., M. J. Friedman, J. R. Bryer *et al. Samuel Beckett: œuvres et critique franco-anglaise.* Calepins de bibliographie. Paris: Minard, 1972.

De Sanctis, Francesco. *Storia della letteratura italiana.* Ed. Niccolò Gallo. Turin: Giulio Einaudi Editore, 1958. 2 vols.

Debord, Guy, and Alice Debord. *Guy Debord: Correspondance, I, juin 1957 – août 1960.* Paris: Fayard, 1999.

Devlin, Denis. *Collected Poems of Denis Devlin.* Ed. J. C. C. Mays. Dublin: The Dedalus Press, 1989.

    Lough Derg and Other Poems. New York: Reynal and Hitchcock, 1946.

"Documents." *Transition Forty-Nine* no. 5 (December 1949) 110–126.

Doshay, Lewis J., and Kate Constable. "Newer Drugs in the Treatment of Parkinsonism." *Neurology* 1 (1951) 68–74.

Dukes, Gerry. "Englishing *Godot.*" *After Beckett / D'Après Beckett.* Ed. Anthony Uhlmann, Sjef Houppermans, and Bruno Clément. *Samuel Beckett Today/Aujourd'hui* 15 (2004) 521–532.

Duperray, Eve, Alexandre Didier, and Sandra Chastel, eds. *René Char dans le miroir des eaux.* Paris: Beauchesne, 2008.

Duprey, Jean-Pierre. *Derrière son double.* Preface by André Breton. Paris: Le

Soleil Noir, 1950.

Duthuit, Georges. "Bram van Velde ou aux Colonnes d'Hercule." *Derrière le Miroir* 43 (February 1952) 2–4, 8. Rpt. in Georges Duthuit, *Représentation et présence: premiers écrits et travaux (1923–1952)*. Intro. Yves Bonnefoy. Paris: Flammarion, 1974. 357–365. Rpt. in Clare Stoullig and Nathalie Schoeller, eds. *Bram van Velde*. Paris: Editions du Centre Georges Pompidou, 1989. 176–179.

"Le Don indien: sur la côte nord-ouest de l'Amérique." *Labyrinthe* 2.18 (April 1946) 9.

Les Fauves. Geneva: Editions des Trois Collines, 1949. Rpt. ed. Rémi Labrusse. Paris: Michalon, 2006.

The Fauvist Painters. Tr. Ralph Manheim. New York: Wittenborn, Schultz, 1950.

"Maille à partir avec Bram van Velde." *Cahiers d'Art* 27.1 (July 1952) 79–81. Rpt. in Claire Stoullig and Nathalie Schoeller, eds. *Bram van Velde*. Paris: Editions du Centre Georges Pompidou, 1989. 180.

Le Musée inimaginable. Paris: José Corti, 1956.

Représentation et présence: premiers écrits et travaux (1923–1952). Intro. Yves Bonnefoy. Paris: Flammarion, 1974.

"Sartre's Last Class (Conclusion)." *Transition Fifty* no. 6 (October 1950) 87–90.

"Sartre's Last Class II." Tr. Colin Summerford. *Transition Forty-Eight* no. 2 (June 1948) 98–116.

Une fête en Cimmérie. Paris: Fernand Mourlot, 1964.

"Vuillard and the Poets of Decadence." *Art News* 53.1 (March 1954) 28–33, 62–63.

[? Duthuit, Georges]. "Notes about Contributors." *Transition Forty-Eight* no. 2 (June 1948) 146–152.

"Notes about Contributors." *Transition Forty-Eight* no. 4 (January 1949) 151–154.

"Notes about Contributors." *Transition Fifty* no. 6 (October 1950) 150–151.

L'Ecole de Paris, 1900–1950. London: Royal Academy of Arts, 1951.

Egger, Anne. *Robert Desnos*. Paris: Fayard, 2007.

Ellmann, Richard. *James Joyce: New and Revised Edition*. Oxford: Oxford University Press, 1982.

Eluard, Paul. "Le travail du peintre – A Picasso." *Poésie ininterrompue*. Paris: Gallimard, 1946. 65–72.

"The Work of the Painter – To Picasso." *Transition Forty-Nine* no. 5 (December 1949) 6–13.

Engel, Hugo F. "Das Drama von Warten auf Gott." *Illustrierte Woche* 30 (24 July

1954) 812–813.

Engelberts, Matthijs, Everett Frost, and Jane Maxwell, eds. "Cumulative TCD Catalogue." *Notes Diverse Holo: Catalogues of Beckett's Reading Notes and Other Manuscripts at Trinity College Dublin, with Supporting Essays.* Special Issue, *Samuel Beckett Today/Aujourd'hui* 16 (2006) 183–199.

Falb, Lewis W. "The Critical Reception of Eugene O'Neill on the French Stage." *Educational Theatre Journal* 22.3 (December 1970) 397–405.

Farquhar, George. *The Beaux' Stratagem.* Ed. Charles N. Fifer. Regents Restoration Drama Series. Lincoln: University of Nebraska Press, 1992.

Federman, Raymond, and John Fletcher. *Samuel Beckett: His Works and His Critics.* Berkeley: University of California Press, 1970.

Fénéon, Félix. "La Grande Jatte: Extracts from the Collected Works of Félix Fénéon." *Transition Forty-Nine* no. 5 (December 1949) 80–85.

Fowlie, Wallace. "A Return Visit to Paris." *The Virginia Quarterly Review* 51.1 (Winter 1975) 80–94.

Franzen, Erich. "Samuel Beckett: *Molloy.*" *Merkur* 8 (March 1954) 239–241.

[Fraser, George Sutherland.] "They Also Serve." *Times Literary Supplement* 2815 (10 February 1956) 84.

Gaffney, Phyllis. *Healing Amid the Ruins: The Irish Hospital at Saint-Lô (1945–46).* Dublin: A. and A. Farmar, 1999.

Gall, Yves Le. "Introduction to Akara." *Transition Forty-Eight* no. 4 (January 1949) 40–41.

Galsworthy, John. *The White Monkey.* New York: Charles Scribner's Sons, 1924.

Genet, Jean. "Thief's Journal (Extracts)." Tr. Bernard Frechtman and Samuel Beckett. *Transition Forty-Eight* no. 4 (January 1949) 66–75.

Gessner, Niklaus. *Die Unzulänglichkeit der Sprache: eine Untersuchung über Formzerfall und Beziehungslosigkeit bei Samuel Beckett.* Zurich: Juris Verlag, 1957.

Geulincx, Arnold. *Ethics, with Samuel Beckett's Notes.* Ed. Han van Ruler, Anthony Uhlmann, and Martin Wilson. Tr. Martin Wilson. Leiden and Boston: Brill, 2006.

Gheerbrant, Alain, and Léon Aichelbaum [interview]. *K éditeur.* Bibliography by Léon Aichelbaum and Raymond-Josué Seckel. Cognac: Le Temps qu'il fait, 1991.

Goethe, Johann Wolfgang von. *Die Leiden des jungen Werthers, Die Wahlverwandtschaften, Kleine Prosa, Epen.* Ed. Waltraud Wiethölter and Christoph Brecht. Frankfurt: Deutscher Klassiker Verlag, 1994. Vol. VIII of *Sämtliche Werke: Briefe, Tagebücher und Gespräche.* Ed. Friedmar Apel, Hendrik Birus, and Dieter Borchmeyer. 39 vols. 1985– .

Gontarski, S. E. *The Intent of Undoing in Samuel Beckett's Dramatic Texts.* Bloomington: Indiana University Press, 1985.

Gontarski, S. E. and Anthony Ulhmann, eds. *Beckett after Beckett*. Gainesville: Florida University Press, 2006.

Gracq, Julien. "Literature Hits below the Belt." Tr. J. G. Weightman. *Transition Fifty* no. 6 (October 1950) 7–26.

"La Littérature à l'estomac." *Empédocle* 7 (January 1950) 3–33.

La Littérature à l'estomac. Paris: José Corti, 1950.

"Mise au point." *Empédocle* 8 (February 1950) 95–96.

Grenier, Roger. *Fidèle au poste*. Paris: Gallimard, 2001.

Gustafson, Donna. "Benjamin Benno." *Benjamin Benno: A Retrospective Exhibition*. Rutgers, NJ: Jane Voorhees Zimmerli Art Museum, 1988.

Hamelin, France. *Femmes en prison dans la nuit noire de l'occupation: le Dépôt, la petite Roquette, le camp des Tourelles*. Paris: Editions Tirésias, 2004.

Hansen, Arlen J. *Expatriate Paris: A Cultural and Literary Guide to Paris in the 1920s*. New York: Arcade, 1990.

Harvey, Lawrence E. *Samuel Beckett: Poet and Critic*. Princeton: Princeton University Press, 1970.

Hayman, Ronald. *Sartre: A Life*. New York: Simon and Schuster, 1987.

Hayter, Stanley William. "The Language of Kandinsky." In Wassily Kandinsky, *Concerning the Spiritual in Art*. Ed. Robert Motherwell. New York: George Wittenborn, 1947. 15–18.

Heed, Sven. *Roger Blin: metteur en scène de l'avant-garde, 1949–1959*. Paris: Circé, 1996.

Heine, Maurice. *Le Marquis de Sade*. Ed. Gilbert Lely. Paris: Gallimard, 1950.

Henkels, Robert M., Jr. *Robert Pinget: The Novel as Quest*. University, AL: The University of Alabama Press, 1979.

Hulle, Dirk van. "Beckett's Reception in the Low Countries." *The International Reception of Samuel Beckett*. Ed. Mark Nixon, and Matthew Feldman. London: Continuum, 2009. 188–208.

Hutchins, Patricia. "James Joyce's Correspondence." *Encounter* 7.2 (August 1956) 49–54.

James Joyce's World. London: Methuen, 1957.

Hutchinson, Mary. "Samuel Beckett." *New Statesman and Nation* 51 (21 January 1956) 74.

Ionesco, Eugène. "The New Tenant." Tr. Donald Watson. *Merlin* 2.3 (Spring/Summer 1954) 172–191.

Jarry, Alfred. "The Painting Machine." *Transition Forty-Nine* no. 5 (December 1949) 38–42.

Johnson, Samuel. *Lives of the English Poets*. Ed. George Birkbeck Hill. Vol. II. Oxford: Clarendon Press, 1905. 3 vols.

Joly, G[ustave]. "Au Théâtre de Babylone En attendant Godot ou Le soliloque du Pauvre." *Dossier de presse* En attendant Godot *de Samuel Beckett (1952–1961)*. Ed. André Derval. Paris: IMEC et Editions 10/18, 2007. 31-33.

Joyce, James. *A Portrait of the Artist as a Young Man*. Ed. Chester G. Anderson, and Richard Ellmann. New York: Viking, 1964.

  Finnegans Wake. New York: Viking Press, 1969.

  Pomes Penyeach. Paris: Shakespeare and Company, 1927.

Kaplan, Steven L. *Le Pain maudit: retour sur la France des années oubliées, 1945–1958*. Paris: Libraire Arthème Fayard, 2008.

Kennedy, Michael. "Denis Ronald McDonald." *Dictionary of Irish Biography*. Ed. James McGuire and James Quinn. Cambridge: Cambridge University Press, 2009. 929.

Kenner, Hugh. *The Pound Era*. Berkeley: University of California Press, 1971.

Kertess, Klaus. *Joan Mitchell*. New York: Harry N. Abrams, 1997.

Knowlson, James. *Damned to Fame: The Life of Samuel Beckett*. New York: Grove Press, 2004.

Knowlson, James, and Elizabeth Knowlson, eds. *Beckett Remembering, Remembering Beckett: A Centenary Celebration*. New York: Arcade, 2006.

Kober, Jacques. *Bram van Velde et ses loups*. Gap: Bartavelle, 1989.

  "Le Noir est une couleur." *Derrière le Miroir* 1 (December 1946 – January 1947).

Koestler, Arthur, and Cynthia Koestler. *Stranger on the Square*. Ed. Harold Harris. London: Hutchinson, 1984.

Kundera, Milan. *Testaments Betrayed*. Tr. Linda Asher. London: Faber and Faber, 1995.

Labrusse, Rémi. "Beckett et la peinture: le témoignage d'une correspondance inédite." *Critique* 46.519-520 (August–September 1990) 670-680.

  "Extraits de la correspondance entre Georges Duthuit et Samuel Beckett." *Tal-Coat devant l'image*. Ed. Claire Stoullig. Geneva: Musées d'Art et d'Histoire; Colmar: Musée d'Unterlinden; Antibes: Musée Picasso; Winterthur: Kunstmuseum, 1992. 105-112.

  "Hiver 1949: Tal-Coat entre Georges Duthuit et Samuel Beckett." *Tal-Coat devant l'image*. Ed. Claire Stoullig. Geneva: Musées d'Art et d'Histoire; Colmar: Musée d'Unterlinden; Antibes: Musée Picasso; Winterthur: Kunstmuseum, 1992. 99-105.

  "Samuel Beckett and Georges Duthuit." *Samuel Beckett: A Passion for Paintings*. Ed. Fionnuala Croke. Dublin: National Gallery of Ireland, 2006. 88-91.

Lake, Carlton, ed., with the assistance of Linda Eichhorn and Sally Leach. *No Symbols Where None Intended: A Catalogue of Books, Manuscripts, and Other Material Relating to Samuel Beckett in the Collections of the Humanities Research*

Center. Austin: Humanities Research Center, The University of Texas at Austin, 1984.

Lalande, André. *Vocabulaire technique et critique de la philosophie.* Société Française de Philosophie. Vol. I. Paris: Librairie Félix Alcan, 1928. 2 vols.

Latour, Geneviève, and Florence Claval, eds. *Les Théâtres de Paris.* Paris: Bibliothèque Historique de la Ville de Paris, 1991.

Lely, Gilbert. *Vie du Marquis de Sade.* Paris: Jean-Jacques Pauvert, 1965.

Léon, Paul. "Du Palais-Royal au Palais-Bourbon (souvenirs)." *La Nef (Nouvelle Equipe Française)* 2.9 (August 1945) 19–38.

Leopardi, Giacomo. *Selected Prose and Poetry.* Ed. and tr. Iris Origo and John Heath-Stubbs. Oxford Library of Italian Classics. London: Oxford University Press, 1966.

Leventhal, A. J. "Dramatic Commentary." *Dublin Magazine* 31.1 (January–March 1956) 52–54.

"Mr. Beckett's *En attendant Godot.*" *Dublin Magazine* 29.2 (April–June 1954) 11–16.

Lindon, Jérôme. "First Meeting with Samuel Beckett." In *Beckett at 60: A Festschrift.* Ed. John Calder. London: Calder and Boyars, 1967. 17–19.

Loustaunau-Lacau, Georges. *"Chiens maudits": souvenirs d'un rescapé des bagnes hitlériens.* Paris: Edition du Réseau Alliance, 1965.

Ludvigsen, Chr[istian]. *Det begyndte med Beckett: min egen teaterhistorie.* Aktuelle teaterproblemer. Århus: Institut for Dramaturgi, 1997.

Maanen, Hans van. "The Theatre System of the Netherlands." *Theatre Worlds in Motion: Structures, Politics and Developments in the Countries of Western Europe.* Ed. Hans van Maanen, and S. E. Wilmer. Amsterdam-Atlanta: Rodopi, 1998. 407–465.

MacGreevy, Thomas. "Art Criticism, and a Visit to Paris." *The Father Matthew Record* 41.9 (September 1948) 4–8.

Catalogue of Pictures of the Italian Schools. Dublin: Stationery Office, 1956.

"Dante – and Modern Ireland." *The Father Matthew Record* 41.1 (January 1948) 3–4.

Dutch Pictures: 17th Century. Curaçao, 1957.

Jack B. Yeats: An Appreciation and an Interpretation. Dublin: Victor Waddington Publications, 1945.

Pictures in the Irish National Gallery. London: B. T. Batsford, 1945.

McGuire, James, and James Quinn, eds. *Dictionary of Irish Biography.* Cambridge: Cambridge University Press, 2009.

McWhinnie, Donald. "All That Fall." *Radio Times* (11 January 1957) 4.

Maddox, Brenda. *Nora: The Real Life of Molly Bloom.* Boston: Houghton Mifflin, 1988.

Mallarmé, Stéphane. "Edouard Manet." Tr. Samuel Beckett. *Transition Forty-*

Nine no. 5 (December 1949) 88.

Œuvres complètes. Ed. Bertrand Marchal. Bibliothèque de la Pléiade. Paris: Gallimard, 2003. 2 vols.

Marcel, Gabriel. "En attendant Godot." *Les Nouvelles Littéraires* (15 January 1953) 5. Rpt. in *Dossier de presse En attendant Godot de Samuel Beckett (1952-1961)*. Ed. André Derval. Paris: IMEC et Editions 10/18, 2007. 64-65.

Marcus, David. *Oughtobiography: Leaves from the Diary of a Hyphenated Jew*. Dublin: Gill and Macmillan, 2001.

Marin La Meslée, Valérie. "Samuel Beckett et le froc d'Estragon." *Le Magazine Littéraire* 453 (May 2006) 97.

Mason, Rainer Michael, ed. *Bram van Velde: 1895-1981. Rétrospective du centenaire*. Geneva: Musée Rath, Musées d'Art et et d'Histoire, 1996.

Mercier, Vivian. "Beckett and the Search for Self." *The New Republic* 132 (19 September 1955) 20-21.

"Godot, Molloy et Cie." *The New Statesman and Nation* 50.1291 (5 December 1955) 754.

"Letter from Ireland II." *Horizon* 13.76 (April 1946) 276-285.

"A Pyrrhonian Eclogue." *Hudson Review* 7.4 (Winter 1955) 620-624.

Michaux, Henri. "To Right Nor Left." Tr. Samuel Beckett. *Transition Forty-Eight* no. 4 (January 1949) 14-18.

Milton, John. *Paradise Lost*. Ed. Barbara K. Lewalski. Malden, MA: Blackwell Publishing, 2007.

Molière. *Le Misanthrope*. Ed. Jacques Arnavon. L'Interprétation de la Comédie Classique. Paris: Plon, 1914.

Montgomery, Niall. "No Symbols Where None Intended." *New World Writing* 5 (April 1954) 324-327.

Moorjani, Angela. "*En attendant Godot* on Michel Polac's Entrée des Auteurs." Tr. Angela Moorjani and Ruby Cohn. *Beckett versus Beckett* Ed. Marius Buning, Danielle De Ruyter, Matthijis Engleberts, Sjef Houppermans. *Samuel Beckett Today/Aujourd'hui* 7 (1998) 53-54.

Morand, Paul. "Charles du Bos chez le dentiste." *Opéra* 8.316 (1 August 1951) 1.

Morteo, Gian Renzo. "Introduzione." *Questioni* 1.3-4 (July-August 1954) 3-11.

Murphy, T. E. "Open Every Door." *Reader's Digest* 55 (August 1949) 109-111.

"Ouvrons toutes les portes." *Sélection du Reader's Digest* 3 (October 1949) 1-4.

Nadeau, Maurice. "La 'Dernière' Tentative de Samuel Beckett." *Les Lettres Nouvelles* 1.7 (September 1953) 860-864.

Grâces leur soient rendues. Paris: Albin Michel, 1990.

"Impasse." *Les Lettres Nouvelles* 51 (July-August 1957) 31-38.

"Samuel Beckett, l'humour et le néant." *Mercure de France* 312 (1 August

1951) 693–697.

"Samuel Beckett ou le droit au silence." *Les Temps Modernes* 7.75 (January 1952) 1273–1282.

Nathan, Monique. "'Les Ambassadeurs' et les Carnets de James." Rev. of *Les Ambassadeurs*, by Henry James. Tr. Georges Belmont. *Critique* 7.49 (June 1951) 492–498.

National Gallery of Ireland: Illustrated Summary Catalogue of Paintings. Intro. Homan Potterton. Dublin: Gill and Macmillan, 1981.

[Noel, Lucie] Lucie Léon, pseud. *James Joyce and Paul L. Léon: The Story of a Friendship*. New York: Gotham Book Mart, 1950.

O'Brien, Eoin. *The Beckett Country: Samuel Beckett's Ireland*, photography David H. Davison, Foreword James Knowlson, illustrations Robert Ballagh. Dublin, London: The Black Cat Press in association with Faber and Faber, 1986.

"Samuel Beckett at Saint-Lô – 'Humanity in Ruins.'" *Journal of the Irish Colleges of Physicians and Surgeons* 19.2 (April 1990) 138.

O'Farrell, William. *Les Carottes sont cuites*. Tr. Maurice Tourneur. Série Noire. Paris: Gallimard, 1951.

Ollesch, Helmut. "Sie warten hinter Gittern: Strafgefangene in Lüttringhausen spielen Samuel Becketts Stück um Godot." *Der Weg* 16/17 (1954) n.p.

"Ordonnance no. 45-1554, 16 Juil. 1945." *Journal Officiel de la République Française* (17 July 1945) 4358.

Patri, Aimé. "Discovery of Malcolm de Chazal." *Transition Forty-Eight* no. 3 (October 1948) 5–13.

Patry, Robert. *Saint-Lô, la ville, la bataille: la capitale des ruines / The Capital of Ruins*. Tr. Eugène Turboult. Saint-Lô: Editions du Syndicat d'initiative de Saint-Lô, 1948.

Paz, Octavio, ed. *Anthology of Mexican Poetry*. Tr. Samuel Beckett. UNESCO Collection of Representative Works: Latin American Series. Bloomington, IN: Indiana University Press, 1958.

Le Pèlerin Passionné. "Les Métamorphoses de Jack B. Yeats." *Le Peintre* (15 February 1954) 8.

Picabia, Gabrielle. "Apollinaire." *Transition Fifty* no. 6 (October 1950) 110–125.

Pichette, Henri. "APoème 4." *Transition Forty-Eight* no. 2 (June 1948) 24–43.

"Letter – Red." Tr. Jack T. Nile and Bernard Frechtman. *Transition Forty-Eight* no. 2 (June 1948) 5–15.

Pilling, John. *A Samuel Beckett Chronology*. Author Chronologies. Houndsmill, Basingstoke: Palgrave Macmillan, 2006.

Pinget, Robert, and Madeleine Renouard. *Robert Pinget à la lettre: entretiens avec Madeleine Renouard*. Paris: Belfond, 1993.

Ponge, Francis. "Braque, or Modern Art as Event and Pleasure." Tr.
    Samuel Beckett. *Transition Forty-Nine* no. 5 (December 1949) 43–47.
    Œuvres complètes. Ed. Bernard Beugnot. Bibliothèque de la Pléiade. Paris:
    Gallimard, 1999–2002. 2 vols.
    "Poems." Tr. Pierre Schneider and Richard Wilbur. *Transition Fifty* no. 6
    (October 1950) 75–86.
Pope, Alexander. *Imitations of Horace, with An Epistle to Dr. Arbuthnot, and The
    Epilogue to the Satires.* Ed. John Butt. 2nd edn. London: Methuen and Co.,
    1953.
Prévert, Jacques. "Picasso Goes for a Walk." *Transition Forty-Nine* no. 5
    (December 1949) 50–53.
"Preview for July." *Mexico / This Month* (July 1955) np.
Proust, Marcel. *A la recherche du temps perdu.* Ed. Jean-Yves Tadié. Bibliothèque
    de la Pléiade. Paris: Gallimard, 1987–1989. 4 vols.
    In Search of Lost Time. Tr. C. K. Scott Moncrieff and Terence Kilmartin (vols.
    I–V); Andreas Mayor and Terence Kilmartin (vol. VI). Revised
    D. J. Enright. New York: Modern Library, 1992–1993. 6 vols.
Pyle, Hilary. *Jack B. Yeats: A Catalogue Raisonné of the Oil Paintings.* London:
    Andre Deutsch, 1992. 3 vols.
Racine, Jean. *Andromache, Britannicus, Berenice.* Tr. John Cairncross. London:
    Penguin Books, 1967.
    Andromaque. Théâtre complet de Racine. Ed. Maurice Rat. Paris: Librairie
    Garnier Frères, 1947. [111]–171.
Read, Herbert Edward. *Exhibition of Engravings, Etchings and Lithographs.*
    London: St. George's Gallery Prints, 1955.
Reavey, George. *Colours of Memory.* New York: Grove Press, 1955.
    "Inward." *The Palate* 35.1 (Winter 1955) [30].
    Soviet Literature To-day. London: Lindsay Drummond, 1946.
Reavey, George, and Marc Slonim, eds. and trs. *Soviet Literature: An Anthology.*
    London: Wishart and Co., 1933. Rpt. Westport, CT: Greenwood Press, 1972.
[Reid, Alec] Michael George, pseud. "Samuel Beckett." *Irish Tatler and Sketch*
    65.5 (February 1956) 19, 40.
René, Denise. *Denise René, l'intrépide: une galerie dans l'aventure de l'art abstrait,
    1944–1978.* Paris: Centre Georges Pompidou, 2001.
Reverdy, Pierre. "Poèmes – Poems." *Transition Fifty* no. 6 (October 1950) 34–65.
Rexroth, Kenneth. "The Point is Irrelevance." *Nation* 182.15 (14 April 1956)
    325–328.
Ribot, Théodule-Armand. *Diseases of Personality.* Ed. Daniel N. Robinson.
    Significant Contributions to the History of Psychology 1750–1920.
    Washington, DC: University Publications of America, 1977.
    Les Maladies de la personnalité. Paris: Felix Alcan, 1885.

Rimbaud, Arthur. *Drunken Boat*. Tr. Samuel Beckett. Reading: Whiteknights Press, 1976.

Œuvres complètes. Ed. André Guyaux and Aurélia Cervoni. Bibliothèque de la Pléiade. Paris: Gallimard, 2009.

Rimbaud: Complete Works, Selected Letters. Tr. Wallace Fowlie. Chicago: University of Chicago Press, 1966.

Robb, Graham. *Balzac: A Life*. New York: W. W. Norton, 1994.

Robbe-Grillet, Alain. "Samuel Beckett, auteur dramatique." *Critique* 9 (February 1953) 108–114.

Rodari, Florian. "Biographie commentée par les textes." *Tal-Coat devant l'image*. Ed. Claire Stoullig. Geneva: Musées d'Art et d'Histoire; Colmar: Musée d'Unterlinden; Antibes Musée Picasso; Winterthur: Kunstmuseum, 1992. 189–225.

Rodríguez-Gago, Antonia. "Beckett in Spain: Madrid (1955) and Barcelona (1956)." *Waiting for Godot: A Casebook*. Ed. Ruby Cohn. London: Macmillan, 1987. 45–46.

Rosmarin, Léonard A. *Robert Pinget*. New York: Twayne Publishers, 1995.

Rosset, Barney. "Remembering Samuel Beckett." *Not Even Past: Hybrid Histories*. Ed. Bradford Morrow. Conjunctions 53. Annandale-on-Hudson, NY: Bard College, 2009. 8–27.

Ryan, John, Valentin Iremonger, and J. K. Hillman. "A Foreword to Our First Issue." *Envoy: A Review of Literature and Art* 1.1 (December 1949) [8].

Saddlemyer, Ann. *Becoming George: The Life of Mrs. W. B. Yeats*. Oxford: Oxford University Press, 2002.

Sade, Marquis de. *The 120 Days of Sodom and Other Writings*. Ed. and tr. Austryn Wainhouse and Richard Seaver. New York: 1987.

The Complete Justine, Philosophy in the Bedroom and Other Writings. Ed and tr. Richard Seaver and Austryn Wainhouse. New York: Grove Press, 1965.

Œuvres. Ed. Michel Delon and Jean Deprun. Bibliothèque de la Pléiade. Paris: Gallimard, 1990–1998. 3 vols.

Saillet, Maurice. "Jean Paulhan et la poésie." *Mercure de France* 302.1015 (1 March 1948) 505–510. Revised and reprinted as "Jean Paulhan et son anthologie." Maurice Saillet, *Billets doux de Justin Saget*. Paris: Mercure de France, 1952. 229–237.

Savane, Paule. *Samuel Beckett à Ussy sur Marne*. Ussy-sur-Marne: Association pour la Sauvegarde d'Ussy, 2001.

Schneider, Alan. *Entrances: An American Director's Journey*. New York: Viking, 1986.

"Working with Beckett." *Samuel Beckett: The Art of Rhetoric*. Ed. Edouard Morot-Sir, Howard Harper and Dougald McMillan III. North Carolina Studies in the Romance Languages and Literatures Symposia, 5. Chapel Hill: University of North Carolina, Department of Romance

Languages, 1976. 271–289.

Schneider, Pierre. "Introduction to the Works of Francis Ponge." *Transition Fifty* no. 6 (October 1950) 68–74.

"Voix vive, lettre morte." *Les Lettres Nouvelles* 1.1 (March 1953) 38–53. Rpt. as "Voix vive, lettre morte: Tristan Corbière." Pierre Schneider, *La Voix vive*. Paris: Editions de Minuit, 1953. [199]-253.

Seaver, Richard. "Richard Seaver on Translating Beckett." *Beckett Remembering, Remembering Beckett*. Ed. James Knowlson and Elizabeth Knowlson. London: Bloomsbury, 2006. 100–107.

"Samuel Beckett: An Introduction." *Merlin* 1.2 (Autumn 1952) 73–79.

Selz, Jean. *Hayden*. Geneva: Editions Pierre Cailler, 1962.

Shakespeare, William. *King Lear. The Riverside Shakespeare: The Complete Works*. General and Textual Ed. G. Blakemore Evans, assisted by J. J. M. Tobin. 2nd edn. Boston: Houghton Mifflin, 1997.

Simon, Alfred. "Tout un théâtre." *Le Magazine Littéraire* 231 (June 1986) 35.

Simonin, Anne. *Les Editions de Minuit 1952–1955*. Paris: IMEC, 1994.

Simonin, Anne, and Hélène Clastres. *Les Idées en France 1945–1988: une chronologie*. Le Débat. Paris: Gallimard, 1989.

Simpson, Alan. *Beckett and Behan and a Theatre in Dublin*. London: Routledge and Kegan Paul, 1962.

Staël, Nicolas de, André Chastel, Germain Viatte, Jacques Dubourg, and Françoise de Staël. *Nicolas de Staël*. Paris: Les Editions du Temps, 1968.

Steinegger, Catherine. *La Musique à la Comédie-Française de 1921 à 1964: aspects de l'évolution d'un genre*. Sprimont, Belgium: Mardaga, 2003.

Stephens, James. "A Rhinoceros, Some Ladies, and a Horse." *Irish Writing* 14 (March 1951) 35–42.

Stoullig, Claire, ed. *Tal-Coat devant l'image*. Geneva: Musées d'Art et d'Histoire; Colmar: Musée d'Unterlinden; Antibes: Musée Picasso; Winterthur: Kunstmuseum, 1992.

Stoullig, Claire, and Nathalie Schoeller, eds. *Bram van Velde*. Paris: Editions du Centre Georges Pompidou, 1989.

Stravinsky, Vera. *Dearest Bubushkin: The Correspondence of Vera and Igor Stravinsky, 1921–1954, with Excerpts from Vera Stravinsky's Diaries, 1922–1971*. Ed. Robert Craft. London: Thames and Hudson, 1985.

Suhrkamp, Peter. "Mein Weg zu Proust." *Morgenblatt für Freunde der Literatur* 4 (1953) 1–2.

Surya, Michel. *Georges Bataille: la mort à l'œuvre*. Paris: Librairie Séguier, 1987.

Swift, Carolyn. *Stage by Stage*. Dublin: Poolbeg Press, 1985.

Tardieu, Jean. "Poèmes." *Empédocle* 1.4 (August–September 1949) 53–56.

Thom's Directory of Ireland for the Year 1934. Dublin: Alex. Thom and Co., 1934.

Trives, Trino Martínez. "Mi versión de *Esperando a Godot* y su estreno en

España." *Primer Acto: Revista Española del Teatro* 1 (April 1957) 15–16.

Ussher, Arland. "The Meaning of Collaboration." *The Nineteenth Century and After* 140.1333 (July 1946) 330–331.

Vais, Michel. *L'Ecrivain scénique*. Quebec: Presses de l'Université du Québec, 1978.

Valli, Stefania, ed. *La Rivista Botteghe Oscure e Marguerite Caetani: la corrispondenza con gli autori italiani, 1948-1960*. Rome: "L'Erna" di Bretschneider, 1999.

Velde, Jacoba van. *La grande salle*. Tr. Maddy Buysse. Paris: Julliard, 1956.

Verbeeten, Ton. *Toneelgroep Theater 1953-1988: 35 Jaar Wachten op Godot*. Arnhem: Toneelgroep Theater, 1988.

Verne, Jules. *Le Tour du monde en quatre-vingts jours*. Paris: Flammarion, 1978.

Viatte, Germain. *Geer van Velde*. Paris: Editions "Cahiers d'Art," 1989.

Vigny, Alfred de. *Œuvres complètes*. Ed. François Germain, and André Jarry. Bibliothèque de la Pléiade. Vol. I. Paris: Gallimard, 1986. 2 vols.

Waldberg, Patrick. "Bram van Velde." *Apollo* 398 (April 1958) 130–134.

——. "Murphy, par Samuel Beckett." Rev. of *Murphy* by Samuel Beckett. *Paru: l'Actualité Littéraire, Intellectuelle et Artistique* 48 (November 1948) 22–23.

——. "Nicolas de Staël." *Transition Fifty* no. 6 (October 1950) 66–67.

Weingarten, Romain. "Akara." *Transition Forty-Eight* no. 4 (January 1949) 42–59.

Weld, Jacqueline Bograd. *Peggy: The Wayward Guggenheim*. New York: E. P. Dutton, 1998.

Worth, Katharine. *Samuel Beckett's Theatre: Life Journeys*. Oxford: Clarendon Press, 1999.

Wundt, Wilhelm. *Grundzüge der physiologischen Psychologie*. Vol. II. Leipzig: Wilhelm Engelmann, 1902. 4 vols.

Yeats, W. B. *The Poems*. Ed. Richard J. Finneran. *The Collected Works of W. B. Yeats*. 2nd edn. Vol. I. New York: Scribner, 1997. 14 vols.

Zippermann, Charles C. "Literary Landmarks of 1949." *Books Abroad* 24.2 (Spring 1950) 136–141.

电子文献

"20th Century." 5 September 2009. web.ukonline.co.uk/m.gratton/Salford%20-%2020th%20Century-Advances%20.htm.

"About Thomas MacGreevy." 17 August 2009. www.macgreevy.org.

"Buster Keaton Links." Juha Takkinen. 20 January 2010. www.takkinen.se/BusterKeaton/.

"Chaillot, Palais de." 4 June 2010. www.encyclopedia.com/doc/1O79-

ChaillotPalaisde.html.

"George Wittenborn, Inc. Papers in The Museum of Modern Art Archives."
The Museum of Modern Art. 21 November 2008. www.moma.org/learn/
resources/archives/EAD/Wittenbornb.

"Kate Harris Interview of Anthony Field." British Library Theatre Archive. 14
March 2007. www.bl.uk/projects/theatrearchive/field.html.

"Robert Carlier (1910-2002)." Les Editions Gallimard. 13 November 2009.
www.gallimard.fr/catalog/Html/event/carlier.htm.

Schreibman, Susan. "Introduction to *The Capuchin Annual*." 1999. *The Thomas
MacGreevy Archive*. 4 June 2009. www.macgreevy.org.

Van Bork, G. J. *Schrijvers en dicters*. 21 May 2009. www.dbnl.org/auteurs.

收信人索引

迪蒂，乔治 Duthuit, Georges 82, 86, 91, 94, 98, 103, 106, 109, 110, 112, 117, 123, 132, 135, 140, 143, 145, 147, 155, 160, 162, 166, 171, 174, 181, 185, 189, 190, 196, 223, 225, 228, 242, 252, 395

迪瓦恩，乔治 Devine, George 620

厄谢尔，阿兰 Ussher, Arland 49

范费尔德，雅各芭 Van Velde, Jacoba 38, 41, 46, 48, 66, 261, 278, 310, 329, 336, 418, 621, 626

范费尔德，亚伯拉罕·赫拉尔杜斯（布拉姆） Van Velde, Abraham Gerardus (Bram) 80, 108, 258

弗兰岑，埃里克 Franzen, Erich 375, 380, 383

弗兰克，尼诺 Frank, Nino 560

福特，鲍里斯 Ford, Boris 472

富歇，马克斯－波尔 Fouchet, Max-Pol 209

格林伯格，伊迪丝 Greenburg, Edith 433, 434, 601—603

格伦维尔，彼得 Glenville, Peter 414

格斯坦，塞尔吉奥 Gerstein, Sergio 335

哈钦森，玛丽 Hutchinson, Mary 604

哈钦斯（格里森），帕特里夏 Hutchins (Greacen), Patricia 363, 408

海曼，戴维 Hayman, David 461

洪青格尔，斯特凡尼 Hunzinger, Stefani 603

怀特，H. O. White, H. O. 479, 563

霍尔，彼得 Hall, Peter 503

吉罗迪亚，莫里斯 Girodias, Maurice 543

卡埃塔尼，玛格丽特 Caetani, Marguerite 217, 219

卡斯帕里，卡尔海因茨 Caspari, Carlheinz 317

卡斯塔涅，赫尔穆特 Castagne, Helmut 568

第二卷贝克特作品列表

　　贝克特的诗歌和短篇于此予以单独列出，在总索引中则列于所属诗集或短篇集的条目之下，除非该作品曾单独发表。

《A. D. 之死》，见《诗三首》 "Mort de A. D.," *see* "Trois poèmes"

《被驱逐的人》 "L'Expulsé" ("The Expelled")

《苍蝇》，见《诗38—39》 "La Mouche," *see* "Poèmes 38—39"

《初恋》 "Premier amour"

《丹尼斯·德夫林》 "Denis Devlin"

《胆怯》，见《徒劳无益》 "Yellow," see *More Pricks Than Kicks*

《但丁···布鲁诺·维柯··乔伊斯》 "Dante ... Bruno . Vico ... Joyce"

《但丁与龙虾》，见《徒劳无益》 "Dante and the Lobster," see *More Pricks Than Kicks*

《等待戈多》 *En attendant Godot* （*Waiting for Godot*）

《迪耶普》，见《诗38—39》 "Dieppe," *see* "Poèmes 38—39"

《跌倒的人》 *All That Fall*

《废墟之都》 "The Capital of the Ruins"

《故事和无所谓的文本》 *Nouvelles et Textes pour rien*

《好的好的它是这样一个地方》（后改名为《绝路》，见《诗三首》） "bon bon il est un pays" (later entitled "Accul," *see* "Trois poèmes")

《红色的面颊》"Les joues rouges"

《回声之骨及其他沉积物》（《怨曲之一》《脓液之一》《小夜曲之一》）
Echo's Bones and Other Precipitates ("Enueg I"; "Sanies 1"; "Serena 1")

《渐弱》（诗歌）"Cascando" (poem)

《近年爱尔兰诗歌》（笔名安德鲁·贝利斯）"Recent Irish Poetry" (pseud.
Andrew Belis)

《来自被抛弃的作品》"From an Abandoned Work"

《论普鲁斯特》Proust

《马龙之死》Malone meurt (Malone Dies)

《麦克格里维论叶芝》"MacGreevy on Yeats"

《梅西埃与卡米耶》 Mercier et Camier

《莫菲》Murphy

《莫洛伊》Molloy

《默剧［一］》Acte sans paroles [I]

《暮色》（后改为《戏剧片段一》）"The Gloaming" (revised as Rough for
Theatre I)

《脓液之一》，见《回声之骨及其他沉积物》"Sanies 1," see Echo's
Bones and Other Precipitates

《三个对话》（又名《与乔治·迪蒂的三个对话》）"Three Dialogues" (also
known as "Three Dialogues with Georges Duthuit")

《上升》，见《诗38—39》"Ascension," see "Poèmes 38—39"

《圣洛》"Saint-Lô"

《诗38—39》（《上升》《迪耶普》《苍蝇》）"Poèmes 38–39"（ "Ascension";
"Dieppe"; "La Mouche")

《诗三首》（《绝路》《A. D. 之死》《活着死去我唯一的季节》）"Trois
poèmes" ("Accul"; "Mort de A. D."; "vive morte ma seule saison")

《诗三首》（《我是这滑动的沙流》《我将会做什么》《我愿我的爱死去》）"Trois Poèmes – Three Poems" ("je suis ce cours de sable qui glisse" ["my way is in the sand flowing"]; "que ferais-je sans ce monde sans visages sans questions" ["what would I do without this world faceless incurious"]; "je voudrais que mon amour meure" ["I would like my love to die"])

《世界与裤子：范费尔德兄弟的画》"La Peinture des Van Velde ou le monde et le pantalon"

《斯梅拉迪娜的情书》，见《徒劳无益》" The Smeraldina's Billet Doux," see *More Pricks Than Kicks*

《四故事》（《被驱逐的人》《镇静剂》《结局》《初恋》）*Quatre nouvelles* ("L'Expulsé" ["The Expelled"]; "Le Calmant" ["The Calmative"]; "La Fin" ["The End"]; "Premier amour" ["First Love"])

《套间》（后改名为《结局》）"Suite" (later entitled "La Fin" ["The End"])

《徒劳无益》（《但丁与龙虾》《外出》《斯梅拉迪娜的情书》《胆怯》）*More Pricks than Kicks* ("Dante and the Lobster"; "Walking Out"; "The Smeraldina's Billet Doux"; "Yellow")

《瓦特》*Watt*

《外出》，见《徒劳无益》"Walking Out," see *More Pricks Than Kicks*

《我将会做什么》，见《诗三首》"que ferais-je sans ce monde sans visage sans questions," *see* "Trois poèmes – Three Poems"

《我是这滑动的沙流》，见《诗三首》"je suis ce cours de sable qui glisse," *see* " Trois poèmes – Three Poems"

《我愿我的爱死去》，见《诗三首》"je voudrais que mon amour meure," *see* "Trois Poèmes – Three Poems"

总索引

　　本卷"简介"中的人名和出版物名称以星号标示；第一卷"简介"中出现的人名和出版物名称以星号标示，后跟"（第一卷）"字样。贝克特本人的作品名在前文作品列表中予以列示；独立的作品（包括译作）则单独编入索引，单独发表的诗歌和短篇即属此类；收入某个诗集或文集的诗歌或短篇的则列于所属集子的条目之下。

A

爱尔兰文学院（都柏林）Irish Academy of Letters（Dublin）516, 526, 527

《爱尔兰写作》*Irish Writing* 184, 224, 225, 231, 232, 236, 261, 516, 531, 532, 538, 539, 544, 546, 553, 555

《爱尔兰政府》*Iris Oifigiúil* 531

爱泼斯坦，阿尔文 Epstein, Alvin 576, 577, 579—581

爱森斯坦，谢尔盖 Eisenstein, Sergei 563, 636

安德斯，金特 Anders, Günther 375

安东内洛·达·梅西纳 Antonello da Messina 87, 89

《安娜·利维娅·普鲁拉贝尔》"Anna Livia Plurabelle" 560, 581, 582

安堂信也 Ando, Shinya 546

安西拉，卡洛斯 Ancira, Carlos 545

奥伯恩，P. J. O'Byrne, P. J. 3

奥伯里，唐纳德 * Albery, Donald* 351, 352, 359, 366, 401—413, 414, 415, 420, 425, 426, 430, 431, 436—438, 440, 443, 445, 446, 448, 450, 456, 458—460, 465, 467, 469, 478, 479, 489, 490, 494, 513, 520, 522, 527, 528, 530, 531, 537, 539, 553, 598, 629, 633, 652

奥布莱恩，康纳·克鲁斯 O'Brien, Conor Cruise 486, 488

奥布莱恩，克里斯汀（原姓福斯特）O'Brien, Christine（née Foster）488

奥布莱恩，利亚姆 Ó Bríain, Liam 557, 558

奥布雷迪，弗雷德里克（原名弗里杰什·阿贝尔）O'Brady, Frédéric（né Frigyes Ábel）186, 187

奥德家族 Aude family 6

奥尔森，卡尔 Olson, Carl 511

奥法雷，威廉 O'Farrell, William 225

奥夫雷贡，鲁道夫 Obregón, Rodolfo 546

奥夫曼，米歇尔 Hoffmann, Michel 206, 207

B

巴塔耶，乔治 Bataille, Georges 67, 85, 161, 162, 183, 216, 217, 277, 368, 389, 641, 662

巴托克，贝拉 Bartók, Béla 130, 131, 252—254

巴耶，阿尔贝 Bayet, Albert 157, 159

白兰度，马龙 Brando, Marlon 84, 448, 450, 467

百合花剧院（纽约） Theatre de Lys（New York）465, 467, 522, 524, 528, 545

拜昂，W. R.*（第一卷） Bion, W. R.* (I) 100

邦福德，H. J. P. Bomford, H. J. P. 97

《邦妮文学杂志》 *Bonniers Litterära Magasin* 356, 632

邦苏桑，夏尔（艺名菲利普·克莱尔） Bensoussan, Charles (stage name Philippe Clair) 183, 205, 213, 214, 231, 232, 238

保罗，戴维 Paul, David 498

鲍恩，伊丽莎白 Bowen, Elizabeth 40

鲍尔斯，约瑟夫 Powers, Joseph 272, 273

鲍尔斯，帕特里克 * Bowles, Patrick* 281, 290, 292, 315, 317, 321, 324, 325, 332, 334, 338, 346, 348, 370, 373, 374, 378, 402, 410, 412, 420, 421, 425, 430, 436—439, 443, 444, 470—472, 483, 494—496, 512, 513, 519, 634, 635, 664

鲍里雷，雅克 Polieri, Jacques 565

鲍斯威尔，詹姆斯 Boswell, James 233, 235, 236

贝当，菲利普，法兰西国元首 Pétain, Philippe, Chef de l'Etat Français 3, 24

贝多芬，路德维希·范 Beethoven, Ludwig van 608

贝尔，戴尔德丽 Bair, Deirdre 45

贝尔蒙，乔治（原名乔治·佩洛尔松）*（第一卷） Belmont, Georges (né Georges Pelorson)* (I) 221, 222, 232, 233, 246, 247, 295, 596

Curtis Brown

C

D

209, 210, 241, 277, 663

G

H

J

M

738

墨索里尼，贝尼托 Mussolini, Benito 7

《墨西哥诗选》 *Anthology of Mexican Poetry* 153, 157, 158, 168, 171, 172, 366, 433, 434, 453, 602, 603

《默剧》 *Act Without Words* 440, 482, 488, 500, 516, 536, 554, 582, 596, 605, 606, 611, 616, 631, 633, 638, 649, 659

《默剧二》 *Acte sans paroles [II]* 554, 649, 657

《默剧［一］》（原暂定名《渴》）*Acte sans paroles [I]* (provisional title, *Soif*) 468, 552, 595, 614, 617, 619, 621

默西埃，维维安 Mercier, Vivian 40, 165, 478, 486, 488, 489

《暮色》（后改名为《戏剧片段一》） "The Gloaming" (later revised as *Rough for Theatre I*) 628

穆索尔斯基，穆捷斯特 Mussorgsky, Modest 26, 27

N

纳多，莫里斯 * Nadeau, Maurice* 183, 202—205, 207, 214, 215, 226, 228, 258, 277, 281, 283, 284, 288, 325, 326, 351, 368, 388—390, 431, 432, 562, 612, 621, 623, 652, 653

纳坦，莫妮克 Nathan, Monique 222

纳瓦罗，奥斯卡 Navarro, Oscar 392

奶猪餐馆（巴黎）Cochon de Lait (Paris restaurant) 192, 194

耐尔，杰克·T. Nile, Jack T. 83, 593, 598, 664, 665

《南希·丘纳德编黑人文选：1931—1933》 *Negro, Anthology Made by Nancy Cunard, 1931–1933* 542

瑙曼，汉斯 Naumann, Hans 387—390, 409

译者分工

　　本书总序、法文译者序、第二卷绪论、附录等内容由张和龙翻译，他也负责全书的统稿、校译等工作；1941年到1949年的书信由沈雁翻译；1950年到1953年的书信由李洪斌翻译；1954年到1956年的书信由张秀丽翻译；"人员及出版物简介"由邹笃双翻译。

　　本书涉及英语之外的其他语种的内容，以下专家提供了翻译与校对支持：谢建文教授（德语）、吴攸副教授（法语）、李明夏博士（法语）、黄冠乔副教授（法语）、周学立副教授（法语）、郑理副教授（法语）、高洁教授（日语）、于漫教授（荷兰语）、李晓科博士（西班牙语）。

图书在版编目（CIP）数据

贝克特书信集. 第二卷，1941—1956：全两册 /
(爱尔兰) 萨缪尔·贝克特 (Samuel Beckett) 著；(英)
乔治·克雷格 (George Craig) 等主编；张和龙等译
. -- 长沙：湖南文艺出版社，2023.9
书名原文：The Letters of Samuel Beckett:
Volume II: 1941‑1956
ISBN 978-7-5404-4436-5

Ⅰ. ①贝… Ⅱ. ①萨… ②乔… ③张… Ⅲ. ①贝克特
(Beckett, Samuel 1906–1989)—书信集 Ⅳ.
①K835.625.6

中国版本图书馆CIP数据核字(2020)第194339号

著作权合同图字：18-2020-194

贝克特书信集：第二卷，1941—1956（全两册）
BEIKETE SHUXINJI：DI-ER JUAN，1941—1956（QUAN LIANG CE）

著　　者：〔爱尔兰〕萨缪尔·贝克特
主　　编：〔英〕乔治·克雷格〔美〕玛莎·道·费森菲尔德
　　　　　〔英〕丹·冈恩〔美〕洛伊丝·摩尔·奥维贝克

译　　者：张和龙　沈　雁　张秀丽　李洪斌　　　　出 版 人：陈新文
责任编辑：吴　健　　　　　　　　　　　　　　　特约编辑：林小慧
封面设计：韩　捷　　　　　　　　　　　　　　　内文排版：钟灿霞
出版发行：湖南文艺出版社（长沙市雨花区东二环一段508号　　邮编：410014）
印　　刷：长沙鸿发印务实业有限公司　　　　开　本：880mm×1230mm　1/32
印　　张：27.5　　　字　数：875千字　　　版　次：2023年9月第1版
印　　次：2023年9月第1次印刷　　　　　　书　号：ISBN 978-7-5404-4436-5
定　　价：168.00元（全两册）